AF250118

Histoire des Roumains

et

DE LEUR CIVILISATION

N. JORGA

Professeur à l'Université de Bucarest
Membre de l'Académie Roumaine
Ancien Président de la Chambre des Députés

HISTOIRE
DES
ROUMAINS
et de leur Civilisation

PARIS
HENRY PAULIN, Éditeur
104, Boulevard Jourdan (14e)

1920

HISTOIRE DES ROUMAINS

CHAPITRE PREMIER

Base territoriale de la Nation roumaine

Entre le centre de l'Europe et la steppe russe, entre les régions brumeuses du Nord et le Midi ensoleillé qu'est la Péninsule des Balkans, s'étend toute une région dont l'unité géographique n'existe pas quant aux caractères positifs de la nature. Elle présente, au contraire, des contrastes frappants: les rudes hivers, riches en neige, de la Moldavie septentrionale ne ressemblent point au climat tempéré de la Valachie, où, pendant ces mois, quelques bourrasques seulement venues du Nord-Est donnent un aspect glacé aux riches campagnes, et où, le lendemain, dans la chaleur moite du dégel, février ressemble plutôt à un souriant début de printemps.

Les vallées, d'une orientation tout à fait spéciale, de l'Olténie ont une atmosphère méditerranéenne par rapport à cette plaine valaque, si sujette aux brusques rafales que rien n'arrête dans leur assaut. Il neige souvent à Jassy à l'époque où quelques gouttes de pluie tiède tombent à peine du ciel rose, à travers les nuages couvrant le riant Bucarest.

Ces différences ne tiennent pas qu'au voisinage des montagnes et de la plaine dans chacune des régions composant un pays si varié d'aspect et cependant si unitaire. Car, si la Transylvanie ne présente guère que des vallées étroites entre les cimes des Carpathes et les lignes des collines qui en sillonnent dans tous les sens l'étendue, si le terrain arable n'est représenté que par les « lunci », par les vallées assez larges des rivières, comme l'Olt, les Tîrnave, le Somes; la Valachie, comprenant aussi l'Olténie et la Moldavie, telle qu'elle était avant les démembrements de 1755 et de 1812, présente tous les aspects possibles d'un territoire complet, et ces provinces forment comme un musée artificiel des aspects divers que peut avoir une riche nature tenant en même temps du froid Occident aux brumes fréquentes, aux prairies verdoyantes et de l'Orient au ciel bleu, au soleil brûlant et aux moissons fabuleuses. En quelques heures de marche, on passe, en Valachie, des rochers nus, des forêts de pins, des ruisseaux qui jaillissent des hautes sources pour s'engouffrer, bruissantes, au milieu des gorges, aux collines où s'étayent les riches vergers semblables à ceux de l'Angleterre, jusqu'à la blanche maison ancienne aux boiseries noircies par les ans. Un peu plus bas encore et l'on se trouvera, sous les rayons ardents, dans une plaine où, en quelques semaines, le brin de blé qui perçait à peine en avril, ploie vers le milieu de juin sous le poids de l'épi doré, alors que dans la montagne les premières fleurs du printemps ne sont pas encore flétries et que, devant les fenêtres des huttes, dans les hameaux, le lilas continue de fleurir. Puis, tout au bout, un monde spécial remplit d'étonnement le voyageur. C'est la zone du Danube, aux forêts de saules noueux, impénétrables au premier aspect, qui cachent cependant les clairières où le pêcheur nettoie et raccommode ses engins, où il prépare le produit de ses filets. Dans la Dobrogea, cette zone franchit le fleuve, s'étend sur la rive droite, à travers un pays sans maître ayant un passé plus reculé, jusqu'aux grands lacs, à l'inextricable delta du Danube et à la mer. Là, une autre région de pêche attend l'indigène aussi bien que l'étranger, qui, depuis des siècles, accourt du Nord et du Sud pour exploiter ces richesses infinies.

Même spectacle dans la Moldavie: on descend des cimes nues du Ceahlau pour se trouver bientôt parmi les vergers des riants villages et des couvents antiques, dont les coupoles s'élèvent à l'improviste au-dessus des immenses forêts. Un peu plus loin, la large rivière du Séreth déroule majestueusement ses eaux claires parsemées d'îles nombreuses; là, les coteaux baignés de soleil se recouvrent chaque année de splendides moissons; entre les pâturages qui nourrissaient jadis une des plus nobles races de bétail de l'Europe, celle des bœufs au large front et aux puissantes cornes droites, miroitent les étangs créés par les anciens boïars pour nourrir, pendant les longs mois du carême orthodoxe, leur « cour » et leurs paysans. Au delà du Pruth aux eaux lentes, enfin, qu'enserrent de hauts rivages argileux qui le cachent presque aux regards, se déroule la plaine de la Bessarabie, avec ses ondulations douces, propices au pacage. Cette région peu peuplée, qui conserve partout le même caractère de la steppe et le souvenir de l'ancien « désert », conduit aux grands lacs du Danube, pareils à ceux de la Dobrogea voisine, et au « liman » du Dniester; là se termine la principauté que les maîtres du pays au XIVᵉ siècle s'enorgueillissaient, dans leur titre même, d'avoir menée « de la montagne à la mer ».

L'Olténie, à tant d'égards pareille à la Serbie voisine et ayant des similitudes avec les territoires qui tendent, non plus vers la mer de Byzance, mais bien vers celle de Venise, offre de nouveau cette douce succession de tous les climats, de tous les aspects et de tous les produits, depuis les hauteurs solitaires du

Parang jusqu'aux belles collines des districts de Mehe-
dinti, de Gorj et de Valcéa, aux riches plaines du Dolj
et du Romanati, et à ces pêcheries du Danube, qui, autour de Celeui, aujourd'hui échelle danubienne de second ordre, étaient au xiii° siècle déjà célèbres.

Semblables par cette harmonie de nuances, les di-
verses zones des régions géographiques qui sont l'Olténie, la Valachie, la Moldavie et la Transylvanie avec
ses annexes, sont cependant séparées par de profondes différences qui font de chacune d'elles un tout
distinct et particulier. Nous avons déjà dit que l'Olténie se rapproche de la Serbie, l'Olt, dont elle porte
le nom, étant une Morava de la rive gauche du Danube.
Mais, si entre la Valachie et la Moldavie il y a l'élément commun de cette steppe qui, comprenant tout
le Sud bessarabien, s'étend en deçà du Pruth dans la
région de Galatz pour descendre vers Braila et se développer librement dans l'ancien « désert » de l'Ialomita, pareil à l'océan des riches herbes éphémères de
la Russie méridionale, on ne retrouvera point en Moldavie cette molle plaine nourricière ouverte à tous
les courants de l'air comme à ceux des immigrations
humaines, invasions dévastatrices et transformatrices.
Les collines se poursuivent, s'enchevêtrent, mêlant les
lignes capricieuses de leurs vieilles forêts aux tapis
multicolores des cultures variées. Si le Séreth, le
Pruth, le Dniester ont la belle ligne droite des rivières
valaques, de *toutes* les rivières valaques, la Ve-
dea, l'Argess, la Dâmbovita, la Prahova, l'Ialomita,
le Buzau, descendant des montages occidentales du
pays, ne vont pas directement au Danube; elles tra-
versent la région haute du pays pour confondre leurs
vagues avec celles du Séreth, qui forme une des grandes artères moldaves. Sur la rive gauche, la même
rivière ne reçoit que les eaux mal assurées du Bârlad
qui, après un circuit disgracieux à travers des vallées

tourmentées, paraissent devoir s'engloutir dans leur terre jaune et friable. Le Pruth reçoit seulement les eaux parallèles de la Jijia, sur la rive droite, alors que, seuls, deux cours d'eau plus importants sillonnent la Bessarabie pour se jeter dans le Dniester.

Pour la Transylvanie, le système des eaux, déterminant, quant au caractère d'un pays, est encore plus différent. Malgré la séparation des Carpathes, il est évident que la partie méridionale de la province, avec son « Pays de l'Olt », son « Pays de la Bârsa », son district de Sibiiu, appartient à la Valachie, où se trouve la source de ses rivières; les princes valaques ont réussi maintes fois à l'avoir, de même que ceux de la Moldavie ont cherché, par la Bucovine et la Pocutie, à atteindre les sources mêmes du Séreth, du Pruth et du Dniester. Les autres grandes rivières cependant, le Muràs, le Somcs, les trois branches du Cris, les cours d'eau du Banat de Temesvar, vont, du côté de l'Ouest, se jeter dans ce grand canal collecteur de la Theiss, qui enrichira le Danube de toutes ces eaux confondues.

A travers cette diversité apparente, règne pourtant une large unité. Il serait difficile, même pour le géologue qui fixe les éléments constitutifs d'une chaîne de montagnes, de déterminer, non pas le point où commence la ligne même des Carpathes, mais celui où elle arrive à dominer le paysage, ce qui est essentiel au point de vue de la géographie « humaine », et surtout de la géographie historique. On ne le trouverait certainement pas en Galicie, où les hauteurs se succèdent sans toutefois que le pays tout entier leur appartienne, tant au point de vue de l'aspect de la nature que des conditions humaines dans les domaines économiques, sociaux et politiques de la vie. Le pays et l'homme s'appuient bien à la montagne qui borne à l'Ouest la grande plaine marécageuse de la Pologne, dont le nom signifie « pays de la plaine », mais ce n'est pas la montagne qui crée des limites et qui donne une physionomie à tout ce qui se trouve dans son ombre, protectrice et inspiratrice en même temps.

Il en est autrement dès que les Carpathes atteignent ces régions qui représentent la patrie ancienne, traditionnelle, de la race roumaine, autochtone dans ses rochers aussi bien que dans les profondes vallées qui se creusent entre les dernières ramifications boisées de la montagne. Observez d'abord leurs noms: la citadelle des Carpathes, qui recouvre toute la région de ses lignes, qui sont comme les circonvolutions fécondes de pensée et d'impulsion, s'appelait jadis pour les Magyars, envahisseurs tardifs et incapables de coloniser à eux seuls la forêt, « la forêt du roi »; elle correspond en Orient à la grande forêt de la Serbie, allant de Belgrade jusqu'à Niche et qui dévora, par tous les dangers qu'elle recélait, un si grand nombre de croisés, ou bien encore à ces grandes forêts de l'Occident, la Hercynia de César et de Tacite, la forêt des Ardennes du moyen âge, qui recouvrent le plus souvent les replis montagneux. Ce qui se trouvait au delà fut pour la latinité médiévale une « Transylvanie », terme qui se généralisa ensuite, comprenant la province tout entière. De ce « pays au delà des forêts », on descend dans la « Transalpina », la Havasalföld des Magyares, « le pays au delà des Alpes ». Pour les Roumains de la Moldavie voisine, de création plus récente, c'est la « Muntenia », le « pays de la Montagne », où habitent les « Montagnards », les « Munteni ». Lorsque le patriarche de Byzance créa au XIVᵉ siècle un archevêché pour les Roumains de cette Valachie, le nouveau siège reçut le titre de « Hongrovalachie et des plateaux montagneux » (πλαγηνά, roum: *plaiuri*). Le Nord, riche en forêts, de cette Moldavie elle-même, la future Bucovine de l'usurpation autrichienne en 1775, apparaît pour la première fois dans la chronique polonaise sous le nom de « Planyany », les « montagnes ».

Les bergers, dont l'activité errante à travers les vallons commence l'histoire du peuple roumain, sont le produit de la montagne tout aussi réellement que ses pins et ses mélèzes. Les premières formations politiques ont été créées par les Voévodes à l'ombre des hautes cimes, à proximité des défilés, non point dans le but de pouvoir s'enfuir par cette porte ouverte du côté de l'étranger, mais bien pour arrêter l'envahisseur aux premiers pas qu'il pourrait tenter contre les défenses naturelles de la frontière. Là, s'élevèrent les premières églises en pierre et les premiers châteaux autour desquels se rassemblèrent les habitations des marchands. Même en ce qui concerne l'agriculture, il est prouvé aujourd'hui qu'après l'interruption de l'œuvre civilisatrice des Roumains, elle reprit son activité sur les hauts plateaux à l'abri des invasions.

Cette terre roumaine, la montagne l'entoure, l'embrasse de tous côtés. Trois grands boulevards de rochers la surplombent, et chacun d'entre eux sera le berceau d'un Etat. Il paraît bien que l'ancien Voévodat roumain indépendant, antérieur à l'invasion hongroise de la Transylvanie, avait son centre et son point d'appui dans ce massif du Bihor qui domine la province à l'ouest. Ce fut d'Arges et des montagnes du Jiu que partit la vie politique de la principauté valaque. Enfin, sans la Bucovine et même sans ce comté montagneux du Maramoros qui en est la continuation occidentale et au défaut duquel il n'y aurait pas eu la dynastie moldave, condition déterminante pour la création du pays lui-même, la Moldavie n'aurait pas formé le second des Etats roumains, celui qui fut pendant longtemps le plus vigoureux. Jusque dans la

Bessarabie, qui n'est que la moitié orientale, détachée en 1812 seulement, de l'ancienne Moldavie unitaire, s'il n'y avait pas ces lignes de collines qui, par la protection de leurs forêts et par la fraîcheur de leurs vallons arrosés de lentes rivières entretiennent la fécondité du sol, tout ce territoire serait resté un simple coin négligé et désert de la grande steppe vide.

La montagne est tellement familière au Roumain qu'elle n'a pas de nom distinctif. Peut-être s'appelait-elle jadis le « Caucase », mais ce nom même ne signifie pas plus que celui des « Alpes », car il vaut autant que le terme commun de « rocher ». C'est dans les livres d'école que les jeunes Roumains apprennent le nom des Carpathes; pour le peuple, c'est tout simplement: « Muntele ».

Pour avoir le sens complet de l'unité géographique de ces régions, il faut tenir compte d'un autre élément qui est la rivière, le Danube, car c'est de la réunion de cette montagne et de cette rivière que dérive le caractère unitaire d'une région dont les apparences sont si variées.

Il n'y a pas qu'un seul Danube: il y en a plusieurs, au moins trois. Le rapide cours d'eau qui jaillit des profondeurs de la Forêt-Noire garde pendant longtemps le caractère romantique d'une rivière allemande. Même lorsqu'il porte des vaisseaux de grandes dimensions sur ses ondes accrues par les torrents des montagnes, il n'a pas encore l'aspect imposant d'un fleuve. A Vienne, il ne domine pas encore la grande ville, qui, malgré « ses ondes bleues », n'en tire aucun caractère. Entre l'ancienne Bude historique des rois magyars et des pachas turcs, leurs successeurs, le Pesth moderne, la ville parvenue, aux maisons de pierre dénuées de style, il est déjà souverain; ses ponts gigantesques sont le principal ornement et la plus grande œuvre technique de la capitale hongroise. Malgré ces di-

mensions qui font déjà du Danube une des principales
artères fluviales de l'Europe, il lui manque encore cette
envergure, cette vitalité envahissante à laquelle il doit
d'être, non seulement une des grandes voies du commerce européen, mais, en même temps, l'immense
canal qui recueille les riches eaux de toute une grande
région géographique, l'élément le plus actif de la vie
entière d'un pays, la défense et l'appui, la suprême
beauté et le plus grand orgueil d'une race qui voit
dans ce fleuve majestueux comme une figure légendaire d'ancêtre et comme un symbole d'avenir dans
lesquels viennent se fondre tous les souvenirs d'un
passé véhément, les apports d'énergie d'un présent
agité, pour s'harmoniser, enfin, pour s'apaiser dans
le sort même de la nation.

Ce caractère, le Danube ne l'a pas même au moment
où, à travers la *puszia* hongroise, il risque hardiment
sa grande cascade vers le Sud. Sur les deux rives,
ce n'est pas la plaine qui est déterminée par le fleuve,
mais bien le fleuve lui-même qui se perd, malgré ses
larges proportions et la riche constance de son cours,
dans l'immensité d'une région que rien ne vient dé-
finir. Pour être le Danube célébré avec enthousiasme
par les poètes et profondément aimé par l'héroïsme
des peuples naissants, il lui faut le voisinage de la
montagne qui, aussitôt après l'embouchure de la
Theiss, doit l'étreindre dans les défilés sombres des
Portes-de-Fer.

A ce point là, une relation ininterrompue s'établit
entre le grand fleuve et la montagne dans la profon-
deur de laquelle jaillissent les rivières qui viennent
s'y jeter. De leur jonction, sur toute l'étendue du territoire habité par la race roumaine, résulte l'unité
même, qu'il ne faut pas chercher ailleurs, de ce territoire. Par ces rivières aussi, les Carpathes se met-
tent en contact continuel avec le Danube, et le Da-

nube souligne de son cours les dernières lignes des collines qu'ils projettent vers le Sud. Jadis le fleuve suivait, pour se jeter à la mer, cette dépression de terrain que marque aujourd'hui la voie ferrée de Cernavoda à Constanza. La Dobrogea entière était comprise dans la même formation géographique que la Valachie et la Moldavie aussi, avec laquelle elle tend à se réunir encore par les hauteurs des environs de Galatz. Aujourd'hui, le nouveau cours évite les anciens plateaux, d'un caractère tout particulier, de cette Dobrogea pour suivre la dépression de la plaine, les bords de la steppe et les dernières prolongations des champs fertiles qui s'étendent aux pieds des ramifications de la montagne.

Si la rive droite du Danube pannonien, celle qui appartient, regardant la steppe, à la race magyare, manque presque complètement d'affluents, comme si l'empire du fleuve ne devait pas s'étendre dans cette région de vastes plaines la rive droite, balcanique, ne reçoit que quelques rivières d'une importance secondaire, qui ne peuvent être comparées à la Theiss, avec tout ce qu'elle charrie, ni à l'apport, tout à fait exceptionnel, de la Valachie et de la Moldavie. Plus rapprochés du fleuve, en ce qui concerne leurs cimes et leurs collines, les Balcans ne présentent pas cette étroite communion qui distingue les relations entre les Carpathes et le fleuve, la lisière de la plaine qui s'intercale entre la ligne danubienne et les hauteurs est de beaucoup moins étendue et incomparablement moins fertile. Si le Danube joue un rôle important dans la poésie épique des Serbes, il n'est pas pour les Bulgares le grand fleuve tutélaire; leur folklore le mentionne plus rarement et d'une manière plus fugitive que celui des Russes eux-mêmes. Les Etats roumains, partant de la montagne, se sont empressés d'atteindre ces rives et, par des efforts rapides et heureux, ils sont arrivés à s'en saisir au bout de quelques dizaines d'années seulement; la Bulgarie politique au contraire, partie de la steppe russe pour arriver au delta danubien, n'a pas tardé à quitter ces régions désertes, incapables de fournir aux guerriers leur proie journalière, pour chercher à travers la péninsule la voie de l'impériale Byzance. Le Balcan lui-même reste seulement un réduit inaccessible pour abriter les bandes en quête de pillage; quant au fleuve, il ne signifiait pour l'ambition des khagans bulgares et de leurs successeurs, les Tzars de langue slave et de religion orthodoxe, qu'un point de départ bientôt négligé et oublié même par ceux qui ne rêvaient que de la conquête du Bosphore.

Ce fleuve, les Grecs l'appelaient Istros, d'où le nom de la ville d'Istria près des embouchures; les Roumans « Dunâre » nom qu'ils ont emprunté à leurs plus lointains ancêtres, autochtones de ses rives. Parmi les rivières que célèbrent les chants populaires, il n'y en a pas une qui puisse lui être comparée dans la vénération profonde dont l'entoure la race. Sans le Danube, on ne pourrait pas s'imaginer les destinées du peuple roumain, pas plus que sans les Carpathes eux-mêmes. Si la montagne a abrité les générations menacées par de continuelles invasions, le Danube a rassemblé les éléments ethniques qui devaient produire par leur mélange la nationalité roumaine. Sans ce qu'a fourni le fleuve, les Carpathes auraient, comme les Alpes en Suisse, offert seulement l'abri assuré de leurs vallées aux groupes de races différentes qui auraient cohabité sans se confondre, alors que, sans les Carpathes, il y aurait bien eu un mélange, comme dans les Pays-Bas aux bouches du Rhin, mais sans que la nouvelle formation nationale eût pu trouver dès le début les contours fermes et permanents d'une fondation politique.

CHAPITRE II

Formation du Peuple Roumain

Populations primitives. — Des recherches faites plutôt au hasard, sans plan d'ensemble et, jusque hier encore, sans une étude approfondie des résultats obtenus, nous renseignent sur les caractères de la première civilisation roumaine. On a trouvé des poteries grises et rouges, parfois d'une facture assez délicate et d'aspect varié, — il y en a de peintes, — des statuettes représentant grossièrement des idoles, des ustensiles en métal, des armes de bronze d'une forme élégante, très semblables à celles mises au jour dans les fouilles pratiquées tout au fond de l'Occident. Des ornements, qui montrent une grande habileté de la part de ces artisans antérieurs à l'époque historique, compliquent le pommeau des épées, alors que les vases offrent déjà ces lignes biseautées qui caractérisent toute une époque de l'art préhistorique. De riches matériaux, conservés aujourd'hui à l'université de Jassy, moins ceux qu'on a eu l'imprudence de « prêter » à Berlin, ont été trouvés à Cucuteni, près de ce même Jassy, dont l'emplacement paraît avoir été entouré de tout un groupe d'établissements assez peuplés, violemment détruits au cours d'incursions, dont l'histoire n'a pas gardé le souvenir, car c'est le feu qui a mis fin à ces plus anciens foyers de la civilisation naissante. Nous nous souvenons d'avoir vu toute une belle collection particulière venant des montagnes moldaves, de la région de Neamt, près de Piatra. Dans le district de Prahova, près de Valenii-de-Munte, on a été surpris de se trouver, presqu'à fleur de terre, grâce peut-être à une œuvre d'excavation antérieure, devant le plus riche trésor d'armes de bronze qu'on ait déterré jusqu'à aujourd'hui. Ailleurs aussi, des amateurs ont recueilli des pièces isolées, comme celles qui formaient, vers la moitié du siècle dernier, les collections fort mélangées et pleines d'objets faux, d'un Bolliac ou d'un Papazoglu, et qui furent réunies plus tard au musée archéologique de Bucarest.

En général, le peuple n'a pas perdu le souvenir des places où ont vécu les précurseurs de la vie roumaine actuelle. Il les signale en parlant des traces laissées par les « géants » (*uriasi*), par les « Latins » païens (*Letini*) et par les « Juifs » (*Jidovi*), ce qui paraît désigner plutôt les Khazares de la steppe russe, peuplade de race ouralo-altaïque, comme on sait, mais de religion juive. Ces villages préhistoriques se trouvent le plus souvent sur les hauteurs, occupées plus tard par des monastères et des citadelles du moyen âge historique que le langage populaire désigne par le terme emprunté au latin populaire, de « cetatui » (citadelle). Quant aux nombreux tumuli visiblement artificiels, ils correspondent souvent aux kourgans russes; ils contiennent, avec de la poterie, des armes, des restes d'animaux sacrifiés, de la cendre et des squelettes de rois et de chefs barbares; certains recouvrent d'anciennes habitations; d'autres paraissent n'avoir servi que pour signaler par des feux d'avertissement le passage des hordes qui, jusqu'au VIᵉ siècle envahissaient presqu'annuellement le pays.

Les restes humains trouvés éventuellement dans les anciens foyers préhistoriques n'ont pas encore été soumis à une étude attentive; l'anthropologie n'a pas fixé d'une manière tant soit peu précise les caractères phy-

2

siques de cette race thrace, dont nous parlerons bientôt, à la civilisation très avancée de laquelle on a rattaché les témoignages d'art trouvés à leurs côtés. Etaient-ils, ces ancêtres, pareils ou non aux hommes qui habitaient à la même époque les vallées de la Péninsule Balcanique et qui s'étendaient sur toute la vaste région comprise entre l'Adriatique, le Pont Euxin et l'Archipel? Tout ce qu'on peut dire, c'est qu'il y a de sérieuses raisons de croire que cette civilisation primitive est thrace; d'autre part, il est certain que d'un bout à l'autre de la région carpatho-danubienne formant le territoire unitaire sur lequel se développa plus tard la race roumaine, il y eût, à l'époque néolithique, une civilisation primitive d'un caractère parfaitement unitaire (1). Dans la couleur, les ornements et la forme des vases, dans la nature des ustensiles, dans l'aspect des armes de bronze, dans la construction des tombeaux, dans le caractère et le groupement des habitations, il n'y a aucune différence entre les objets trouvés sur le rebord des Carpathes moldaves ou sur les collines de la Prahova.

A l'unité de la terre correspond ainsi l'unité de la première race manifestement autochtone, du moins en ce qui concerne ses premières manifestations artistiques.

INFLUENCES SCYTHIQUES. — Si la montagne pouvait servir de refuge aux habitants déjà établis sur cette terre, les rivières fournissaient, en commençant par le Danube lui-même, des voies naturelles d'invasion, car elles amenaient, attirés par le voisinage des riches

____

(1) M. Jean Andriesesco, dans un excellent ouvrage intitulé *Contributie la Dacia tnainte de Romani* (Jassy 1912), va même plus loin: il parle dans sa préface de l'unité néolithique carpatho-balcanique; il constate que ses caractères sont les mêmes dans la Moldavie orientale et en Transylvanie (cf.*ibid.*, p. 73).

contrées où fleurissent tour à tour la civilisation grecque et celle des Romains, des étrangers en quête de nouveaux séjours ou des exploits nouveaux.

Ils devaient venir du Nord et de l'Ouest; le Sud ne pouvait fournir que des paysans en quête de terres vierges, ou bien des fuyards chassés par quelque invasion. A l'Est, il y avait la steppe infinie, qui appartenait aux Scythes.

On peut affirmer aujourd'hui que ce peuple, décrit par Hérodote dans son aspect et dans sa légende, n'étaient qu'une confédération éphémère de peuplades, réunies pour la gloire et le butin sous la conduite de quelques familles iraniennes, qui étaient parvenues à fonder des dynasties royales au dire des Grecs. Les guerriers étaient pour la plupart des Touraniens au teint foncé et au corps trapu, pareils aux Turcomans de l'Asie centrale et aux Tartars d'une époque postérieure, qui, après avoir dévoré le fruit de leurs incursions dévastatrices et du tribut fourni par les peuples soumis à leur autorité, se nourrissaient du produit de leurs troupeaux. Leurs déplacements continuels s'expliquent par ce besoin de transhumance, perpétuelle oscillation entre les demeures d'hiver et les champs traversés, toujours sur la même ligne des puits et des citernes pendant l'été, qui forme le caractère distinctif des peuples pasteurs.

Dans ces conditions, ils purent bien donner aux grandes rivières de la steppe, des noms empruntés à la langue touranienne. Nous n'oserions affirmer que le nom d'*Istros* est thrace et que celui du Danube, la *Donau* des Germains, la *Douna* des Turco-Tartares, vient des anciens Scythes bien qu'ils en aient dominé pendant longtemps les embouchures. Mais l'ancien nom du Dniester, le *Danastris* grec, est *Tyras* et dans cette forme hellénique on reconnaît la Tourla ouralo-altaïque, qui s'est conservée, du reste, dans le langage des Tartares et des Turcs d'une époque plus récente. Le *Pyretos* d'Hérodote est pour les Roumains le Pruth, que les Turco-Tartares prononcent Brout; le caractère asiatique du nom est incontestable. On peut admettre une même origine pour le *Tiarantos* mentionné dans les textes grecs du vi° siècle et qui est, paraît-il bien, le Siretiu roumain, le Séreth des Slaves. On se demande enfin s'il ne faut pas mettre dans la même catégorie deux des grandes rivières de la Valachie, l'Arges, auquel on a voulu chercher un correspondant arménien inadmissible, et l'Olt, le grand Olt, qui sépare la Grande Valachie des cinq districts de son Olténie.

A la fin du vi° siècle, le grand roi perse, aux desseins hardis, Darius, fils d'Histaspès, conduisit une expédition destinée à détruire la masse toujours menaçante des barbares danubiens; combinée avec le concours des Grecs, cette attaque se perdit dans la steppe sablonneuse dépourvue d'eau et de pâturages. Elle ne délogea pas même les multitudes scythes de leurs établissements au-dessus du Danube, où se trouvait un de ces points stratégiques fortifiés qui sont dans la tradition de la race. Car, au-delà même de la steppe qui était la Scythie proprement dite, sur ce territoire de la Dobrogea, particulièrement propice aux pâturages tardifs, elles arrivèrent à fonder une nouvelle Scythie, une *Scythia Minor*, dépendance durable de leur ancien empire (1). On y retrouve plus tard, vers le vi° siècle avant l'ère chrétienne, des rois qui portent les noms pittoresques de Charaspès, de Kanytès, de Tanoussa et dont les monnaies d'argent, frappées par les Grecs, portent les insignes des monnaies helléni-

---

(1) Ces distinction de « Grande » et « Petite » entre les provinces s'est transmise, du reste, aux Russes et aux peuples des Carpathes et du Balcan (Grande et Petite Russie, Grande et Petite Valachie, dans le Pinde).

ques elles-mêmes et les figures caractéristiques des dieux de l'Olympe. Pauvres rois sans annales et sans victoires, dont le rôle, invariable et monotone, consistait à se faire payer par les hôtes grecs de la côte et par les marchands de passage la tranquillité à laquelle ils astreignaient leurs quelques milliers de pasteurs guerriers et bandits!

Une collection de peuplades qui n'arrive pas à constituer un peuple ayant une vraie patrie ne peut exercer aucune influence. Si le nom des grandes rivières s'est conservé sur ce territoire roumain aussi bien qu'en Russie, dans le langage des nations stables qui y habitèrent plus tard, il faut attribuer ce fait seulement à ces établissements, d'importance plutôt militaire, à ces camps de résidence temporaire des « rois » aux allures de khagans qui gardaient les gués de ces rivières, gués d'une importance exceptionnelle pour toute nation migratoire vivant de ses troupeaux. La population primitive dut leur abandonner ces régions où ils empêchèrent tout établissement de concurrents et toute infiltration des vassaux qui venaient y présenter leurs offrandes et leur hommage.

Influence sarmate. — Entre la confédération des Scythes et celle des Sarmates, avec leurs rameaux, les Roxolanes et les Jazyges, à l'Est et à l'Ouest, il n'y a aucune différence essentielle. Ces mêmes masses touraniennes se groupèrent sous une autre classe dominante, probablement iranienne aussi, pour enrichir l'histoire des migrations et des invasions d'un nouveau nom. Celui de *marha*, sauvé par Ammien Marcellin, est évidemment turc, dans l'ancien sens du mot.

On retrouve ces Sarmates dans les sources antiques sur l'emplacement occupé précédemment par l'expansion scythique, qu'ils maintenaient sans pouvoir la continuer, puisqu'elle avait atteint ses dernières limites. Mais à une époque plus récente, il est évident que des peuplades différentes, d'une origine plus noble, vinrent grossir leurs rangs, de même que, plus tard, des Germains, en grand nombre, vinrent se ranger sous les drapeaux d'Attila, devenant des « Huns » au même titre que les guerriers de pure race asiatique du terrible khagan. Nous croyons que les Slaves, qui dès lors étaient un peuple essentiellement agricole, parurent pour la première fois dans l'histoire comme un des éléments de la confédération sarmate. On ne pourrait pas s'expliquer autrement le caractère slave, très ancien et tout à fait particulier, de la nomenclature géographique en Transylvanie, car il est certain que cette nomenclature ne peut être rattachée au passage, plutôt rapide, de l'invasion slave du VIᵉ siècle de l'ère chrétienne. Nous nous demandons même si le nom de Sarmisagethusa, la Capitale des Daces, qui leur succédèrent dans cette même Transylvanie, ne conserve pas dans sa racine le souvenir de ces Sarmates, première couche superposée aux autochtones.

Influence gauloise. — Ce territoire carpatho-danubien ne fut pas inconnu à la race puissante et énergique, toujours en quête d'aventures guerrières, à travers les terres lointaines, qui est celle des Gaulois. Leurs peuplades étaient depuis longtemps maîtresses des Alpes italiennes, même après avoir perdu la vallée du Pô, leur Gaule cisalpine, que leur prirent les Romains, Elles durent donc, à un moment donné, déboucher sur la Pannonie, avant qu'un chef entreprenant ne les jette à la conquête de la Péninsule des Balcans, qu'ils traversèrent jusqu'aux Thermopyles et même tout au bout, jusqu'aux sommets du Ténare, pour aller se perdre parmi les populations thraces de l'Asie Mineure, dans cette *Galatia* qui conserve encore leur nom. Alors que les Scythes et les Sarmates ne connaissaient que les camps pareils aux *rings* ultérieurs des Huns, ils étaient, comme représentants d'une ancienne civilisation supérieure, influencée dès le début par la colonisation grecque de la Méditerranée occidentale, des fondateurs de « cités », groupant des villages autour d'une ville fortifiée, capitale de la région. On peut suivre les migrations de ces nouveaux hôtes du Danube, seul cependant, et non de ses affluents, à la trace des noms de localités, évidemment d'origine celtique, comme le *Singidunum*, qui devint la « cité blanche », la Belgrade des Slaves, comme le *Noviodunum* du delta danubien, l'Isaccea d'aujourd'hui, correspondant au Noyon français, comme *Durostorum*, la Silistrie des Grecs, dont la racine se rattache aussi au *Dun*, caractéristique de la civilisation gauloise.

INFLUENCE GRECQUE. — A côté de ces influences barbares, qui contribuèrent peu à la formation de la nation roumaine, vint s'ajouter une grande influence civilisatrice , celle des Grecs, Ioniens et Doriens; anciens compagnons des Perses de Darius, colons venus d'Asie Mineure, ils vinrent chercher dans ces froides régions septentrionales les peaux, les poissons, les fourrures, les grains, surtout les grains, le vin, la laine, le miel, la cire, l'or et l'argent des mines de la Transylvanie, le bois des régions intérieures; là les attendaient les Scythes qui, grâce à ce voisinage, devinrent des clients, peut-être même des imitateurs de l'art grec, et parfois aussi, dans les belles et riches cités établies par les civilisateurs sur les côtes de la Mer Noire, de leur Pont Euxin, des « mi-Grecs », des « Mixhellènes ».

De Byzance à la lisière caucasienne, leurs cités républicaines détenaient tout le commerce de cette Scythie abondante en matières premières. Le territoire qui nous occupe vit s'établir, sur des emplacements favorables à la navigation, des centres comme *Dionysopolis* (près de Balcic), comme *Kallatis* la dorienne (près de Mangalia), comme l'ionienne *Tomi* (près de Constanza, comme *Halmyris*, près des grands lacs comme l'importante cité du Danube, l'*Istria* du delta, comme *Tyras*, la cité du Dniester, sur le « liman », sans compter des établissements d'une importance secondaire qui suivaient le même cours du Danube, tel *Axiopolis*, près de Cernavoda.

Mais ce monde grec nouveau, resta toujours, par la religion aussi bien que par le mépris naturel de l'Hellène à l'égard de toute espèce de barabares, étranger à l'indigène de l'intérieur. Pour les marchands, c'étaient de simples clients, plus ou moins incertains, menaçants ou avides, ces pâtres qui les nourrissaient du produit de leurs troupeaux, ces agriculteurs « scythes », vassaux de la race dominante, qui cultivaient les légumes et les céréales, ces routiers aux grands bœufs lents et aux petits chevaux agiles, poilus comme ceux des Cosaques et des paysans roumains eux-mêmes, ces Agathyrses transylvains, qui tiraient l'or des anciennes mines primitives et vendaient la cire et le miel de leurs abeilles. Mais aucun contact intime n'existait entre eux. Entre les négociants du littoral, qui vivaient sous leurs chefs républicains, leurs « hellénarques », les prêtres, serviteurs des dieux tutélaires, et les « rois » de la steppe, les relations ressemblaient à celles qui existèrent, des siècles plus tard, entre les Portugais de Goa et les rajahs de l'Inde autochtone. L'art grec seul, en s'accommodant aux besoins de la vie scythique, gagna à ce voisinage un aspect particulier et original, où des conceptions toutes neuves se mélangent d'une manière intéressante à l'inspiration première, souvent sans en fausser le caractère essentiel.

Il faut ajouter aussi que le marchand grec ne paraît pas avoir jamais visité lui-même les repaires des barbares. Il les attendait à son comptoir, au milieu des temples et des monuments de sa civilisation imposante. Autrement, il y aurait dans Hérodote d'autres renseignements plus réels et plus précis, moins fabuleux sur ces peuples que quelques centaines de lieues seulement séparaient de leurs établissements. Nulle trace, sur ce territoire, de l'influence transformatrice qui, partant de Marseille, de Nice, d'Agde, d'Hyères, introduisit en Gaule des idées politiques supérieures.

LES ILLYRO-THRACES. — Jadis, non seulement le territoire carpatho-danubien, mais aussi la Péninsule des Balcans entière et ses annexes, qui sont les îles de l'Archipel et les vallées de l'Asie Mineure, furent la patrie des Thraces et de leurs frères, les Illyriens; ces derniers, situés aussi sur le littoral italien, avec des ramifications qui, à travers les Vénètes illyriens, s'étendaient jusque dans le Tyrol, bordaient le pourtour entier de la Mer Adriatique dont, comme pirates, ils furent pendant longtemps les vrais maîtres. Les deux nations étaient étroitement apparentées; les quelques noms communs qui nous ont été transmis et la nomenclature géographiques, montrent une grande similitude entre les deux langages; il fut donc possible aux Albanais, descendants authentiques des Illyres, d'adopter le dialecte thrace qu'ils parlent encore.

Mais leur manière de vivre était différente. Quand il ne gagnait pas sa vie en écumeur de mer, ce qui amena des conflits avec la marine naissante des Romains et finalement la conquête par eux de ce littoral adriatique, l'Illyre était pasteur dans la montagne,

tout comme l'Albanais ou Skipétare (1), qui continue,
avec le même sang et sur le même territoire, la tradition des Dardanes, des Taulantii et des autres clans
de l'antiquité illyrienne. Au contraire, le Thrace, qui
ne dominait que rarement la côte, cédée volontiers
aux Grecs entreprenants et utiles, ne borna pas son
activité au pâturage de ses troupeaux. Dès le début,
il apparaît comme ayant dépassé la phase de la transhumance; c'est un peuple solidement établi sur la
terre qui est devenue, dans le vrai et le grand sens du
mot, sa patrie. Les traces du clan pastoral subsistent
encore, et l'on parle des groupements formés par les
Odryses, les Gètes, les Daces, les Crobyses, les Tri-
balles, les Sabires, etc; mais le clan s'est élargi jusqu'à devenir une section territoriale bien déterminée
et ces sections se confondent de plus en plus, non seulement dans une unité économique, mais aussi dans
l'unité nouvelle d'une vie politique commune. Pour
fortifier encore ces liens, une religion nouvelle surgit
à l'époque historique, ayant son prophète, Zalmoxis,
ses grands prêtres, comme Décénée, ses autels sans
doute, ses cérémonies qui réunissaient les rameaux
du même arbre national; cette religion enseigne l'âme
immortelle, pratique le culte fanatique de la mort,
du rêve inassouvi des sacrifices suprêmes; elle demande aux héros leur vie pour sauver le peuple des
malheurs qui le menacent, et ils meurent en souriant
sur la pointe des lances qui les reçoivent après qu'ils
ont été projetés vers le ciel invoqué par les prêtres. On
s'est délivré du culte barbare des ancêtres, qui fut
transmis aux Hellènes, et une purification générale
a créé comme une nouvelle âme à la nation qui attend
déjà de l'énergie dace un chef, un roi, à la manière

_____

(1) Falk et skip, *scopulus*, rocher, sont les racines des deux
noms, dont le dernier seul est porté par le peuple.

de ces rois macédoniens, de sang illyrien, qui donnèrent au monde l'inoubliable figure légendaire d'Alexandre-le-Grand.

Alexandre lui-même, suivant partout, dans son désir de royauté universelle, les traces des rois perses, avait trouvé sur le Danube les Géto-Thraces, déjà maîtres du cours entier du fleuve; il créa une province macédonienne de la Thrace, les Illyriens de Macédoine devenant ainsi les suzerains de leurs frères. Après sa mort, un royaume thrace s'en détacha, ayant son centre sur la rive droite. Lysimaque, un de ces rois qui se proposèrent d'inviter Alexandre et les anciens monarques perses, dut combattre contre Droumichète, chef des Gètes, et il fut vaincu par les guerriers de ce dernier. Il était de plus en plus évident que les Macédoniens grécisés n'étaient pas capables de réaliser cette unité politique vers laquelle tendaient les Thraces de plus en plus unifiés sous le rapport national. On peut découvrir un autre motif de cette faillite de l'idée macédonienne dans un fait d'ordre géographique: il était impossible de rattacher à une organisation politique fondée sur la rive droite du Danube, ces régions au Nord du fleuve qui formaient, ainsi que nous l'avons déjà dit, un territoire parfaitement individualisé.

Les Gètes indépendants occupaient, dès le IVe siècle, les deux rives du Danube; ils avaient leurs établissements plus importants sur celle qui est dominée par les Carpathes. Ce sont, en définitive, ces Thraces laboureurs qui étaient désignés par les Grecs du littoral comme leurs fournisseurs « scythes » en fait de grains. Si les sources helléniques rattachent aux mêmes Scythes les Massagètes, les Tyrigètes, les Tyssagètes, il faut voir dans les populations désignées par ces vocables, non pas un résultat dû au mélange entre les pasteurs de la steppe et les agriculteurs de la riche plaine nourricière, mais bien des Gètes de race presque pure, dont les coutumes et les croyances les distinguaient si nettement des nations voisines.

C'est le contact des Scythes probablement qui vint ajouter les connaissances militaires à leurs vertus guerrières. L'idée politique macédonienne, empruntée elle aussi aux Perses — les rois des Scythes, du reste, n'étaient pas d'autre provenance, — contribua essentiellement à faire progresser le groupement naturel des différents éléments de leur race; les Gètes devinrent eux aussi désireux d'établir une royauté conquérante, capable, non seulement de les défendre, mais aussi d'étendre le territoire de la race.

Un Dromichète, un Orole, un Zyraxès, de même que leur prédécesseur avant l'époque macédonienne, le grand Sitalkès, qui régnait de la Transylvanie jusqu'à la Mer, furent donc des rois thraces indigènes, correspondant parfaitement aux rois scythes de la Dobrogea, éphémères comme eux, malgré leur rapide passage à travers les pages de l'histoire. Ils purent se rendre compte bientôt que cette nouvelle royauté, ayant encore, bien que des places fortes comme Génukla défendissent le Danube, son centre dans les Balcans, ne peut ni dominer le Danube, ni s'appuyer sur les Carpathes, seules conditions pour pouvoir se maintenir. Il fallait, en plus, une autre énergie que celle de ces cultivateurs plutôt paisibles, qui avaient senti depuis longtemps le goût amollissant des richesses. Les rois de la conquête devaient surgir pour les Thraces dans la montagne de Transylvanie; de même que dans la montagne du Pinde avaient surgi pour les Illyriens, leurs frères, les rois de la conquête macédonienne.

Dans ces vallées des Carpathes, il y avait déjà eu un peuple thrace florissant, celui des Agathyrses, dont le nom porte une empreinte aussi peu scythe que la manière de vivre de cette peuplade. Il recueillait le miel et la cire de ses abeilles, exploitait les mines qui ont rendu célèbre à toutes les époques leur province; leur luxe est vanté par Hérodote; tous ces traits sont étrangers aux occupations patriarcales, d'une si rude simplicité, des Scythes, même à une époque où leurs rois, protecteurs et clients des cités grecques du littoral, transformaient en beaux vases artistiques, représentant leurs exploits de chasseurs et de guerriers, l'or fourni par les tributaires agathyrses des montagnes. Mais il paraît bien que cette peuplade, consacrée à un labeur spécial, était très peu nombreuse; elle ne pouvait pas avoir les aptitudes nécessaires pour reprendre dans les Carpathes l'œuvre de conquête, glorieuse et rémunératrice, d'Alexandre-le-Grand.

Ce rôle était réservé aux pâtres de la montagne, dont le centre fortifié se trouvait dans l'angle Sud-Ouest de la Transylvanie, aux Daces, que les Romains appelaient *Davi, Daii*. Il faut rapprocher sans doute cette appellation du mot *davae* qui sert à désigner leurs villages. On en ignore la signification, mais c'est probablement comme tous les noms des confédérations scythes, sarmates et germaniques, un nom de guerre, servant à désigner à un moment donné de l'activité militaire d'une nation. On pourrait aussi interpréter le mot « Daces », comme spécifiant: habitants des villages, paysans, par opposition aux Gètes qui possédaient des établissements plutôt semblables, bien qu'à un degré inférieur, aux « cités » des Gaulois. Les Pannoniens étaient aussi des villageois.

Dès le début, il y a chez les Daces des rois; ce sont, du reste, le roi et sa caste de guerriers; les *pileati*, portant le bonnet de commandement (*pileus*), ce bonnet phrygien d'Asie, perpétué sur le Danube par l'humble *caciula*, ou bonnet de peau du paysan roumain, qui fondèrent la nation. Un de ces anciens établissements agathyrses ou sarmates, Sarmisagethusa, sise entre les montagnes, au milieu du plus admirable des cirques formés par les Carpathes, devint leur capitale, c'est-à-dire le lieu où ils s'abritaient l'hiver et où ils déposaient le butin enlevé pendant les mois du printemps et de l'été aux paisibles habitants des villes danubiennes. Les villages qui en dépendaient se cachaient dans les vallées transylvaines; ils descendaient même vers la plaine, mais plutôt du côté occidental, vers le Banat actuel, où ils étaient protégés par la ligne de montagnes qui borde la frontière roumaine de 1914 pour aboutir aux Portes-de-Fer, où le Danube est facile à traverser.

Le plus grand des rois daces, celui qui réussit à remplacer sur la rive droite la royauté macédonienne de la Thrace, fut Boirébista, nom qui rappelle peut-être la lignée dace des Bures qui habitaient le Banat. Il régnait en maître sur tout le cours inférieur du Danube jusqu'au delta, où des Bastarnes germaniques s'étaient nichés dans les îles, au milieu des marécages, à Peuce (aujourd'hui Ile des Serpents) et ailleurs. Une inscription grecque de Marcianopolis nous montre que les villages grecs dépendaient de son autorité suzeraine et que des délégués des Hellènes allaient prendre les ordres du grand roi barbare de la montagne. Ayant donc gagné le droit de disposer des forces gètes, — le nom même des Gètes disparaît à ce moment, — il avait hérité des rois scythes, non seulement sur la côte occidentale de la Mer Noire, mais aussi au Nord où Olbia, dont le dieu, le *Jupiter olbiapolitanus*, était le patron de toutes ces communautés helléniques, reconnaissait sa tutelle protectrice. Une nouvelle unité politique s'était formée sur les ruines de la suzeraineté scythe, au Nord du Danube, grâce au caractère même de la région, qui favorisait, qui appelait même une pareille fondation; et, comme le peuple qui l'avait créée était l'héritier d'une civilisation autochtone plus que millénaire, Boirebista paraissait promettre à ce monde carpatho-danubien une longue et prospère stabilité sous le sceptre d'une dynastie énergique.

Les Daces rencontrèrent cependant sur cette voie de conquêtes où ils étaient entrés triomphalement, une civilisation supérieure, des imitateurs plus heureux de la royauté d'Alexandre-le-Grand: le peuple romain et l'activité conquérante des Césars.

L'EXPANSION ET LA CONQUÊTE ROMAINES. — Dès les derniers temps de la République, les classes populaires, qui avaient formé jusqu'alors la force même de l'Etat, commencèrent à émigrer. L'Italie victorieuse et conquérante recevait des approvisionnements de l'Egypte, de l'Afrique et de la Grèce; les villes accroissaient sans cesse leur territoire; les riches propriétaires, les anciens patriciens, les chevaliers et jusqu'aux publicains heureux se taillaient dans la campagne de larges domaines, avec des villes, des jardins, des terrains de chasse; le travail servile remplaça celui de l'ancien agriculteur libre. Il se produisit alors une forte émigration rurale, à l'Est, vers l'Illyrie — et aussi, par les Alpes orientales et les vallées de la Save et de la Drave, vers la Pannonie, — aussi bien qu'à l'Ouest, vers la Gaule méridionale. Les sources historiques, il est vrai, ne mentionnent pas cette expansion, aucune inscription n'a marqué la trace sur la terre de ces pauvres gens en quête d'un champ et d'un abri; une infiltration lente, mais profonde, a donc seule pu transformer, en une population romaine, parlant le latin vulgaire, les Illyriens et ces Thraces que la conquête politique, si éphémère en Dacie, n'aurait pu qu'entamer. Le pâtre de Dalmatie, déjà habitué à ces étrangers par les cités purement romaines créées sur la rive de l'Adriatique, puis son voisin du Pinde, Illyrien ou Thrace, et enfin les laboureurs des vallées balcaniques furent lentement submergés par ce flux incessant d'une population qui apportait des vertus ethniques supérieures, et une langue faite pour servir de communication universelle entre ces peuples, car on adopte une langue aussi pour ses qualités et ses avantages.

L'apparition des armées romaines devait tarder encore, même après que la Thrace eut été annexée (an 46 de notre ère). Les éléments romanisés transmettant d'un groupe à l'autre l'influence étrangère, étaient arrivés déjà jusqu'au Danube, où l'on a constaté que la ville romaine de Drubetis est antérieure à la conquête officielle; déjà des marchands latins traversaient ces régions, répandant, à côté de la monnaie grecque dont la circulation diminuait rapidement, la monnaie romaine d'argent et de bronze, qu'on rencontre par monceaux sur tout le territoire carpatho-danubien, avant que le besoin de défendre les nouveaux centres fondés au milieu des Thraces balcaniques définitivement vaincus, eut rendu nécessaire l'intervention des légions.

Sous Auguste, la Dacie vit les aigles romaines. Les nations pannoniennes, mélangées de sang celtique, les Scordisques et leurs voisins, furent complètement soumises; la grande voie de Tibère réunit le Danube moyen aux régions de son cours inférieur; Aquineum devint un des centres importants de l'Empire en Orient; enfin, sous Domitien, les armées impériales, commandées par Oppius Sabinus, par Cornelius Fuscus et par Julien, furent vaincues par un roi d'un talent supérieur, Décébale, défenseur indomptable du sol ancestral et de l'indépendance de sa race, qui, tout en reconnaissant nominalement la suzeraineté de l'Empire, se fit livrer des artisans et des ingénieurs appelés à consolider sa puissance. L'Empire résolut alors de soumettre à sa domination les rudes barbares de la rive gauche. Si Trajan, le successeur de Domitien, consacra à cette œuvre la plus grande partie de son règne et toute sa ténacité de vieux soldat espagnol, c'est que l'enjeu dépassait le prix de la Dacie elle-même; elle possédait sans doute des mines d'or et d'argent, alléchantes pour les aventuriers qui fourmillaient dans l'Empire; des mines de sel, dont le produit était indispensable, bien qu'on eût aussi les marais salants d'Anchiale, aux Balcans conquis. Valait-elle tout de même la peine d'être occupée une fois pour être défendue à chaque moment contre les autres barbares qui rôdaient aux alentours? Oui, car sans la possession de cette forteresse des Carpathes, on n'aurait pu trouver la solution du grand problème germanique contre lequel s'étaient usées les forces militaires d'Auguste et de Tibère. Du Rhin, ce problème s'était transporté dans les montagnes des Quades et des Marcomans; déjà les mouvements des Goths au Nord et à l'Est du territoire thrace faisaient prévoir une autre phase du grand conflit entre le monde romain et le monde germanique. Trajan, en attaquant Décébale, crut pouvoir détruire dans son germe ce nouveau danger.

Dans une première campagne préparée dans la Mésie supérieure (101 après J.-C.), les Romains employèrent le facile passage des Portes-de-Fer pour envahir le Banat, le territoire des Bures, et chercher par l'Ouest la voie de Sarmisagethusa; à Tapae, ils remportèrent une victoire chèrement achetée. Confiant dans la fortune de ses armes, Décébale négocia d'abord. Pendant toute une année, il tendit des embuscades à l'ennemi; mais les Romains étaient résolus à pousser l'entreprise jusqu'au bout; brisant l'unité politique du territoire

carpatho-danubien, ils occupèrent la bande de territoire qui leur paraissait être nécessaire pour garantir
la Mésie contre toute incursion future. La capitale
elle-même reçut une garnison romaine. Si cette situation s'était maintenue, le rôle de Décébale aurait été
celui d'un prisonnier renfermé et espionné dans ses
montagnes; sa nation, empêchée désormais de rançonner des voisins victorieux et même de mener ses troupeaux dans la plaine, où l'attendaient le soldat, le fonctionnaire et le colon romain, se serait épuisée dans la
misère et le découragement. Le roi dace tenta de nouveau le sort des armes. Cette fois, ce fut lui-même qui
choisit le moment de la lutte. Il s'adressa à ses alliés,
Sarmates et Germains, qui comprenaient l'importance,
pour l'indépendance de tous les Barbares au nord du
Danube, de la crise qui allait se rouvrir. Dans la Scythie Mineure se formèrent des bandes sarmates dont
les guerriers, revêtus de cuirasses d'écailles, sont grossièrement figurés sur le pesant monument du Tro-
pæum Trajani, érigé par le vainqueur à l'endroit où
se forma plus tard l'amas de cabanes tatares appelé
Adam-Klissi (l'église de l'homme). Mais la campagne
fut décidée sous les murs mêmes de la capitale dace.

Trajan attaqua cette fois, en 105, par les vallées du
Jiiu et de l'Olt. Il avait fait construire par Apollodore,
de Damas, un pont de pierre en face de Drubetis pour
empêcher, d'un côté, les relations entre Décébale et
ses confédérés de la steppe et pouvoir, en même temps,
s'il en était besoin, poursuivre une guerre d'extermi-
nation pendant les automnes pluvieux et les rudes
hivers danubiens. Cette fois, il n'y eut pas de bataille
dans la plaine; le barbare résista dans ses montagnes,
avec un acharnement sans pareil, que tout son peuple partagea avec lui; même les femmes allèrent porter l'incendie à travers les *davae* abandonnées et firent
subir le martyre aux blessés qui tombaient entre leurs

mains. Sarmisagethusa elle-même fut consumée par les flammes, mais seulement après que, dans un dernier banquet, les chefs des daces eussent bu le poison et que Décébale et ses fils se fussent suicidés dans leur dernier refuge.

L'ŒUVRE ROMAINE (106-279). — Trajan, vainqueur, fit élever à Rome, en souvenir de cette campagne difficile, une colonne triomphale plus haute et plus belle que celle de Marc-Aurèle et il « colonisa » la Dacie désormais soumise. Il ne tenta pas la tâche, d'ailleurs impossible, de détruire la race même de ces vaillants Thraces de la montagne. Si certains Daces émigrés ne perdirent jamais l'espoir de chasser les Romains usurpateurs et de revenir à leurs foyers détruits, un grand nombre de Thraces, surtout les descendants paisibles des Gètes d'autrefois, durent rester dans leur patrie; et n'oublions pas les régions où la romanisation antérieure avait créé déjà, sur le long de la rive, la population mixte d'où devaient sortir les Roumains. Un texte latin, tiré des *Vies des Césars*, qui passa dans la brève compilation d'Eutrope, assure que des colons vinrent de tout le monde romain (*ex toto orbe romano*). On a été jusqu'à dire qu'ils vinrent en première ligne de l'Italie elle-même, opinion professée avec orgueil par les partisans d'une descendance romaine pure et exclusive. Il ne faut pas accorder une trop grande autorité à un texte secondaire, rédigé dans un cabinet de rhéteur et de maître d'école, complètement étranger aux raisons politiques et au sens des réalités. L'Italie n'avait plus guère de Latins à exporter; ses nouveaux « Romains », citoyens créés par la réforme de Caracalla, n'auraient guère apporté avec eux les vertus ethniques du Latium. Ils n'auraient pas mieux valu que les aventuriers accourus pour exploiter les mines de Transylvanie, que cette foule de fonctionnaires, à l'aspect divers et à l'âme incertaine, qui furent chargés d'initier aux formes supérieures de la vie urbaine un peuple chez qui la vie rurale était plusieurs fois millénaire. Le bon sang latin pouvait être accru plutôt par certains de ces légionnaires qui passaient une partie de leur vie dans les camps du Danube et des Carpathes et qui, après leur congé définitif, y restèrent souvent auprès de leurs femmes daces et des enfants nés de leurs relations. Il y eut, en effet, un caractère militaire, de même qu'un caractère rural, dans le latin vulgaire qui devint, après nombre de mélanges ultérieurs, la langue roumaine: le vieillard, ce n'est pas habituellement le *senex* (1), mot qui d'ailleurs a disparu dans toutes les langues romanes, ni le *vetelus*, car *vechiu* s'applique seulement aux choses, mais, cas rare, le *veteranus*, *bâtrîn* (2).

La Dacie, qui fut partagée en trois provinces réunies sous la main d'un légat impérial, gagna, par la conquête romaine, un caractère nouveau. Deux civilisations coexistèrent sans se mélanger, la langue seule constituant entre elles un lien commun. Si les éléments ruraux déjà romanisés de la Péninsule balcanique purent désormais pénétrer librement dans les champs abandonnés par les barbares vaincus, tués ou mis en fuite et si les *davae:* Sucidava, Carpidava, Buridava, etc., reçurent un accroissement de population, leur aspect n'en fut pas essentiellement changé. Dans ces *vici*, ces *pagi*, dans ces territoires qu'on peut très bien

------

(1) M. Giuglea a relevé dans les anciens textes *siurec*, qui viendrait de *senecus*.

(2) Si au lieu de *terra* on a employé le mot *pâmânt*, de *pavimentum*, ce qui signifierait une prépondérance de la vie urbaine, il faut tenir compte de ce fait que « terra » ayant donné, en roumain seulement *teara* pour le pays, la patrie (le correspondant de *paese*, pays, manque), il a fallu trouver un autre terme pour le sol nourricier. Il est intéressant que *lucrum*, le gain, a le sens général de « chose ».

étudier dans la Dobrogea actuelle, où les monuments les concernant sont plus nombreux, l'ancienne vie fut perpétuée dans une forme de plus en plus romaine. Mais, de même que la côte maritime avait abrité depuis des siècles la civilisation hellénique, qui put se maintenir sans vouloir féconder, il y eut, le long des routes qui suivaient le cours des rivières de Transylvanie, des villes bien peuplées et richement ornées, avec leurs temples, leurs basiliques, leurs amphithéâtres, leurs prétoires; on a déterré, à Ulpia Trajana, qui avait remplacé la royale misère de Sarmisagethusa, des mosaïques dignes des pays d'ancienne civilisation qui faisaient partie de l'Etat romain, de même qu'à Tomi et à Istria des colonnes de marbre aux élégants chapiteaux surgissent des ruines amoncelées du passé hellénique.

Mais tout cela n'était ni un élément durable ni un élément nécessaire à l'unité territoriale des Carpathes et du Danube. On le vit bien quand, après de longs combats malheureux contre les Goths envahissants, l'empereur Aurélien dut ordonner, vers 271, à peine un siècle et demi après la conquête de Trajan, la retraite des légions et des fonctionnaires sur la rive droite qui, pour sauver les apparences, devint une nouvelle Dacie. En quelques années, les voies n'étant plus sûres sans la protection des soldats, les villes furent abandonnées; les paysans du voisinage s'en partagèrent les ruines après le départ de l'ennemi. Avec l'administration disparut tout ce qui servait à l'exploitation économique du territoire et qui en formait le décor.

CHAPITRE III

Domination des peuples de la steppe

Aurélien avait retiré ses troupes de la Dacie sous la menace des invasions incessantes des Goths qui avaient détruit l'armée de Décius et qu'avait arrêtés à Niche, au fond de la Mésie Supérieure, la seule victoire de Claude. Déjà, sous la pression des Quades et des Marcomans, les Vandales Astinges s'étaient établis dans la Pannonie et sur la lisière de la Dacie, poussant devant eux les tribus daces des Costoboques, des Bures et des Cotins, qui vinrent accroître dans la région des Carpathes l'importance de l'ancien élément thrace, représenté aussi sur le Danube inférieur par l'indépendance, toujours agitée, des Carpes. Les Romains eux-mêmes y établirent, semble-t-il, en qualité de peuples fédérés, des bandes gothes, juthunges, puis de celles des Gépides aussi, des Taïfales et des Vandales; mais on ne saurait leur attribuer le rôle qui revint sur le Rhin aux Francs et aux Burgondes. Dans les régions carpatho-danubiennes, il n'y a aucune trace d'une véritable expansion germanique; c'est un nouveau chapitre, exactement semblable à ceux qui l'avaient précédés, de la domination « scythe » dans l'Europe orientale.

Il se produisit certainement, dès le IIIe siècle, un mouvement dans le sein de ces peuplades touraniennes qui avaient échappé vers le commencement de l'ère

chrétienne au régime de l'aristocratie guerrière des
Iraniens. Les vassaux germaniques, qui étaient retenus depuis des siècles dans les formations belliqueuses
des Scythes et des Sarmates et qui pratiquaient, dans
la Mer Noire, une piraterie pareille à celle des Cosaques
à l'époque moderne, durent émigrer vers l'Occident,
non pour y trouver des terres à cultiver, mais
pour y former des camps d'où ils fussent en état d'entreprendre de nouveaux raids, à la manière des contemporains d'Hérodote. On les trouve sur deux points
seulement : le Boudschak ou Bessarabie méridionale
(*angulus* pour les Romains, *ongl* pour les Slaves), et
la Pannonie centrale. Les Goths s'établirent sur le Danube inférieur, près des embouchures, alors que le
Danube moyen restait le domaine des Vandales, leurs
frères. Pour eux, la Dacie évacuée par les Romains et
où toute vie urbaine fut bientôt complètement ruinée,
n'offrait aucun attrait ; le territoire lui-même, avec les
forêts de la Moldavie actuelle et de la Grande Valachie, avec les marécages du Danube, ne leur disait
rien, surtout après que les envahisseurs eurent dévasté
les régions déjà colonisées de l'Olténie et des vallées
transylvaines. Ils ne voyaient que « le chemin », c'est-
à-dire surtout les routes qui, à travers les îles du Delta
ou les gués du Danube inférieur, conduisaient à Novio-
dunum-Isaccea, à travers les Portes-de-Fer, dans le
Banat, et, à travers les cours d'eau tributaires du Danube moyen, à Sirmium et à Singidunum, en Pannonie.
C'est par là qu'ils firent leurs nouvelles irruptions,
sous les empereurs Probus et Carus ; c'est là que les
Romains vinrent les chercher à l'époque de Constantin-le-Grand, qui restaura les fortifications des frontières, surtout de celles de la Scythie Mineure, de Tomi
aux bouches du Danube, et de ses fils, de ses successeurs, jusqu'à Valens qui devait succomber à une invasion d'un caractère nouveau, venue de ces régions sep-

tentrionales où les vicissitudes des dominations barbares menaçaient continuellement l'Empire (1).

Une autre cause empêcha la création de formes politiques et même ethniques nouvelles de ce côté de l'Orient, et conserva intact aux descendants des Thraces romanisés leur ancien caractère. Tandis qu'à l'Occident la religion chrétienne cimenta l'union des barbares avec les gallo-romains, le conquérant passa sur notre territoire sans exercer aucune influence sur la vie de l'Etat, sur les mœurs, sur la langue — il n'y a pas en roumain un seul terme d'origine gothe —; au contraire, le descendant des bergers daces et des émigrés paysans de l'Italie resta un « homo romanus », un *Romîn*, de même que, dans les Alpes, le Romanche, qui ne fut jamais soumis à une domination barbare, ou que, l'habitant de la *Campagna*, indissolublement liée à l'idée et à l'autorité de Rome.

Le christianisme avait pénétré en Dacie avec la conquête romaine; les inscriptions attestent que le pays avait reçu, par les colons originaires de l'Orient, l'empreinte des cultes asiatiques qui précédèrent et préparèrent le christianisme. Leur œuvre fut poursuivie pendant toute la durée de la domination impériale, qui amenait sans cesse des hôtes venus des pays où la grande transformation de l'âme humaine s'était accomplie plus rapidement et d'une manière plus complète. La propagation de l'Evangile par les communautés religieuses qui envoyaient des visiteurs d'un groupe à l'autre ne pouvait pas manquer de porter ses fruits sur le Danube.

Les termes se rapportant à la religion montrent d'une manière très claire les conditions, et par con-

----

(1) On a attribué sans aucune preuve à Constantin l'établissement d'un nouveau pont sur le Danube, à Celeiu. Anciennement déjà, il y avait eu, à ce qu'il paraît, un autre pont à Hârsova.

séquent l'époque où le nouveau culte fut adopté par la population. Sans doute des termes tels que « Dumnezeu » qui vient du latin *Domine deus*; « Sînt » (1), qui signifie saint; « cruce », qui signifie croix; « icoana », qui représente le gréco-romain *icon* (εἴκων); « altar », « tîmpla », « rugaciune », « închinaciune », où l'on retrouve les mots latins *altar, templa, rogationem, inclinationem*; « cuménecatura », qui vient de *communicare*, communion; « marturisire », de *martyrisare*, qui signifie confesser; « blastam », qui vient de *blasphemus*, et « preot », qui vient de *presbyter* (2), ne portent aucune marque chronologique, aucun cachet historique; mais le terme de « biserica » (*basilica*) s'est entièrement substitué au mot *ecclesia* (église en français), n'a pu s'introduire dans nos régions avant l'époque constantinienne, où le culte chrétien commença d'être pratiqué dans les basiliques, destinées jusqu'alors aux affaires de justice et aux réunions publiques. Il faut tenir compte aussi du fait, très important, que la religion est seulement la loi, « lege », et que pendant longtemps ce terme fut employé presque uniquement dans le sens religieux, étant remplacé en ce qui concerne le droit par *obiceiu*, coutume, tradition (*obiceiul pamîntului*, coutume de la terre). Si la liturgie latine a conservé en Occident le « Credo », la langue roumaine seule donne un terme populaire dérivé de ce mot latin: *crez*.

____

(1) Ce nom se conserve dans les formes composées: Sînt-Ilie, Saint-Elie, Sîn-Nicoara, Saint-Nicolas, Sîn-Toader, Saint-Théodore, Sîn-Vâsile, Saint-Basile, Sînziene, St-Jean, Sînpietru, St-Pierre, Sîntâ-Maria, Ste-Marie. Pour ne pas confondre ce mot avec celui qui sort du latin, lat. *sum*, je suis, on emprunta pour la forme simple un vocable influencé par le *svéti* de la liturgie slave : « sfînt ».

(2) Les Pâques s'appellent « Pasti », et, si pour Noël on a le terme, tout de même latin de *Crâciun*, il y a aussi le synonyme *Nâscut*.

Lorsque les Goths arrivèrent sur le Danube, ils étaient païens. C'est seulement sur la rive droite qu'ils adoptèrent la religion de Constantinople au IIIe siècle, l'hérésie arienne; ces gens d'esprit simple, mus par une logique enfantine, ne pouvaient admettre l'unité divine dans la Trinité. Quant à « l'homme romain », le *Romîn*, parlant le « roumain (romîneste), il demeura avec ses évêques (*episcopi*, le terme gréco-latin est resté intact, pour les prélats latins, on emploie la forme: *piscup*) sur cette « terre » qui était pour lui la patrie, *tara*, dans ces villages, *sate*, à l'ancien nom latin (*sata*, semailles, champs labourés). Il n'entra pas dans une nouvelle formation politique à laquelle il aurait fallu prêter serment — le roumain a conservé *jurare*, *juramentum* dans l'ancien sens, non corrompu, de ces termes — et dans l'armée de laquelleile aurait dû servir — car pour lui aussi l'armée, *oaste*, vient du mot latin qui indique l'ennemi, *hostis*. Les notions de seigneur, de vassal, de fief, de service, introduites par le régime germanique en Occident, lui sont restées absolument étrangères. Il n'a pas même, pour désigner le Germain, un mot tiré directement de sa langue: c'est le *Neamt*, d'après le slave *Niémetz*. Si, pour ses coutumes populaires, pour ses superstitions, pour ses fêtes illégales, défendues par l'Eglise, pour son habitation et son système de culture, pour ses ustensiles et pour les ornements de sa *casa*, de sa cabane (car la *mansio*, dont vient maison, a disparu, pour ne point parler de la *domus* classique), il a conservé tout l'ancien trésor de la civilisation thrace primitive; si l'esprit thrace vit dans la syntaxe, à commencer par la juxtaposition de l'article à la suite du nom (*omul*, correspondant au latin *homo ille*), — pour tout ce qui concerne la vie politique, Rome seule était restée l'inspiratrice. Il n'y a pas d'autre autorité que la « domnie » (*dominio*), du « domn » (*dominus*) qui est l'empereur, appelé aussi

Imparat, comme l'albanais ne connaît pas non plus d'autre souverain que le *mbret* (*imperator*). La notion de la royauté est aussi étrangère au Roumain que celle de principat germanique, avec ses ducs et ses comtes; c'est aux Slaves qu'il empruntera plus tard les termes qui les désignent: *craiu* (de kral, dérivé du nom même de Charlemagne, *Carolus*), *cneaz*, Voévod. Le centre de groupement est la « cité », *cetate*, nécessairement fortifiée. Le trône de ses maîtres sera le scaun, *scamnum* (chaise); la Capitale est donc dans la « cetate de Scaun ». Le « citoyen », le *cetatean*, ennemi de tout ce qui est étranger, *strain* (*extraneus*) vit encore par la pensée dans l'ordre romain, dont aucune réalité ne peut le détacher. Il attend, sous Dioclétien, sous Constantin, de même qu'il attendra sous les empereurs byzantins, le retour des drapeaux. Isolé de Rome par le malheur des temps, il lui appartient encore par l'âme.

Les barbares de la steppe purent prendre bientôt la place de leurs vassaux germaniques. Les Huns, chassant, dans les Balcans, les Goths d'Athanaric et de Fridigern, s'établirent en Pannonie; ils fondèrent l'empire d'Attila qui ne dura pas même un siècle; la population indigène, augmentée de colons qu'ils transportèrent de force dans les territoires d'outre Danube, leur paya la dîme, envoya des présents à la cour du Khagan, et n'eut plus rien à craindre d'eux. Les Avares, après avoir séjournée dans la Bessarabie méridionale, suivirent les Huns dans cette même Pannonie; ils ne présentent, au VI⁰ siècle, qu'une autre forme de la domination scythique purement extérieure; çà et là, on voit apparaître les aborigènes, restés intacts sous la protection de ces maîtres qui n'avaient d'autre intérêt que celui de se maintenir.

Slaves et Roumains. — A ce moment, se produisit

dans la seule région du Danube, et non dans celle des montagnes, le grand passage des Slaves vers les Balcans et le littoral adriatique.

L'influence considérable qu'on leur a attribuée n'est pas justifiée par l'examen des sources historiques, ou bien par l'étude des mœurs et de la langue. N'est-on pas allé, au gré des intérêts politiques, jusqu'au point de confondre notre peuple, si manifestement latin pour tout ce qui concerne l'essentiel de la pensée, du sentiment, de la vie individuelle et sociale avec la grande masse slave dont il est entouré? Or, l'anthropologie et l'ethnographie ne constatent pas le type slave chez les Roumains, mais bien le type thrace, brun, court de taille, vif de physionomie et de figure ouverte. Les emprunts faits aux Slaves par le langage n'ont fait que nuancer, souvent même simplement doubler, le fond primitif servant à exprimer les idées et les sentiments (à côté du verbe *a iubi*, par exemple, aimer, on a l'ancien sens du verbe: *a placea*; chez les Roumains balcaniques: *a vrea*, vouloir). Si les termes concernant l'agriculture sont slaves, les noms des animaux sont tous sans exception d'origine latine: slaves sont les mots désignant, non les opérations fondamentales du labour, mais seulement les opérations dérivées, et surtout les ustensiles; et l'histoire montre que le commerce danubien, d'abord latin et grec, puis devenu slave au VI⁰ siècle, a fort bien pu fournir, par les achats dans les villes du rivage et dans les foires (*nedei*, mot slave), ces termes nouveaux. La nomenclature géographique, si elle est manifestement slave en Transylvanie, à une ancienne origine sarmate. Ainsi limitée, on peut dire cependant que cette influence fut la seule réelle et profonde.

Mais la steppe continuait à envoyer ses peuplades vers ce grand chemin du Danube qui menait aux splendeurs de Byzance. Les nouveaux envahisseurs n'avaient plus cependant la force dont avaient disposé tour à tour les confédérations barbares des Scythes, des Sarmates, des Huns et des Avares. Ils ne formaient plus que de petites bandes qui avaient séjourné long-temps à proximité du territoire de la Rome orientale et s'étaient déjà mêlés, peut-être, à des éléments ethni-ques étrangers, surtout slaves. Abandonnant la steppe primitive, les Bulgares, dont le nom paraît signifier les « nobles », les « élus » (1), vinrent, sous Asparouk, occuper le Boudschak, sans oser se risquer au delà du cercle montagneux des Carpathes. A la première occa-sion favorable (vers 670), ils franchirent le Danube et envahirent la Scythie Mineure, laissant de côté les marécages des fleuves et les vallées habitées par les sept tribus des Slaves agriculteurs; ces raids les menè-rent, sous le règne de Khagan Croum, par des voies sanglantes, sous les murs même de la Capitale ro-maine de l'Orient. Leurs nouveaux sujets étaient Sla-ves; ils leur imposèrent leur langue et ainsi ils aban-donnèrent peu à peu leurs anciennes coutumes; la religion seule resta, jusque sous le règne de Boris-Michel, au IXe siècle, plutôt comme un reste de l'ancien cérémonial de la Cour et de l'ancienne légitimation de la dynastie. Puis vinrent d'autres barbares, sou-doyés par les Impériaux: les Magyars, mâtinés de sang finnois, quittèrent la Bessarabie méridionale pour descendre dans la Pannonie, désertant pour toujours leurs anciens quartiers, qui avaient été ravagés par un nouveau concurrent turc, les Petschénègues, venus de Sarkel dans la steppe. Dans cette Pannonie, qu'ils arrachèrent aux Moraves, héritiers des ducs francs, ils purent garder leur langue, mais non la pureté de leur race, leurs coutumes et leur religion.

---

(1) De même que le terme de boiars (en grec: *bolades*; *ar* est le suffixe du pluriel dans les langues ouralo-altaïques).

Au lieu de l'ancienne unité scythique formée par les grands rois de la haute antiquité et de l'empire hun d'Attila ou de ses successeurs avares, il y eut donc trois fondations scythiques: celle des Bulgares, appuyée au commencement sur la Scythie Mineure, celle des Magyars, sur le Danube moyen, et celle des Petschénègues. Ces derniers seuls restèrent complètement isolés dans leurs camps au milieu du désert et de la steppe; ce fut aussi le sort des Coumans de même sang, qui leur succédèrent au XIᵉ siècle, lorsque Byzance eut écrasé les bandes qui avaient pénétré profondément sur son territoire. Deux cents ans plus tard vint le tour des Tatars.

Il résulta de tout cela que les Slaves de la Mésie, tout en gardant leur langue, perdirent pour toujours leur indépendance politique, que leurs frères pannoniens disparurent sous l'afflux violent des Magyars, mais que les Roumains, n'ayant pas de maîtres chez eux, échappèrent à ce sort, à l'exception des éléments latins qui, ayant donné même des rois à la Bulgarie naissante, un Sabinus et un Paganus, finirent par se confondre dans le milieu slave dominé par la classe militaire des Bulgares. La grande masse de la nation, se trouvant sur la rive gauche, retenue dans l'unité naturelle de la région qui l'encadrait, qui l'appuyait et lui fournissait tous les moyens d'une circulation intérieure, particulièrement intense, n'eut, avec les nouveaux khagans comme avec les anciens, que les relations d'hommage, de tribut, de dîme, de douanes qu'avaient eues jadis les Géto-Daces ou les Agathyrses avec leurs maîtres scytho-sarmates.

Dans la péninsule même des Balcans, si les Slaves avaient complètement colonisé les deux Mésies, s'arrêtant seulement sur le rivage, au point où commençait la lisière grecque que rien n'avait pu entamer; si la Dalmatie riveraine leur appartenait, avec ses anciennes cités romaines complètement dénationalisées, l'envahissement n'avait pas gagné la montagne, toute cette montagne qui, des Portes-de-Fer, en passant par le nœud qui la relie aux Balcans, s'avance sous le nom de Pinde jusqu'à l'isthme de Corinthe et au plein milieu de la Grèce. Le berger roumain était le maître incontestable de toutes ces hauteurs et les vallées riantes recélaient les abris d'hiver de leurs familles et de leurs troupeaux. Les sources byzantines le montrent dès le VIᵉ siècle dans cette région de la Mésie Supérieure où apparaissent des villages roumains, d'un caractère manifestement pastoral, pareil à celui des localités macédoniennes d'aujourd'hui : « Gémello-munte », « la montagne jumelle » ; « Trédétitilious », « les trente tilleuls » ; « Skeptékasas », « les sept maisons », etc. Dans la montagne du Pinde, du côté de la Dalmatie, on trouve au IXᵉ siècle déjà, des bergers qui s'appellent Neagul, Dracul. Ces Roumains allaient vendre leurs fromages aux citoyens de Raguse, et leurs noms caractéristiques se conservèrent dans les documents de cette République adriatique jusque bien tard dans le moyen âge. Des éléments avancés menaient leurs troupeaux dans les vallées de l'Herzégovine et de la Bosnie, centre d'où partirent, à une époque qui n'est pas très reculée, les Roumains de Croatie, qui, sous le nom de *Frîncul*, « le Franc », sont mentionnés encore au XVIᵉ siècle, lorsqu'ils s'étaient déjà slavisés. Des Morlaques (1), formaient la transition entre des clients valaques des riches Ragusains et ces éléments qui vinrent s'établir en Istrie, du côté de Castel-Nuovo et

(1) Ce nom signifie, selon les uns, « Valaques noirs » (Maurovlaques) ; suivant les autres, et leur opinion est la plus probable, « Valaques de la Mer » (Morevlacchi) ; cf. la Morée, ou « territoire maritime pour les Slaves entrés dans l'ancien Péloponèse ». (Voy. V. Giuffrida-Ruggeri, *I Valachi dell' Adriatico*, dans la « Rivista italiana di sociologia », tome XX, p. 286.

d'Albona, et qui conservent dans leurs derniers refuges tous les éléments fondamentaux de leur ancien langage, de plus en plus accablé et dénaturé par l'invasion des termes slaves.

Leurs centres plus importants se trouvaient cependant plus bas dans la péninsule balcanique. Entre Vallona et Durazzo et en face de Corfou, ils occupent le rivage, qui est abrupt et inapte à l'agriculture, qu'ils connaissaient bien cependant par une ancienne tradition, sans la pratiquer de préférence. A l'intérieur, on les retrouve en Epire, sur le cours supérieur de la Voïoussa. Mais la chaîne du Pinde est encore en grande partie aussi nettement valaque que les Carpathes. Des milliers de pâtres menaient à l'automne leurs brebis vers le large cirque montagneux de la Thessalie; ils y possédaient, au Xᵉ siècle, ces riches villages dominés par des chefs, des « primats » (εχχριτχι), des *celnici* (du slave *ceata*, bande), que décrit le biographe anonyme d'un des plus puissants et des plus influents parmi eux, le « Vlaque » Nicolita.

L'empire byzantin leur créa une situation spéciale, qu'il n'osa jamais détruire et quand il essaya de l'ébranler dans le détail, ils se révoltèrent. Dans un conflit avec leurs caravanes, périt aux « Beaux Arbres » (χαλάι δρὺσ), vers l'an 1000, David, un des chefs du mouvement qui, appuyé cependant sur les Albanais et les Vlaques, essaya de reconstituer, « l'Empire » des Bulgares, que les Byzantins de Jean Tzimiscès avaient renversé peu auparavant sur les rivages de la Mer Noire, à Preslav. Mécontents de l'anarchie « romaine », qui les pressurait contre la coutume, ils soutinrent toute cette épopée du « Tzar » Samuel et de ses héritiers du XIᵉ siècle, à commencer par le fils même de Samuel, Gabriel-Romain, dont la mère, une Thessalienne, était probablement d'origine valaque. Plus tard, vers 1200, quand l'Empire d'Isaac l'Ange, menacé d'un côté par les Turcs d'Asie Mineure et, de l'autre, par les croisés accourus d'Occident pour les combattre rassemblait ses derniers moyens de défense en hommes et en argent, les *celnics* Pierre et Asen se soulevèrent, probablement dans le Pinde, avec leurs Vlaques, au nom des anciens droits que les administrateurs du « basileus » avaient brutalement violés. Maintenant, ce fut sous des chefs de leur nation que les bergers roumains, d'une agilité sans exemple et d'un rare esprit de ressources, reprirent la tradition de leurs coups de main. Il n'y eut pas un coin des Balcans où leurs bandes ne fissent leur apparition dévastatrice contre les Grecs méprisés et contre les Latins du nouvel Empire de Constantinople qu'ils avaient en horreur. Joannice, le frère du fondateur de cet « Etat », fut le grand *Rhoméoktone*, « tueur de Rhomées » ; l'empereur féodal Baudoin de Flandre, vaincu, périt dans ses cachots. Mais celui auquel le Pape parlait de ses origines romaines, sans connaître probablement la langue qu'il parlait, et auquel il donnait le nom de « roi des Blaques et des Bulgares », n'était, par la fatalité des choses, qu'un continuateur des Tzars d'autrefois, prétendants de nuance bulgare à l'héritage de Constantinople. Déjà le grand règne de son neveu Jean Asan, venu cependant de la rive gauche du Danube, où il s'était abrité au milieu des gens de sa race, n'a plus rien de commun avec les Vlaques, ses parents et ancêtres.

Cette romanité méridionale, malgré des migrations qui n'étaient qu'une transhumance strictement définie, n'entretenait pas de relations continuelles avec les frères de la rive gauche et devait, par conséquent, sur un autre territoire, dans d'autres conditions et avec une occupation généralement différente, avoir un autre sort. C'est uniquement sur le territoire carpatho-danubien que les besoins nouveaux d'une activité économique plus large et plus active pouvaient créer la vie politique de la nation. Quant aux autres Roumains, le manque de base territoriale propre amena, non seulement leur morcellement, mais aussi l'isolement dans un dialecte spécial, resté pauvre et bigarré de termes slaves non assimiliés et de bizarres termes grecs.

CHAPITRE IV

Vie politique des Roumains avant la fondation des Principautés

On connaît d'une manière très circonstanciée, jusque dans leurs derniers détails, ces guerres dans la Péninsule Balcanique auxquelles les Roumains furent continuellement mêlés et si souvent d'une manière décisive; les chroniqueurs byzantins racontent longuement, dans leur beau style fleuri, emprunté aux modèles anciens, tous ces événements qui tenaient de si près à la vie même qu'ils représentaient dans leurs écrits. Au contraire, dans les Etats qui dominaient déjà à l'Ouest et à l'Est du territoire roumain et où l'histoire s'écrivait en latin, un silence presque absolu recouvre les premiers actes du développement politique de la nouvelle nation; quant aux documents émanés de l'ancienne chancellerie hongroise et polonaise, ils ont disparu dans la grande tourmente destructrice des Tatars, au XIIIᵉ siècle.

Il y a cependant des faits, transmis plutôt par des sources ultérieures, des similitudes, des principes tirés de la logique de l'histoire qui peuvent servir à reconstituer, presque à coup sûr, cette vie carpathique et danubienne antérieure à la création des Etats.

Lorsque les Magyars descendirent dans la Pannonie, ils y rencontrèrent des Slaves et, aussitôt après leur apparition au delà de la Theiss, vers la forêt qui menait vers le territoire « transylvain », des Roumains autochtones.

LES ROUMAINS ET LES ETATS SLAVES. — Les Roumains ne pouvaient songer à créer, comme les Bulgares, leurs voisins, un nouvel Empire romain, de langue barbare, car ils ne faisaient que continuer dans des formes populaires l'ancienne vie impériale. Sans doute, ils considéraient comme leur chef légitime l'empereur de la Rome constantinopolitaine, dont, pendant cinq cents ans, de Justinien aux Comnène, les armées apparurent de temps en temps sur la rive gauche pour en chasser les Slaves guerriers ou les Magyars envahisseurs; mais de l'ancienne organisation, ils n'avaient conservé que les détenteurs modestes d'une autorité qui s'étendait seulement sur un « territoire », une *tara*, bornée aux limites étroites d'une vallée. Tout ce qui se rapporte à l'écriture provenait du vieux fond latin (*a scrie*, écrire; *pana*, plume; *condeiu*, gréco-latin « condylus »; *hîrtie*, « chartula »; *carte*, livre, *negreala*, encre, de « niger »). Mais le magistrat qui rendait la justice sous le vieux chêne et jugeait selon l'ancienne coutume non écrite, s'appelait « jude » (judex). Il devint un agent politique après le retrait de l'ordre impérial, de même que chez les Goths du Danube au IVe siècle, le « juge » Athanic avait remplacé le roi et que la lointaine Sardaigne eut, pendant le moyen âge, des chefs indépendants dans ses seuls « juges », *giudici*. Les Slaves avaient emprunté aux Francs les ducs, dont le nom devint dans leur langue celui de Voévodes, « capitaines d'armée », et, à une époque plus ancienne, pour des chefs de moindre envergure, ils avaient pris aux

Germains le titre de « knèzes », qu'on a rattaché à celui de « Konunge », de « Könige » des migrations gothes. Les Roumains employèrent à leur tour des dénominations pour les *domni* élus ou héréditaires, qui leur rendaient la justice et les conduisaient à la guerre même; « Voda » devint synonyme du prince, alors que « cneaz », qui a en russe le même sens, en arriva, comme son correspondant roumain « jude » ou « judec », à désigner seulement le paysan libre.

Mais ces Slaves avaient aussi des rois, des krals, formés — nous l'avons dit — à l'image du roi des Francs, Charlemagne, qui avait étendu ses conquêtes et fixé ses ducs et ses comtes jusqu'à la Save, à la Drave, au Danube moyen; c'est l'origine de cette royauté morave, croate et serbe qui organisa les éléments guerriers des Slaves du Sud-Ouest et du Sud. Les Roumains ont aussi connu ce titre nouveau; ils en ont fait leur « craiu », sans penser d'ailleurs à se donner une organisation royale distincte de la tradition impériale. Sous l'autorité douce, paternelle de leurs chefs locaux, ou *domni*, les Roumains vivaient dans leurs villages, où, selon la coutume thrace, le sol était possédé en commun, non seulement en ce qui concerne la forêt et l'étang, mais aussi les champs de labour, où chacun avait, au lieu d'une propriété, seulement une « parte » (1), mot qui finit par désigner tout droit la possession de la terre. Ces villages étaient de création plutôt récente; leur nom rappelle en effet celui du fondateur, de l'ancêtre, « mos » (d'où vient le nom de « mosie », héritage, pour tout bien foncier); « satul Albestilor », « Negrestilor », dont vient la forme courante: Albesti, Negresti, ne signifie pas autre chose que « le village des descendants d'Al-

----

(1) C'est le latin *partem;* cf. les *partes* que les barbares se firent distribuer, en Italie du moins, après la conquête.

bul, de Negrul ». Ils se défendaient jalousement contre toute infiltration étrangère; le jeune homme venu d'un autre de ces microcosmes ruraux, perdait sa personnalité antérieure pour adopter aussitôt celle de la grande famille où il entrait; il se séparait nettement de son passé au moment où il épousait sa femme, et le prénom donné aux enfants rappelait toujours celle à qui ils devaient leurs droits. L'ensemble de ces villages formait une vate « Tara-Romaneasca », une « Patrie Roumaine », terme imprégné d'un profond instinct ethnique, et qui ne comportait l'idée ni d'une forme politique unitaire, ni d'un droit de conquête.

LES ROUMAINS ET LES MAGYARS. — On ne sait pas exactement comment s'établirent en Pannonie ces Magyars qui, vers l'an 1100, devaient étendre l'autorité nominale de ses chefs, devenus rois apostoliques, sur les forêts et les clairières habitées de la Transylvanie. Le Notaire anonyme du roi Béla est un compilateur du XIII° siècle qui reproduisit dans son récit, forgé à l'aide de chansons populaires et d'étymologies locales, un état de choses ethnographique et politique. Ses *Blaques,* nommées dans les lettres du pape Innocent au « roi des Blaques et des Bulgares » (les Magyars nomment les Roumains Olah, d'après le slave Vlach, d'où vient Valaque); son Empire bulgare, qui est évidemment celui des Asénides, appartenait à une époque très postérieure. Il faut donc accepter comme des héros de pure légende, fabriqués d'après des noms de lieu, ces Manumorouth (dont le nom est emprunté à celui du Marmoros), ces Gelon (cf. la localité de Gyalu en Transylvanie), ces Glad valaques, qui, pour résister à la conquête magyare, s'allièrent, dit-on, à des chefs slaves ou « bulgares » tels que Kéan et Salan. On accordera plus de créance au Notaire anonyme quand il parle d'un Tuhutum ou d'un Zoltan, fils d'Arpad; quant à Gyula, mentionné dans la *Vie de Saint Etienne*, roi de Hongrie, on le retrouve chez les écrivains contemporains de Byzance sous le nom du chef païen Gylas.

Or, les premiers chefs hongrois qui vécurent sous l'influence continuelle de Byzance, transmise plus tard aussi indirectement par les Russes de Kiev et de Halitsch (en Galicie), étaient aussi des Voévodes, et le nom même du premier Voévode chrétien qui, après le baptême, devint Etienne, roi apostolique des Hongrois, est Vajk, Voïk, emprunté aux Slaves et commun avec les Roumains eux-mêmes. Des « juges », c'est-à-dire des cnèzes, apparaissent sur la Theiss dans les plus anciens documents qui nous ont été conservés. L'agriculture, la pensée religieuse et l'organisation politique magyare se fondent entièrement sur la transmission slave que révèle à chaque pas le langage. Cette nouvelle fondation barbare, destinée à empêcher le libre développement de la race roumaine, après avoir mis fin à la vie slave pannonienne, était trop dénuée d'initiative et d'originalité, trop pauvre d'éléments civilisateurs pour exercer une sérieuse influence; on ne pouvait pas attendre d'eux plus que des Petschénègues et des Cumans eux-mêmes.

Les Roumains et les Russes de Kiev. — Un contact politique qui paraissait ne pas devoir être stérile s'établit vers le même temps avec les Russes de Kiev, élèves dociles de l'orthodoxie et de l'Empire oriental.

Le premier Tzarat bulgare était en pleine décadence, presqu'à la merci des Byzantins, qui devaient réduire ces derniers « empereurs » à l'état de simples « parents pauvres », vivant dans leur clientèle, lorsque l'empereur Nicéphore Phokas soudoya Sviatoslav, le Voévode de Kiev, pour en finir avec les restes d'une organisation militaire jadis si redoutée. Le vaillant barbare, habitué à guerroyer contre les Petschénègues, qui devaient le tuer au retour, accourut avec ses compagnons d'armes et, après avoir vaincu l'ennemi désigné à ses coups, il s'avisa de prendre la place de ces mêmes Bulgares. Preslav devint pour quelques années la nouvelle capitale d'une « Russie » qui s'étendait, comme la Scythie ancienne, dont elle paraissait vouloir renouveler l'histoire, du Dniéper jusqu'au rivage occidental de la Mer Noire. Pour la Rome orientale, cette substitution était évidemment intolérable. Les troupes du nouvel empereur byzantin, l'Arménien Jean Tzimiskès, se dirigèrent contre Sviatoslav, qui se renferma dans Silistrie, l'ancien Durostorum, pour y résister pendant quelques mois, jusqu'à ce que la famine l'eût contraint à abandonner définitivement le lieu de ses anciennes victoires.

Sur le champ de bataille, Tzimiskès fit bâtir la cité de Théodoropolis. Il avait rétabli l'ancienne frontière du Danube, et la Scythie Mineure entière fut sans doute rattachée à l'Empire. Les Roumains de la rive gauche furent soumis à l'autorité du patriarche de Trnovo, établi pour quelque temps à Silistrie. Les Russes ne devaient plus revenir sur le Danube que presque mille ans plus tard, attirés par le même mirage et nourrissant le même rêve de gloire. Sviatoslav avait rapporté cependant de son aventure légendaire une conception supérieure de la vie politique, le titre de boïars pour les descendants des anciens Varègues normands et des cnèzes slaves, leurs camarades, et le souvenir, célébré pendant des siècles par la chanson populaire, du grand fleuve, aux ondes tour à tour dorées par le soleil du Midi et figées par le vent du Nord, qui est le Danube, « père des eaux ». Les princes de Galicie y trouvèrent, au XI* et au XII* siècles, un encouragement pour essayer de renouer les relations brusquement interrompues par le siège de Silistrie.

Mais à la place du strict régime byzantin que l'empereur de la victoire avait espéré pouvoir maintenir, on eut bientôt une vie locale, d'organisation indigène, qui se maintint pendant tout le XIᵉ siècle. A Silistrie et dans les environs, entre le Danube inférieur et la Mer, les Comnène, ses successeurs, nommèrent, dans les « cités » comme les appelle la princesse Anne, fille et historiographe de l'empereur Alexis, ou mieux dans les bourgs fortifiés, des chefs autochtones, aux noms roumains ou même slaves, qui continuèrent l'ancienne vie locale des territoires gètes et romains : un Tatul, un Chalis, un Salomon, un Sestlav, un Saktschas (« Satzas »). Ils avaient des attaches avec les Cumans de la rive gauche, dont le nom cachait naturellement aussi la population soumise, tributaire et auxiliaire des Roumains, ces Cumans qui, avec leurs lances aux flammes multicolores, accoururent, un siècle plus tard, pour soutenir la cause politique bulgare ressuscitée par l'initiative de leurs frères, les Vlaques des Balcans.

Ainsi donc, dans l'obscurité qui règne pendant ces siècles du moyen âge sur le territoire carpatho-danubien, dès qu'un rayon de lumière perce ces ténèbres, comme celui qu'a projeté le notaire anonyme, on aperçoit la continuation, paisible et modeste, mais d'autant plus acharnée à résister, de l'ancienne population aborigène.

LES ROUMAINS ET LA COLONISATION DES SAXONS. — Dès la fin du XIᵉ siècle, le roi de Hongrie, attiré surtout faut-il croire par les mines de sel et d'or de la Transylvanie, faisait bâtir dans la région occidentale de la province son château de Turda (qui pour les Roumains aussi bien que pour la chancellerie latine des Magyars s'écrit plus tard : Torda). D'autres forteresses, comme celle de Dej (en hongrois Deés), furent établies sur des points importants du territoire transyl-

vain. A la même époque, un évêque de rite latin fixa
sa résidence dans l'ancien bourg slave de Belgrade,
près de la rivière du Muras (Maros), ce qui était d'autant plus nécessaire que le souverain hongrois n'ap-
paraissait pas dans sa qualité nationale proprement
dite, mais bien comme « roi apostolique », chargé de
propager la foi catholique, de « latiniser » le pays, au
besoin par la force. Un monastère important, celui
des Cisterciens de Ketz (Cârta), fut fondé, un peu plus
tard, dans la vallée de l'Olt. Enfin, le roi, pour le représenter, choisit un Voévode de tradition roumaine.

Au-delà du rayon des forteresses et du groupe des
villages où vivaient les serfs de race roumaine ou des
colons destinés à fournir leur dîme et leurs services
à l'évêque, s'étendait, sous la suzeraineté des Petschénègues, puis des Cumans, la Tara-Româneasca, le
« pays roumain », avec ses forêts, ses clairières, ses vallées parcourues par les troupeaux, ses hauts plateaux
où l'on pratiquait depuis des siècles l'agriculture. Il y
avait donc vers l'an 1100 une grande « Roumanie »
rurale, sans forme politique unitaire, mais ayant sa
« loi » religieuse, ses coutumes, son ancienne culture,
que la conservation des termes latins même, pour les
éléments supérieurs de la vie sociale, montre assez
avancée, avec ses chefs isolés et avec son instinct d'u-
nité parfaite. Cette « Roumanie » devait être refoulée
de cime en cime, de vallée en vallée, par la conquête
hongroise et catholique, qui d'ailleurs ne songea
même pas à employer des colons de race magyare. Re-
jetée sur les territoires médiocres des vallées de l'Olt
et de la Bârsa, elle eut bientôt pour frontière les Carpathes; de « transylvaine » qu'elle était, elle devint
« transalpine ». Ce pays situé « au delà des cimes »
en attendant d'être, pour des raisons qui seront expo-
sées plus loin, partagé en deux par la formation, au
XIV° siècle, d'une Moldavie, opposée à la « Rouma-

nie », qui était devenue une Valachie localisée. Pour le moment, au tournant de l'histoire où les Magyars apparaissent comme représentant la civilisation occidentale dont le Pape était le chef, d'un bout à l'autre du territoire roumain, il n'y avait pas encore de frontières. D'autre part, on ne saurait, sans anachronisme, prêter au roi de Hongrie l'intention de dénationaliser le peuple qu'il subjuguait ainsi en Transylvanie. Son ambition, à cet « apostolique », était d'accomplir en Orient la tâche de pupille de l'Eglise toute-puissante où avaient échoué les empereurs romains de nation germanique. En dehors de cet « apostolat » armé, il voulait uniquement fermer aux « Scythes » de la steppe les défilés des Carpathes et tirer de plus riches revenus possibles de sa conquête.

La colonisation allemande, l'ancien *Drang nach Osten* instinctif des peuples allemands au moyen âge, battait son plein au temps où les Croisades attiraient vers l'Orient le trop-plein des populations occidentales. Le roi Geysa ne fit que canaliser une partie de ce large courant vers la Marche de Transylvanie que ses propres moyens n'avaient pu qu'entamer. Les premiers « hôtes » venus de Flandre — d'autres vinrent aussi d'Alsace — s'établirent dans trois villages placés sous la protection même de l'évêque, qui du reste encouragea lui-même cette œuvre d'expansion, toute à son avantage.

Plus tard, d'autres groupes se formèrent sur la Târnave (Küküllő), au beau milieu de la province, puis au Sud-Ouest, à Sibiiu (le village porte le nom de la rivière voisine, à laquelle les étrangers ont conservé le nom roumain de Zibiu), qui devint plus tard « la ville de Hermann », ou Hermannstadt (*cf.* les villages qui continuent à s'appeler en roumain Harman); enfin, dans la région opposée de ce quadrilatère montagneux, près des mines de Rodna et de

Baia, au delà des montagnes qu'il s'agissait d'exploiter au profit de la Couronne.

Ces groupes d'émigrants avaient un caractère purement rural. C'étaient des paysans, qui ne nourrissaient pas plus de projets politiques que ceux qui se détachent aujourd'hui des régions surpeuplées de l'Europe pour chercher une occupation en Amérique. Le roi lui-même ne pensait guère à leur imposer un régime unitaire, lui qui n'avait pas d'administration sur ses propres terres. Les « hôtes royaux » durent se plier à la manière de vivre et à l'organisation de la population aborigène, sans la présence préalable de laquelle ils n'auraient pas même risqué l'aventure de rester sur un territoire que le roi nommait le « désert » dans le sens juridique du mot, parce qu'aucun privilège de sa part n'avait confirmé les droits des premiers occupants. Ils revêtirent parfois ce vêtement populaire des Roumains qui rappelle la culture générale des ancêtres thraces; ils introduisirent des habitudes étrangères dans la manière d'exploiter la terre, tout en gardant le type de la maison germanique des bords du Rhin; ils empruntèrent des mots au trésor linguistique roumain; surtout ils adoptèrent les formes dans lesquelles s'était groupée la vie de ces précurseurs dont ils auraient voulu asservir le travail: à côté des « juges » roumains il y eut donc des « comtes », *Grafen*, *gérebs* saxons et les provinces dans lesquelles fut partagé le pays colonisé furent des *Sedes*, « tribunaux », correspondant à ceux des mêmes juges.

Peu à peu ces villages évoluèrent; ils devinrent parfois des villes appelées à un grand avenir. L'ensemble de ces établissements allemands en terre roumaine fut constitué en « nation » autonome, à l'égard du roi, auquel elle payait un cens, et de l'évêque lui-même. En 1224 le roi André II les reconnaissait comme

« un seul peuple », ayant « un seul juge » et jouissant d'une seule et même situation, assurée par des actes écrits.

Le territoire roumain était donc morcelé par cet établissement d'une laborieuse population étrangère, capable de progresser rapidement et favorisée par la Couronne, à cause des gains supérieurs qu'elle attendait d'une pareille substitution. Cela ne suffisait pas cependant, car ces Saxons n'étaient pas en état d'assurer à la nouvelle province ses frontières.

Pour fermer les défilés des Carpathes et leur assurer une garde vigilante, le roi employa donc deux moyens différents. André II avait fait le voyage de Jérusalem en croisé malheureux et il avait pu voir l'état de décadence où se trouvaient les restes de la domination chrétienne et la milice des chevaliers qui les défendaient. Une évacuation de ces soldats de la croix était évidemment nécessaire. Les Chevaliers Teutons devenaient disponibles; on les fit venir dans les Carpathes, où ils bâtirent, sur la place du village slavo-roumain de Brasov, leur « ville de la Couronne », Kronstadt; puis, pénétrant bientôt au delà des montagnes, dans le « long champ » de Cîmpulung, ils fondèrent une nouvelle ville, leur « Langenau ». Ils auraient sans doute rempli cette mission et brisé pour toujours l'essor d'un nouveau peuple, si des dissensions ne s'étaient pas produites entre cette milice ambitieuse, la même qui, plus tard, en Prusse, voulut créer un véritable Etat pour son Grand-Maître, et le roi, alléché par l'espoir d'une proie facile. Après une querelle qui nécessita plusieurs fois l'intervention du Pape, ils durent partir, laissant une ville d'avenir, un défilé tout préparé pour des invasions dans la « Transalpine » et des relations de suzeraineté avec les Cumans, menés par force au baptême et soumis à l'autorité, visiblement politique, d'un nouvel évêque, dont la résidence fut la première des villes nouvellement créées, Milcov, sur la rivière du même nom.

Un « comte » saxon, Corlard, reçut en même temps (1233) les territoires nécessaires pour entretenir les ouvrages de défense qu'il avait fait élever au défilé de l'Olt, à la Tour Rouge. Des groupes de pays magyars furent détachés vers la frontière orientale, du côté d'Oituz et de Ghimes (Gymes), aux anciens noms scythiques, pour y former, dans des *sedes* spéciales, à côté des Roumains dont ils empruntèrent les mœurs et les coutumes, une garde permanente. Ce fut le groupe militaire de ces Szekler, dont le nom même vient de Szek, *sedes*, qui formèrent la Marche défensive de la Transylvanie. Enfin, pour fermer tout défilé à l'ennemi, des moines franciscains entamèrent, le long du Danube, par l'Ouest, le territoire qui devait former la principauté de Valachie. Le château de Severin fut élevé dans le voisinage même de l'ancien pont de Trajan et du camp fortifié qui le défendait. Un dignitaire portant le titre avar de Ban y fut établi pour garder le drapeau à la croix latine de la conquête catholique; la première monnaie qui fut frappée pour les seuls Roumains et sur leur territoire étant celle de ce Ban, le mot de *ban*, finit par signifier toute espèce de monnaie.

Il ne faut pas oublier non plus que, non seulement les salines valaques d'Ocnele-Mari, en Olténie, et de Slanic, dans le district de Prahova, mais aussi celles de la future Moldavie, à la nouvelle Ocna, près d'un nouveau Slanic, furent certainement englobées dans les enclaves magyares sur le territoire roumain.

LES ROUMAINS ET L'EMPIRE TATAR. — Un événement imprévu vint, en 1241, arrêter ce mouvement envahissant du catholicisme romain. Le roi de Hongrie, avec ses colons saxons et flamands venus du

Rhin moyen et inférieur, avec ses évêques et ses féodaux d'origine germanique, avec ses associés, les chevaliers venus de Jérusalem pour combattre contre les païens cumans, n'était que le dernier représentant et le serviteur dévoué de cette grande œuvre historique. Contre ces « Scythes » magyars, bientôt mêlés de Slaves, influencés dans leur nouvelle province par les Roumains et soumis d'une manière permanente et profonde à l'influence de la civilisation allemande, se leva un nouveau flot de Scythes authentiques, qui étaient restés dans la steppe et qui avaient conservé les anciennes coutumes de leur vie nomade.

L'apparition de Gengis (Dschinguiz), qui fut simple chef de bande dans le désert avant de devenir le grand Khan, l'empereur unique de la steppe, jeta de nouveau vers l'Occident les multitudes touraniennes qui avaient emprunté à leur immense voisine, la Chine, son grand idéal d'unité mondiale. Il était impossible d'arrêter cette nouvelle invasion, qui, si elle n'était pas animée par le fanatisme d'une nouvelle religion, avait, en dehors du prestige et des talents de son chef, la force décisive d'un ordre parfait dans tous les détails de son action. Les descendants des Voévodes de Kiev devinrent les humbles vassaux de la Horde dominante; quant à la Hongrie des Arpadiens, elle risqua une faible résistance dont l'insuccès rejeta le roi et les restes de son armée vers la Mer de l'Occident.

Les notices, insuffisantes et confuses, que nous possédons sur cette conquête foudroyante, ne prouvent pas une occupation tatare des régions roumaines entre les Carpathes; le Danube se trouvait du reste en dehors du chemin suivi par ces chercheurs d'aventures et de butin; ils n'avaient aucunement l'intention de s'établir, comme les Bulgares, des Magyars de jadis, sur un nouveau territoire, car ils avaient déjà, dans l'Asie centrale, leur patrie, et dans leurs conquêtes de l'Asie occidentale, des foyers qu'ils ne comptaient nullement abandonner. Sur ce territoire, qu'ils ne traversèrent même pas, ils ne firent que remplacer la domination des Cumans, dont les restes, chrétiens ou même païens, allèrent chercher un refuge en Hongrie. Les Roumains ne firent que changer de maîtres: il y eut pour eux seulement un autre collecteur de la dîme aux époques fixées de l'automne et un autre douanier dans les ports de la Mer Noire.

Mais cette invasion brisa pour toujours le ressort de l'invasion hongroise, qui prétendait travailler au nom du catholicisme et de la civilisation latine de l'Occident. Après que l'ennemi se fut retiré dans sa steppe, laissant derrière lui d'affreuses ruines, des efforts furent tentés pour revenir à l'ancienne situation. Des chevaliers venus de Terre Sainte, les Hospitaliers français, furent appelés, en 1247, à Severin; on leur promit les revenus dus à la Couronne par les chefs des Roumains de la « Transalpine », dont les noms sont donnés par un précieux privilège de 1246: les « juges » Jean et Farcas dans l'Olténie plaine, le Voévode Litovoiu, dans la montagne du Jiiu, le Voévode qui, au delà de l'Olt, résidait dans la cité d'Argeş, au fond de la montagne; la *résidence* d'Argeş, Seneslav, sans compter les pêcheries de Celeiu et d'autres avantages sur ce territoire qui, avec ses moulins, ses villages florissants, avec ses guerriers et ses chefs nobles donne l'impression d'un pays de très ancienne civilisation.

Le Pape avait confirmé, en 1251, cet acte de donation, qui n'eut peut-être pas de suite, à maître Raimbaud, celui auquel s'était adressé le roi, n'ayant vraisemblablement jamais pris définitivement ses quartiers à Séverin. S'il en avait été autrement, on aurait eu, sous le couvert de la Hongrie royale, déléguée permanente du Saint-Siège, une ère française sur le Danube aussi; mais cette Hongrie même des Arpadiens était, dans l'état où l'avait laissée l'invasion tatare, un instrument dont on ne pouvait plus se servir. Les Cumans l'avaient laissée dans un tel état qu'un des derniers représentants de la dynastie, le roi Ladislas, s'était converti à leurs mœurs et qu'on mettait en doute sa constance dans la foi chrétienne. Des querelles pour le trône éclatèrent, amenant en deçà des montagnes le « jeune roi Etienne » qui, appuyé sur la Transylvanie et en guerre avec les Bulgares jusqu'à Plevna, paraissait devoir refaire dans une forme magyare l'unité territoriale des Roumains; avant la fin du siècle, les Saxons, « hôtes » de la Couronne, en devinrent les ennemis qu'il fallut soumettre par la force des armes. Après la victoire, le Voévode transylvain, le rude Ladislas Apor, resta maître presque indépendant de la province. Le Marmoros, le Zips, le Banat de Severin, où apparaît le rebelle Dorman, se soulevèrent contre les officiers royaux. La défense du latinisme revint alors à la race française et à ses associés italiens; car ceux qui la servirent désormais, d'une manière indépendante de la royauté magyare, furent, en effet, en première ligne les Franciscains, auxquels appartient un Plan-Carpin, visiteur de la Tatarie, et toute la série des moines d'Italie qui fondèrent plus tard, vers 1330, le diocèse latin d'Arges. Le dernier Arpadien, André III, était le fils d'une Vénitienne. L'essor français vers l'Orient devait donner à la Hongrie une nouvelle dynastie, originaire elle aussi de Naples et de provenance angevine, celle des Charles-Robert.

La domination tatare eut un avantage inappréciable pour le développement ultérieur de ces régions. Grâce à la fortune qui accompagnait partout les drapeaux du grand Khan et de ses fils et successeurs, il n'y avait plus désormais de frontières occidentales depuis la Chine; de l'Asie centrale jusqu'aux Carpathes roumains s'étendait un seul Etat, un seul territoire politique et économique. Les routes, dont la sûreté était désormais garantie par l'autorité profondément respectée de « l'empereur » mongol, étaient ouvertes à quiconque possédait un sauf-conduit délivré par sa chancellerie. La même monnaie était partout acceptée; les mêmes poids, les mêmes mesures servaient à tous ceux qui pratiquaient le commerce d'un bout à l'autre de ce monde nouveau créé par une conquête sans exemple; le système douanier était à peu près partout le même, d'Akkerman, l'ancien Maurokastron des Byzantins, le Moncastro des Génois, le Belgrade des Slaves, la Cetatea-Alba des Roumains, jusqu'à Caffa, en Crimée, où, vers la fin du XIIIᵉ siècle, vinrent s'établir les Gênois pour faire de la Mer Noire leur domaine, et aux ports lointains des Mers asiatiques.

Les liens personnels qui existaient entre les frères de Gengis maintinrent pendant un temps l'unité politique du grand empire. L'unité économique, si rémunératrice pour le trésor des différents chefs de la Horde d'or, ne fut pas entamée quand ensuite l'empire fut partagé, et ce fut tout à l'avantage des Roumains, dont le territoire venait d'être traversé par les voies de commerce menant du Nord et de l'Occident à Caffa, à Akkerman, même à Braïla, le grand port du Danube, jadis humble village où vivaient les descendants de l'ancêtre paysan Braila, mais qui était devenue déjà le principal entrepôt du Danube vers l'an 1300.

Cependant la condition naturelle des territoires provoqua des tentatives de séparation politique: à l'époque où le seigneur tatar de la Crimée, le prince de la Campagne, de l'ancienne Gothie, où se maintenaient encore, avec leur langage archaïque, les restés des

anciens Germains, commença à se distinguer des autres pays de l' « Empire », Nogaï, un des chefs de
l'Occident, prit sur le Danube inférieur la place des
anciens rois scythes et de leurs successeurs huns, ava-
les bulgares, magyars, puis pétschénègues et cumans.

Mêlés continuellement aux affaires de la Bulgarie
décadente, qui reçut dans Trnovo un Tzar tatar de sa
création, Tschouki, pour en arriver ensuite à des dynasties cumanes, de sang probablement roumain, originaires de la région du Vidin, les Tertérides, puis les
Sichmanides, allié d'une certaine manière aux Paléologues de Byzance, Nogaï, auquel succéda bientôt son
rival de même sang, Toktaï, aurait réussi peut-être à
fonder sur cette lisière de l'Orient un établissement
durable, si, ayant abandonné ses pratiques païennes,
influencées déjà par l'islamisme envahissant, il avait
adopté, comme les chefs bulgares et magyars, la religion de ses sujets. Ne l'ayant pas fait, les Roumains,
que les sources byzantines affublent à cette époque du
nom suranné d'Alains, profitèrent des avantages d'une
vie commerciale intense, d'une paix garantie par la
force tatare et même des enseignements militaires
fournis par leurs maîtres passagers. Ce sont eux, en
effet, que Nicéphore Grégora dépeint comme « les
Gètes d'au delà de l'Istros, ayant le même armement
que les Scythes et qui, étant des chrétiens, soumis ensuite par la main violente de ces dits Scythes, se soumirent à eux matériellement, bien que contre leur
gré, mais gardèrent, par le sens de leur supériorité
(ἐϑφείσ et par un sentiment d'isolement à l'égard
de ces infidèles, leur qualité de peuple autonome » (1).

____

(1) I, p. 204.

CHAPITRE V

Vie politique des Roumains dans les Principautés avant la formation d'une civilisation nationale

La principauté de « toute la Roumanie ». — Ces chrétiens autonomes vivant sous leurs juges et leurs Voévodes jouissaient d'une civilisation très ancienne, mais incapable de déterminer à elle seule une organisation politique supérieure. Peut-être la suzeraineté tatare elle-même, amenée par les nécessités pratiques des relations entre maîtres et sujets à concentrer la vie nationale russe entre les mains du cnèze de Moscou qui était destiné à faire souche d'empereurs, a-t-elle contribué à rassembler les forces roumaines dans la partie méridionale du territoire; car, au Nord, les textes ne connaissent que la population fixée près des rivières et des gués, les *brodnici*, et aucun nom de chef indigène ne s'est fixé par son importance sur les pages de l'histoire. Il est bien possible que ce rassemblement d'énergie ait commencé à l'époque même où Nogaï et Toktaï étaient obéis par tous les peuples vivant sous la menace de leurs camps guerriers. Car ce fut le Voévode de l'Est qui réussit à résoudre le problème historique. Litovoiu, celui de l'Ouest, s'était maintenu pendant plus de vingt ans lorsqu'éclata un conflit avec ses voisins; ce conflit fut provoqué, à ce qu'il paraît, non par le sort de ce pays de Hateg, sur les ruines de Sarmisagethusa, que le roi arpadien voulait lui arracher, mais par la réunion momentanée de Severin et de sa province aux possessions du Voévode.

Dans une bataille malheureuse contre un de ces « magistri », de ces « bans » de Transylvanie qui fourmillaient à cette époque au milieu de l'anarchie générale, le vieux prince roumain succomba; les vainqueurs se saisirent aussi d'un de ses frères, Bàrbat, dont le nom survit peut-être dans ce village dit Rîul-lui-Bàrbat qui se trouve de l'autre côté, tout près de la frontière. Seneslav d'Arges ou bien son héritier, Tugomir ou Tilhomir, que les sources slaves des Balcans nomment aussi, paraît-il, Ivanco (le nom roumain est Iancu), réussit donc, dans ces circonstances exceptionnelles, à réunir les deux Voévodats, situés à la droite et à la gauche de l'Olt. On n'a pas d'autres renseignements sur lui, mais son fils Basarab était déjà « Grand-Voévode de tout le pays roumain », de la Roumanie entière, c'est-à-dire de tout le territoire que n'avait pas atteint encore la colonisation étrangère et qui n'avait d'autres limites que les conditions géographiques elles-mêmes.

Cette principauté réclamait pour son chef non seulement les anciens revenus de la dîme des grains, du vin, des troupeaux et des amendes (*gloabe*), mais aussi ceux des douanes, car pour la première fois la frontière gagnait un sens plus précis, et tout ce qui se rattachait aux prérogatives traditionnelles d'un *domn*, n'aurait fait cependant que végéter dans la montagne sans les nécessités de cette vie économique dont les bases avaient été posées par les Tatars un demi-siècle auparavant.

Une voie de commerce existait déjà qui menait à

Braila, et les Tatars qui l'avaient créée en avaient profité les premiers avant de se retirer (1).

Elle aurait dû servir dès l'abord aux Roumains réunis en un seul Etat, si la vie politique de la Hongrie n'avait pas été renouvelée, à ce moment même, par l'énergie et l'esprit d'initiative, par la verve chevaleresque de la nouvelle dynastie angevine; ce but aurait été atteint sans l'apparition au-delà du Danube, où la Bulgarie se mourait et où la Serbie, après avoir jeté, sous le règne de l' « empereur » Etienne Douchan, un si grand éclat, allait sombrer dans les misérables querelles entre les prétendants et les seigneurs locaux, d'un nouveau concurrent à la domination du monde; je veux parler des Turcs qui, avec Mourad Ier, Bajézid et son fils, joignaient à l'esprit d'aventure communs aux « Francs » et aux « Sarrasins » pendant leur conflit séculaire en Asie au temps des croisades, un ordre parfait et une discipline de fer, hérité des Tatars.

Désormais, pendant un siècle et demi, les Roumains seront morcelés, mutilés, rejetés d'une frontière à l'autre, des Carpathes au Danube, par l'incessant conflit entre ces deux forces, dont la rivalité assura sans doute leur existence, mais les empêcha de tirer tout l'avantage que pouvaient fournir, à cette fin du moyen âge, un territoire bien défini, une race nouvelle pour la guerre et pour la civilisation supérieure. Ils laissèrent se perdre la précieuse tradition populaire, qui avait permis aux premiers Voévodes d'opposer aux fantômes impériaux slaves des Balcans et aux féodalités agonissantes des autres frontières ce sain réalisme à base géographique et à caractère national

____

(1) Leur retraite a dû se produire dès les premières années du xive siècle; leur dernier prince, Démétrius (ce qui signifie Démir, Timour), successeur déchu de Nogaï et de Toktaï, vivotait encore vers 1330 du côté du Danube inférieur et d'Akkerman.

qui avait amené à Tihomir et Basarab à se présenter comme princes indigènes de « tout le pays roumain », de même que Louis XI entendait être roi de tout son pays français.

DÉTACHEMENT DES PAYS ROUMAINS DE LA HONGRIE. — Charles-Robert entreprit de refaire, sur le modèle de l'Occident, ou de simples liens de vassalité qui unissaient, par exemple, dans une seule vie politique les rois d'Angleterre et de France sans que le premier se fût senti, dans ses propres provinces, inférieur à son suzerain, l'ancien royaume des Arpadiens, étendu jusqu'au Danube; il voulait même employer ce fleuve comme une base nécessaire pour renouveler en Orient les jours de l'Empire latin. Basarab ayant refusé le tribut, — car il se sentait souverain de droit moderne sur un territoire défini, habité par sa seule nation, — il fut attaqué par Charles-Robert en personne dans les montagnes de Muscel, où l'avaient conduit certains des Voévodes traîtres à leur prince par intérêt personnel. A Severin, uni à la principauté roumaine depuis quelques années déjà, le Véovode de Transylvanie réussit à établir pour un moment Nicolas, fils d' « Ivanco », mais, dans un des cirques que forment les montagnes valaques, l'armée royale fut complètement cernée par les troupes de celui qui, dans la conception des envahisseurs, était un simple rebelle, un « pâtre valaque » qu'il s'agissait de « tirer par la barbe de son repaire ». Une miniature contemporaine, dans la chronique officielle, présente, après la scène où un envoyé de Basarab vient offrir humblement les conditions d'une paix simulée, deux moments du combat de Posada, au Nord de Cîmpulung: on voit la brillante chevalerie du roi défilant hâtivement au-dessous des pics que garnissent des paysans roumains; ceux-ci portent de longues jaquettes de peau, de longs manteaux de laine, des braies étroites, collant sur le pied; ils ont de hauts bonnets pointus de fourrure par-dessus les longues boucles de leurs chevelures; les uns travaillent à jeter l'effroi au milieu des ennemis, qui seront écrasés bientôt par le poids des pierres détachées du rocher protecteur ou tués en détail à coups de massue. Charles-Robert échappa (9-12 novembre 1330) difficilement à la revanche « valaque »; le sceau royal, égaré dans la confusion de la déroute, ne fut pas retrouvé.

Mais le vainqueur, quoiqu'il eût fait venir l'évêque grec de Vicina sur le Danube pour en faire le premier Métropolite du pays, n'entendait pas changer l'orientation politique du côté de l'Orient; pendant cette même année 1330, dans les discordes qui déchiraient la péninsule des Balcans, ses troupes, qui soutenaient contre le roi serbe un parent bulgare, avaient été comprises dans la catastrophe de Velboujd (Kustendil). On voit Alexandre ou Nicolas-Alexandre, fils de Basarab, saluer à la frontière le fils et successeur de Charles-Robert, ce roi Louis, dont la carrière, agitée par une ambition fiévreuse, devait être encore plus remplie de vicissitudes que celle de son père. Peut-être même le tribut de 7.000 marcs d'argent dont il est parlé en 1330 fut-il offert au jeune prince, bien qu'aucune source ne mentionne ce détail. A ce moment, Douchan dominait de l'autre côté du Danube, et Alexandre, proche parent du Tzar bulgare qui porte le même nom, pouvait craindre les prétentions de celui qui donnait le Danube pour limite à son empire « gréco-serbe », s'appuyait sur l'Adriatique et tendait à la possession de Constantinople. Des guerres civiles, auxquelles les premières bandes turques avaient été mêlées, sévissaient dans l'Empire byzantin incapable de reprendre la tradition interrompue par les croisades. Capitaine d'une nouvelle expédition sacrée, le roi Louis croyait pouvoir placer au-dessus de ce chaos son autorité personnelle, soutenue par la bénédiction du Pape et par les sympathies de l'Occident latin. Il vivait, du reste, dans des idées tout à fait différentes de celles des Arpadiens, qui avaient gardé avec opiniâtreté les tendances conquérantes de l'époque barbare. C'était un roi à la manière française, un Angevin de Naples; il réussit à s'entourer de brillants vassaux et de braves chevaliers, retenus auprès de lui par l'hommage et le devoir féodal. Il tolérait que ce Voévode de « sa terre transalpine », ce roitelet des Carpathes, établît solidement son pouvoir sur les vallées de la montagne roumaine et l'étendît à travers la plaine jusqu'à la ligne du Danube, pourvu qu'il observât les règles strictes de la féodalité occidentale.

Dans la Transylvanie même et dans les territoires voisins, le fils de Charles-Robert ne chercha guère à établir une domination royale à la manière moderne sur les ruines des anciens privilèges. Au contraire, personne ne respecta plus que lui tout ce qui tenait à ce moyen âge dont il fut un des plus splendides représentants. Il chercha même à ressusciter des formes en décadence, des initiatives déjà endormies, des élans paralysés par la décadence. Les Voévodes, les cnèzes roumains surgissent sur tous les points de ce territoire, à la place des « magistri » et des « bans » officiels de la dernière phase arpadienne. Surtout dans le Marmoros et dans les comtés voisins, où les conditions rurales n'étaient pas encore consolidées autour des quelques villes de colonisation germanique et des couvents latins, les Voévodes roumains, élus, selon la tradition, par la « communauté des Valaques », détiennent, malgré la présence du comte nommé par le roi, le pouvoir entier sur les villages du patrimoine national. Le Banat, autre territoire de frontière, est rempli aussi de ces chefs indigènes, qui déchurent rapidement pour devenir bientôt de simples juges de village. Des chevaliers roumains combattront ainsi aux côtés du roi, avec les descendants des Voévodes écartés par le prince d'Arges, et certaines familles, comme celle des Doboka (Dobacescul), jouèrent un rôle important dans la vie du royaume, ayant des attaches avec le prince valaque. Enfin, pour faire entrer maintenant ce prince dans le cercle des vassaux de race roumaine, Louis n'hésita pas à lui créer, dans le sens des anciennes prétentions de sa famille, un grand fief transylvain dans la région de l'Olt, entre cette rivière et les Carpathes. De même que le roi de France, Jean, son proche parent, avait constitué à l'aide des terres de la Couronne, des apanages en faveur de ses fils, le roi de Hongrie érigea cette région en duché, le duché de Fagaras (Fogaras), d'après le nom du château qui le dominait; peu après, 1360, Vladislav ou Laïco (Vlaicu), fils d'Alexandre le Valaque, en était le maître; ses successeurs y ajoutèrent les villages roumains des environs de Sibiiu, l'annexe de l'Amlas (Omlas), ainsi nommé d'après un de ses centres ruraux. Le Roumain s'empressa d'y envoyer ses boïars, avec leurs esclaves tziganes qu'avaient apportés les invasions Tatares pour coloniser sa « nouvelle fondation ».

Douchan résista facilement à cette menace; mais, lorsque le Tzar Alexandre vint à mourir, Louis se présenta de nouveau comme héritier de droit historique. Il conquit Vidin sur celui des fils de « l'empereur » bulgare qui y avait établi sa résidence, Strachimir. L'autre, Alexandre d'Arges, qui avait vécu dans la dépendance de son voisin, épousant même en secondes noces une catholique de Hongrie, Claire, dont les filles, chargées d'une mission de propagande religieuse, régnèrent en Bulgarie et en Serbie, était déjà mort le 16 novembre 1364, après avoir étendu les limites de la Principauté jusqu'à Braïla et à Nicopolis, sur tout le cours du Danube inférieur. Son fils Laïco, déjà mentionné plus haut, n'était guère disposé à voir le Français de Bude, cet étranger, dont les droits appartenaient à la plus pure des fantaisies historiques, prendre dans l'Orient orthodoxe une place qui lui revenait par la communauté de religion, par les liens de famille noués par son père et son grand-père, auxquels étaient venus s'ajouter peut-être ceux qui lui venaient d'une mère balcanique. Lorsque Louis, qui avait fait mine d'attaquer d'abord le prince valaque lui-même, eut fait de Vidin la capitale d'un Banat qui surveillait aussi la frontière valaque, il se leva en armes pour échapper à l'étreinte. La garnison de Vidin ne résista pas, et la chronique franciscaine de cette ville mentionne la courte domination du prince orthodoxe, beau-frère de Strachimir, du « roi » roumain qui faisait sa première apparition dans les Balcans, où il devait avoir bientôt la possession de Nicopolis. Nicolas de Gara, commandant des troupes royales, ne réussit pas à chasser les envahisseurs, qui s'appuyaient sur Severin.

Lorsque maintenant l'armée du Voévode de Transylvanie entra dans la Valachie par le défilé de Buzaü pour écarter ce prince d'une si entreprenante ambition, elle trouve sur la ligne de la Ialomita des fortifications, des fortins, des tranchées, capables de résister; une seconde ligne défendait plus loin la capitale, qui d'Arges était descendue déjà, par Cîmpulung, où l'église du couvent princier abrite les restes du prince Alexandre, à Târgoviste, dans la plaine. Dragomir, capitaine de cette ville, rassembla les paysans pour défendre la résidence de leurs Voévodes; le Vice-Voévode transylvain et le châtelain de Küküllövar furent tués dans cette défaite décisive de 1369, qui, renouvelant la leçon de 1330, montrait à l'ennemi l'impossibilité d'occuper cette « Transalpina », à travers laquelle, au commencement de son règne, le roi Louis accordait des privilèges de commerce aux Saxons de Kronstadt, comme s'il s'était agi d'une simple province sans maître. Il fallut se résigner à reconnaître une frontière définitive, en fortifiant le défilé de Bran, où fut élevée la forteresse de Torzburg, et celui de la Tour Rouge, défendu par la Landskrone. Quant à Severin, il rentra bientôt sous la domination des Roumains.

FONDATION D'UNE SECONDE PRINCIPAUTÉ ROUMAINE EN MOLDAVIE. — Au moment où, de ce côté, disparaissait tout espoir de maintenir pour la Couronne la possession de ces défilés des Carpathes, Louis perdait aussi la possession du versant oriental, bien que les princes d'Arges, obligés dans le même temps de conquérir la ligne du Danube, de défendre leur indépendance contre la Hongrie et de surveiller les mouvements des Turcs déjà maîtres d'Andrinople, n'eûssent pas encore cherché à faire une réalité des prétentions sur « tout le pays roumain ».

A une époque plus ancienne les Hongrois avaient déjà cherché sur le versant oriental des points d'appui dans la direction du Séreth, entre autres, ainsi que nous l'avons dit, pour s'assurer la possession des mines de sel d'Ocna. L'idée de refaire à Milcov, qui cependant ne fut jamais rebâtie, un évêché des Cumans, ne fut pas de sitôt abandonnée, et la ville voisine de Bacau, probablement de fondation hongroise, comme celle de Trotus aussi, sur la rivière du même nom, paraissait pouvoir abriter le prélat latin; en 1332 Charles-Robert demandait au pape la nomination à ce poste de son propre chapelain, Guy. Du côté de Baia, dans l'angle du Nord-Ouest de cette région, entre les Carpathes et le Séreth, les anciens établissements saxons destinés à l'exploitation des mines sub-

sistaient encore, bien qu'ayant perdu toute leur importance au profit de Rodna, leur rivale transylvaine.

Le nouveau roi de Hongrie créa d'abord une Marche
orientale de la Transylvanie, réunissant entre les
mains de son fidèle André, fils de Laczk (Latco), probablement d'origine roumaine, l'administration du
Marmoros, des Szekler et du comté de Kronstadt,
ainsi que la dignité de comte de Szatmar, dans l'Ouest
de la Transylvanie, et celle de Voévode même de cette
province. Il était appelé à résister, non pas à une tentative des Roumains pour former un second Etat indépendant, mais aux dernières invasions des Tatars,
plus ou moins soutenus par les éléments chrétiens à
leur disposition, qui atteignirent, en 1352, la frontière
de Transylvanie, sur la lisière des Szekler. Le roi lui-
même dut intervenir pour briser les efforts des barbares, qu'avait encouragés l'anarchie galicienne, pendant les combats incessants entre les Lithuaniens du
Nord et les Polonais de l'Est pour la possession des
débris de l'ancien royaume de la Russie Rouge, si
puissant au siècle précédent. Lorsque la victoire définitive éloigna ces fragments de la Horde, André confia la garde du territoire récemment occupé, aux environs de Bàia jusqu'au cours de la rivière Moldova, à
un subalterne, simple capitaine royal, choisi parmi
les Voévodes roumains du Marmoros, Sasul, fils de
Dragos. Une « terre moldave » avait été créée ainsi
pour les seuls intérêts de la Couronne, pour servir de
digue contre de nouvelles tentatives du côté de l'O-
rient. Or, aussitôt après, un autre Voévode roumain
du même Marmoros, Bogdan, du village de Cuhea,
qui depuis longtemps s'était fait connaître par son
esprit de rébellion, par sa hardiesse et le caractère
indomptable de sa résistance, s'avisa de suivre l'exemple des Valaques Tihomir et Basarab qui avaient
conquis, contre tous les efforts de la Hongrie, une in-

dépendance plénière et victorieuse. A la mort de Sasul, la révolte éclata parmi les Roumains de la nouvelle province, et Bogdan s'empressa d'accourir pour
arracher l'héritage aux fils du défunt, Balc ou Balita
et Dragul, qui furent plus tard les successeurs d'André dans la fonction difficile de défendre cette frontière orientale que le succès de l' « usurpateur » avait
de nouveau arrêtée aux Carpathes (1365).

Cette province, dont les princes ne prirent que
plus tard le titre national de « princes *roumains* de la
Moldavie », serait restée confinée pour toujours à ces
vallées des Carpathes, et le roi aurait pu s'en saisir
à la première occasion favorable, car de nombreuses
attaques hongroises montrent bien qu'il ne s'était pas
résigné à sa perte, si une seconde voie de commerce,
ouverte au delà du Séreth, n'avait rendu nécessaire
la fondation d'une grande et puissante principauté,
dont l'indépendance eut dès le début ce caractère
royal qu'implique la qualité souveraine du *domn*.

L'ancienne Russie Rouge n'avait jamais possédé
en fait les territoires entre le Séreth et le Pruth, et
moins encore celle des plaines ondulées de collines
qui s'étendent entre cette dernière rivière et le Dniester. Sur ce territoire des anciens « brodnici », les Tatars restèrent les maîtres jusque fort avant dans le
XIV⁰ siècle; ils prélevaient encore vers 1360 les droits
de douane et les revenus du Khan à Akkerman, et
leurs incursions ne cessèrent, ainsi qu'on l'a déjà vu,
qu'après cette date. Sous l'ombre de l'autorité des
souverains païens de la steppe, les seigneurs fonciers
se partageaient les vallées; on trouvera leurs noms,
avec l'indication du territoire qu'ils représentaient,
dans les diplômes délivrés par les successeurs de Bogdan, auxquels ils se rallièrent, les soutenant de toute
leur puissance guerrière.

Mais ce qui donna à ce pays une importance exceptionnelle, ce fut le développement de la ligne de commerce. Créée déjà par les Tatars, elle menait de la Russie Rouge, devenue lithuanienne et polonaise, à ces ports tatars de la Crimée où s'étaient établis les riches et entreprenants Génois, maîtres, depuis le rétablissement de l'Empire byzantin à Constantinople, de la mer Noire, sans compter le port de Moncastro-Akkerman, resté tatar jusqu'au dernier moment, où les Génois s'établirent pour quelques années, et Licostomo-Kilia, colonie génoise située au milieu même des bouches du fleuve pour servir d'escale au commerce des grains danubiens, que la République disputait avec acharnement, vers 1360, à Venise, sa rivale.

Déjà les derniers princes russes, qui s'étaient partagé l'héritage de leurs prédécesseurs royaux, avaient fondé des colonies d'Allemands, d'Arméniens, puis aussi de Juifs, sur le territoire de Halitsch. Lemberg, Lvov en russe, porte le nom du prince russe Léon. Mais celui qui lui donna, ainsi qu'à la cité rivale de Cracovie, la grande importance commerciale que l'on sait, ce fut le roi polonais Casimir, qui y établit le « droit de Magdebourg », le pur droit germanique, que ne devait contrecarrer aucune « coutume ruthène ». Lorsque Louis de Hongrie hérita, à la mort de Casimir, son oncle, du royaume de Pologne tout entier et qu'il établit ses officiers dans la Galice, que plus d'une fois ses prédécesseurs hongrois du moyen âge avaient dominée, il y eut entre ces villes allemandes de nouvelle création et les villes, plus anciennes, de la Hongrie Supérieure, des relations qui contribuèrent aussi à fortifier ce commerce continental du Levant qui venait de naître sur la base des privilèges de Casimir.

Ce commerce avait amené, vers cette même époque, le détachement, comme formation indépendante correspondant en quelque sorte aux limites des possessions byzantines de la mer Noire, de la partie maritime de l'héritage du Tzar bulgare Alexandre. Un certain Dobrotitsch, héritier de Balica, seigneur roumain qui résidait à Cavarna, s'improvisa prince du littoral habité par des races différentes, des Grecs en première ligne. Une partie des terres, dominées jusqu'alors par Démètre-Timour le Tatar, lui revint. Cette formation territoriale, correspondant uniquement à une nécessité passagère du commerce, a conservé dans le langage des Turcs, ses conquérants, le nom de son fondateur, la Dobroudscha (Dobrogea en roumain).

Cette ligne de communication entre l'Occident d'une part et, de l'autre, l'Orient tatar et turc devait amener à son tour l'établissement d'un ordre politique consolidé dans les vallées du Séreth, du Pruth et du Dniester. Alors que la région moldave proprement dite vivotait, sous le rapport économique, dans la dépendance de la Transylvanie, de la ville de Kronsstadt-Brasov et, dans le voisinage même, dans celle, moins importante, de Bistritz (Bistrita), centre saxon du Nord-Est de la province, des villes nouvelles surgirent, presqu'à l'improviste, comme relais pour les caravanes: dans la vallée du Séreth d'abord, où il y eut une ville de ce nom; dans celle de son premier affluent occidental, Suceava, destinée à devenir une place-forte et la riche capitale de la principauté moldave; dans le voisinage du Pruth, Tetina, dont hérita le bourg de Cernauti (Czernovits); Jassy, que les marchands orientaux fréquentaient déjà au commencement du xv⁰ siècle; puis, sur le Dniester, Hotin (Choczim), château dominant la rivière, continuellement disputé entre les Polonais et les Moldaves; enfin la ville de Tighinea (« Teghin » ou « Tehin » pour les voisins), qui servait déjà sans doute, comme place de péage aux Tatars. Alors que, entre le Séreth et les

Carpathes, il n'y avait que Baia, simple bourg élevé pour un moment à la dignité d'évêché latin (on y voit encore les beaux restes d'une cathédrale gothique), que la citadelle de Neamt dans la montagne, et que les centres hongrois du Sud, Ocna, Slanic, Bacau (la Milcovia épiscopale ayant disparu sans presque laisser de traces), l'autre région, qui dépendait du commerce galicien, vers Moncastro et Caffa, appelait par les nécessités profondes de la situation géographique et économique l'établissement d'un maître respecté, d'un vigoureux soldat capable d'assurer à coups d'épée la libre circulation des marchands de toutes les nations, jusqu'aux Italiens de Crimée qui apprirent bientôt le chemin de Suceava.

Les influences occidentales menacèrent dès le début l'indépendance de cet Etat. Des moines allemands amenèrent sous Latco, fils de Bogdan et mari d'une princesse orthodoxe, probablement russe, l'établissement d'un évêché latin, correspondant à celui d'Arges, dans la ville de Séreth, où les Dominicains disputaient le terrain à leurs frères, les Franciscains. La fille et héritière de Latco, Musata, avait adopté le culte catholique, se faisant appeler Marguerite. Entre temps, un des Koriatovitsch de Galicie, princes podoliens qui se créèrent aussi un fief dans le Marmoros, Yourg, fut, pour quelques mois, lui aussi, prince moldave. Mais les descendants de Bogdan, les fils et les neveux de Marguerite, restèrent des princes roumains orthodoxes.

Ce fut même aux dépens de la Pologne que le nouvel Etat trouva ses limites définitives vers le Nord. Pierre, fils aîné de Marguerite, profita des difficultés où se trouva Jagellon, le grand-prince lithuanien qui avait épousé Hedvige, fille et héritière du roi Louis, dans sa lutte contre son beau-frère et concurrent Sigismond de Luxembourg, roi de Hongrie, pour s'emparer du district de Szepenic (en roumain Sipint), avec les forteresses de Hotin, de Tetina (Czeczyn) et de « Chmielow ». Enrichi par le produit de ses douanes, de système absolument tatar, Pierre « prêta » à son voisin une somme de 3.000 « roubles franques », c'est-à-dire de pièces d'argent génoises de Caffa, que l'emprunteur comptait bien ne plus jamais restituer. Il eut en échange, à titre de gage, une première promesse vague concernant le « territoire de Halitsch », puis le territoire qu'il avait convoité, et occupé même avec des droits reconnus formellement, par un traité conclu, en 1411, sur la Pocutie, à l' « angle » galicien du côté des Carpathes, contenant les placés importantes de Kolomea et de Sniatyn, où l'on rencontra bientôt un staroste moldave. Respectant le lien féodal, Pierre se rendit à Lemberg pour prêter personnellement le serment au « Grand Prince et héritier de la Russie », auquel il promit aussi le contingent de ses troupes; mais il n'agissait ainsi que pour arrondir ses possessions et obtenir les frontières nécessaires à toute fondation politique.

RIVALITÉ ENTRE LA VALACHIE ET LA MOLDAVIE AU XVe SIÈCLE. — La Valachie fut diminuée par l'établissement de cette nouvelle force. Elle n'essaya pas de la soumettre par les armes : une seule fois des troupes valaques entrèrent en Moldavie pour changer un prince ennemi. La région située au Nord du Danube, appelée Bessarabie, parce qu'elle avait appartenu à la dynastie de Basarab, devint bientôt une terre moldave; le prince Roman s'intitulait en 1392 « seigneur des montagnes à la Mer ». Les deux fondations politiques de la race roumaine coexistèrent désormais, leur frontière étant fixée au Nord du Milcov et du district de Putna, puis sur le Séreth inférieur.

La Moldavie, de fondation plus récente, atteignit

beaucoup plus rapidement ses frontières naturelles sur le Dniester et le Danube; sa situation particulière lui permit de réaliser plus tôt une existence paisible, un développement prospère.

Les Carpathes sur lesquels s'appuie la Valachie sont traversés par un grand nombre de défilés d'un accès plutôt facile; les rois de Hongrie, avec les forteresses qu'ils y avaient élevées, étaient les maîtres du passage depuis Landskrone jusqu'à la vallée supérieure de Buzau. Après eux, vinrent les successeurs de Charles-Robert et de Louis, l'empereur Sigismond, qui parut en Valachie comme allié du prince légitime et comme ennemi des usurpateurs envoyés par le Sultan, en 1394, contre l'intrus Vlad, et en 1427, contre Radu-le-Chauve, autre client des Turcs, sans compter l'intervention, en 1420, du Voévode de Transylvanie qui se termina par une déroute. Plus tard Jean Hunyady, le grand guerrier roumain qui fixa les destinées de la Hongrie, put intervenir à son gré dans les affaires de la Valachie qu'il avait soumise à sa tutelle beaucoup plus que l'autre principauté. Dans la suite encore, cette Transylvanie décida du sort de la Valachie voisine, bien qu'une invasion valaque au-delà des montagnes fût encore plus facile pour tout Véovode entreprenant; tel ce Vlad Dracul qui, en 1438, guidait les troupes du Sultan, son maître; tels encore les successeurs de Vlad au XVIe siècle, jusqu'à Michel-le-Brave, qui y pénétraient seulement pour intervenir dans les querelles intérieures de cette province, ou même dans le but de poursuivre instinctivement les buts supérieurs de leur race. Mais le grand danger ne pouvait pas venir de ce côté, car la royauté hongroise, qui avait d'abord représenté la foi catholique et l'impérialisme occidental en Orien, puis continué les traditions de la féodalité française, en était arrivée, avec Sigismond, le pompeux César germanique, à servir uniquement une ambition personnelle, qui n'était pas même celle d'une dynastie. Lorsque, après la mort prématurée d'Albert d'Autriche, gendre de Sigismond, après la catastrophe de Varna, où Vladislas Jagellon, roi de Hongrie et de Pologne, succomba sous les coups des Turcs victorieux, Hunyady, le Voévode transylvain, comte des Szekler, gouverneur du royaume, capitaine de croisade, prit dans sa main gantée de fer la conduite des affaires, il apparut non comme le mandataire d'une Hongrie moderne avide de territoire, mais bien comme le chef illustre et puissant d'une confédération chrétienne. Dans cette confédération, à côté du despote serbe Georges Brancovitch, le plus souvent perfide ou rebelle, les princes du Danube et des Carpathes jouèrent le premier rôle; ils n'avaient d'ailleurs qu'à se présenter, au moment de toute nouvelle entreprise contre le Sultan, à la tête de leurs chevaliers, de leurs boïars, de leurs gendarmes mercenaires et de leurs paysans libres.

Les défilés moldaves sont beaucoup moins nombreux et ils étaient sensiblement plus difficiles à traverser, à une époque où une partie du pays des Szekler, d'une étendue de « deux comtés entiers », selon une déclaration officielle de l'Autriche qui l'a usurpée, appartenait à la principauté. Après les efforts faits par le roi Louis lui-même pour rétablir son autorité dans la région de Baïa, il n'y eut qu'une seule grande entreprise hongroise contre le nouvel Etat: celle du roi Sigismond, qui, ayant passé le Séreth, s'avança jusqu'à Hârlau, une des résidences du Voévode Etienne, au nord de Jassy, et lui imposa un traité de vassalité, qui, s'il avait été maintenu, aurait créé une situation nouvelle au pays. Si Hunyady eut sur la Moldavie la même influence déterminante que sur la Valachie voisine, si des princes comme Bogdan II, comme Pierre Aaron, vers le milieu du XVe siècle, conclurent des conventions qui en faisaient ses bons amis et ses dépendants, si Chilia, la nouvelle forteresse moldave en face de Licostomo en décadence, lui fut cédée personnellement, pour ainsi dire, dans le but d'y faire un point d'appui de la croisade, elle n'exerça pas cette influence d'une manière aussi impérieuse que dans l'autre principauté, où le prince Vlad Dracul, homme d'une grande énergie cependant, qui avait pris part à la bataille de Varna aux côtés des chrétiens, fut pris à l'improviste par le gouverneur de la Hongrie et tué, de même que son fils aîné, sur sa propre terre valaque.

En fait, les prétentions féodales du roi Louis avaient passé à la Pologne, héritière de ses droits en Galicie. Ce fut, en effet, en cette qualité que Jagellon le païen, devenu, sous le nom de Vladislav, « roi de Pologne et de Hongrie », formula des projets de suzeraineté sur la Moldavie; il cherchait en même temps à conclure avec la Valachie du prince Mircea, neveu de Laïco, des traités dirigés contre son concurrent, comme celui qui fut conclu, par la médiation du Moldave Pierre, en 1389. Roman, successeur de Pierre, disparut après la bataille de la Worskla, où les troupes de Jagellon affrontèrent celles de son cousin lithuanien Witold, qui voulut, pendant une trentaine d'années, être le roi d'un nouvel Etat indépendant. Pendant le long règne d'Alexandre-le-Bon, fils et deuxième successeur de Roman, ce fut le souci des territoires pocutiens qui domina les relations entre Vladislav et son voisin moldave. Alexandre se présenta même devant le roi dans cette Pocutie sur laquelle il voulait affirmer ainsi encore une fois ses droits dérivant de l'ancien « emprunt »; après la mort de la princesse Anne, cette cousine lithuanienne de son allié et « suzerain », il épousa Ryngalla pour laquelle il fit bâtir l'église catholique de Baia, sans pouvoir cependant s'attacher l'âme revêche de son épouse royale, dont il dut se séparer en lui créant un riche douaire. Des Moldaves prirent part à Marienburg, en 1422, à la guerre des Polonais contre les chevaliers de l'ordre teutonique dont la province baltique leur interdisait l'accès de la mer; la possession de la Pocutie avait été solennellement confirmée au prince moldave, par un nouveau traité, dès l'année 1411.

Peu de temps après avoir atteint ce but dernier de ses efforts, Alexandre prit solennellement le titre d' « autocrate » que déjà on rencontre dans les actes de son père. Sur un parement d'église, autour de son portrait et de celui de sa femme, Marina, on lit une inscription grecque, qui parle de cet « autocrate » et de l' « autokratorissa » aussi. Le mariage avec Ryngalla avait été rompu, et le nouveau Siège catholique de Baia déchut aussi rapidement que l'ancien évêché de Séreth. Suivant les traditions de son père, l'ancien ami des Lithuaniens, Alexandre, soutint Swidrigaillo, le successeur de Witold, en pleine guerre contre la Pologne. La Pocutie, qu'on lui disputait encore, fut conquise les armes à la main, quelques mois avant la mort du grand organisateur de la Moldavie, en 1432. Le conflit qui éclata dès la mort du vieillard (1433) entre son fils légitime, associé au gouvernement et marié à une sœur de la nouvelle reine de Pologne, Elie, et un autre fils, capable de toutes les surprises et de tous les crimes, Etienne, permit à la Pologne de regagner pour quelques années tout ce qu'elle avait perdu. Avant de se partager, en 1435, les revenus de la principauté, qui resta cependant unie sous le rapport politique, Etienne lui-même, puis Elie aussi sacrifièrent la Pocutie d'abord, et ensuite le territoire du Szepenic, qui ne fut cependant jamais occupé par les armées royales; l'obligation de fournir le secours militaire fut élargie, et la Moldavie paya pour la première fois un tribut à la tatare, composé de bœufs, de chevaux, de pièces de drap d'Orient et d'esturgeons pris dans les pêcheries danubiennes de Chilia. Plus tard, on espéra pouvoir employer les fils de la Polonaise Marinka, Roman II et Alexandre II, pour annexer au royaume Cetatea-Alba et le Danube inférieur; une armée polonaise entra pour combattre Bogdan, fils du vieil Alexandre et protégé de Hunyady qui voulait usurper les droits d'Alexandre; mais l'armée royale fut écrasée dans les forêts de Vasluiu, à Crasna. Bogdan lui-même ayant été assassiné par son propre frère, Pierre Aaron, qui lui succéda, l'usurpateur meurtrier inclina la bannière moldave du côté de la Hongrie et de la Pologne en même temps, sans oublier, bien entendu, le premier tribut payé, en 1445, au Sultan des Turcs, devenu maître de la mer Noire.

LES ROUMAINS ET LES TURCS. — Ce serait une profonde erreur historique de croire que les Turcs Osmanlis, les bandes d'Ourkhan, l'émir de Brousse et ses fils, Soliman et Mourad, aient paru en Europe comme une horde farouche, animée de l'esprit de conquêtes et résolue à fonder, sur les ruines des établissements chrétiens de la péninsule des Balcans, un nouvel état islamique. Anciens auxiliaires de Byzance, tout aussi barbares, sans doute, dans leur manière de pratiquer la guerre, que n'importe quelle bande bulgare de l'époque, ils commencèrent par occuper les points qui leur permettaient de rançonner les caravanes; ce sont les circonstances qui plus tard les amenèrent à transformer ces premiers établissements en une organisation politique, « seigneurie », « rouyaume », puis « empire » où les normes de Gengis s'associaient aux souvenirs romains de Byzance.

A une époque où Venise caressait son excellent ami « l'empereur des Turcs », Mourad, les dynasties des Balcans ne pouvaient pas apparaître non plus comme les ennemis irréductibles de ces nouveaux voisins, contre lesquels ils défendaient la civilisation chrétienne. Bien au contraire, tout le monde recherchait leur alliance et leur concours: en Asie, les princesses impériales de Trébizonde ne dédaignaient pas d'être les « katouns » en titre des chefs turcs du voisinage; de même deux filles d'empereur furent mariées au XIVᵉ siècle à des membres de la famille d'Osman, en attendant que les Tzars de Trnovo et même, plus tard, les successeurs des empereurs serbes, nouassent des relations de famille semblables avec les Sultans de l'invasion.

Les premiers combats contre les Turcs, livrés par les princes latins des Balcans, que soutenait le Pape, ou par les successeurs de Douchan en Macédoine, ont un caractère local; il s'agit seulement de défendre l'indépendance de telle ou telle région au caractère féodal contre le nouvel impérialisme qui surgissait à l'horizon. On sait maintenant que les Roumains qui participèrent à la bataille de la Maritza (1371) étaient ceux de la Thessalie, vivant sous l'autorité de princes grecs. Si Laïco, Voévode de Valachie, s'établit à Nicopolis, il paraît l'avoir fait par surprise. La croisade qu'était chargé d'organiser le roi Louis échoua, et il n'eut pas l'honneur, dont il rêvait, de chasser des Balcans l'ennemi de la Croix. Au combat de Plotschnik (1387), où les Serbes restèrent vainqueurs, à celui de Cossovo (1389), où le roi Lazare, vaincu, succomba, emportant dans le tombeau son adversaire, le sultan Mourad, une participation roumaine n'est pas prouvée par les sources, de même qu'il n'y eut pas non plus de participation hongroise. Le nouveau prince, Mircea, fils de Radu et neveu de Laïco, avait à peine occupé son siège valaque, en remplacement d'un frère mort chez les Bulgares, Dan. Le Tzarat de Trnovo succomba sans bataille, en 1393; l'une après l'autre les places accueillirent les garnisons turques, et les chrétiens de la rive gauche n'intervinrent pas dans un conflit où l'Orient orthodoxe ne pressentait pas le commencement d'une nouvelle ère pour le monde entier.

Ce qui intéressait à ce moment les Valaques, c'était la succession de la Hongrie, visitée par les bandes turques dès 1391. Mircea se fit donner par Vladislav Jagellon un accroissement de son fief transylvain, contenant les villages roumains près de Sibiiu, qui avaient pour centre Amlas; dans le traité avec le second gendre du roi Louis, pas un mot ne concerne la défense chrétienne. Il se trouva même des boïars valaques, mécontents de Mircea, pour appeler dans leur pays le nouveau Sultan Baïézid; le prince qui fut imposé par les Turcs en 1394, malgré leur défaite de Rovine, dans les marécages du Danube, Vlad, paraît avoir été un fils naturel de Laïco.

Cette extension de la puissance ottomane réveilla la conscience chrétienne, chez les Hongrois aussi bien que chez les Roumains de Valachie, que menaçait le même danger. Sigismond, qui avait déjà envahi la Moldavie pour punir le prince Etienne, vassal de Jagellon et ami des Turcs, accueillit à Kronstadt-Brasov Mircea et les restes de son armée; dans le traité conclu entre les deux princes, aucune mention ne fut faite de l'hommage que les Angevins avaient cherché à imposer aux Voévodes d'Arges, leurs contemporains. Après cette franche alliance de croisade, les troupes royales descendirent la vallée de l'Olt pour chasser Vlad et ses protecteurs païens; mais au retour, elles furent surprises, comme leurs prédécesseurs à Posada, par les paysans des montagnes, et décimées.

Survint la bataille de Nicopolis, où la chevalerie féodale subit une formidable défaite (septembre 1396) et pendant des heures les soldats de Baïézid, janissaires et spahis, s'en donnèrent à cœur joie en massacrant des prisonniers qui appartenaient aux meilleures Maisons de France et d'Allemagne. Mircea s'était enfui, et la barque qui emportait Sigismond désespéré avait disparu sur le cours du fleuve encombré de cadavres; les fuyards furent dépouillés sur la rive gauche par les gens de Vlad, resté au pouvoir, pour résister jusqu'en 1397 aux efforts de Stibor, Voévode de Transylvanie, qui finit bien par se rendre maître de sa personne. Une revanche turque ensanglanta encore une fois la plaine valaque, après que le prince légitime eût été rétabli par les armes de son allié; mais Mircea réussit à se maintenir sur cette ligne danubienne, où il avait fortifié le gué important qu'est Giurgiu.

Baïézid lui-même fut cependant vaincu à Angora (1402), par les troupes turques fraîches, d'un caractère barbare plus authentique, de son rival supérieur, le grand Khan Timour, et son héritage devait être partagé, dans de longues querelles, par ses fils. Soliman et Mousa se disputèrent l'Europe avant l'apparition de leur frère Mohamed Ier, Sultan d'Asie, qui allait rétablir l'unité de l'Etat ottoman. Comme le roi Sigismond, devenu bientôt empereur d'Occident, avait à cette époque d'autres soucis, et comme ces Infidèles ne l'intéressaient qu'au moment précis où ils étaient capables d'envahir son royaume, Mircea, qui était resté seul au milieu des discordes d'outre-Danube, chercha à jouer un rôle, en employant l'un contre l'autre ces frères ennemis. Ayant favorisé Mousa, qui était aussi le bon ami du despote serbe Etienne, héritier de Lazare, les Serbes de Marc Kraliévitsch avaient participé, du reste, dans les rangs musulmans à cette bataille de Rovine, après laquelle le héros de la légende serbe fut trouvé parmi les morts; le prince valaque s'entendit avec lui au moment de la victoire commune pour en obtenir à titre de fief les forteresses de la rive droite, en commençant par Silistrie. Il appliquait ainsi au Sud, envers ce jeune Turc, transformé par le milieu balcanique, le système d'expansion que Laïco avait appliqué aux ambitions suzeraines du roi Louis et qu'il avait poursuivi lui-même à l'égard de Jagellon comme héritier de la Hongrie. L'héritage de Dobrotitsch, despote byzantin, n'était pas revenu à son fils, avec lequel les Génois conclurent un traité, car ce fils, Ivanco, n'avait pas été créé despote lui aussi, pour avoir de cette manière la légitimation de ses droits, mais bien au voisin valaque, qui, fils de la princesse grecque Kallinikia, avait obtenu ce titre d'alliance impériale, brigué par les seigneurs serbes et bulgares et jusqu'au prince latin des îles de l'Archipel.

Mais les nécessités territoriales, les conditions imposées par l'existence d'une assiette géographique unitaire, strictement définie, pour le développement de la vie politique roumaine, empêchèrent de nouveau cette expansion vers le Sud qui paraissait renouveler l'époque de Boirébista. Si la Dobroudscha, jadis réunie, ainsi que nous l'avons déjà observé, à la rive gauche et ne formant, même après le changement du cours du Danube, qu'une région danubienne pour l'expansion de la race roumaine, en tant qu'elle n'était pas pour les Grecs en décadence une région maritime, pouvait et devait rester sous l'influence de la Valachie jusqu'à la prochaine conquête définitive par les Turcs, ces villes de la rive droite ne pouvaient pas être défendues contre un retour offensif des Ottomans, momentanément pacifiés par l'amitié de Mousa. Dès 1413 ce Sultan succomba dans une bataille contre son frère cadet, l'Asiatique, et, bien que Mircea eut sou-

levé aussitôt des prétendants d'une légitimité dou-
teuse, il ne réussit pas à défendre, non seulement cette
Dobroudscha, mais aussi la citadelle même de Giurgiu,
dont la construction lui avait coûté de si grands sacrifices; encore une fois, la « Tour » (Turnu) de la
Petite-Nicopolis, sur la rive gauche, fut occupée par
les janissaires, et les boïars du Banat de Severin, que
Sigismond avait définitivement abandonnés en 1406,
à ce voisin qui consentait à faire la garde du fleuve
pour la Hongrie elle-même et la chrétienté occidentale entière, se présentèrent devant le Sultan pour
faire leur soumission. Il paraît bien que Mircea dut
subir le même sort que, une vingtaine d'années auparavant, les empereurs de Byzance: il paya le tribut et
donna son fils comme otage à ce suzerain musulman,
gagné déjà aux notions féodales de la chrétienté.

Au cours des querelles pour le trône qui précédèrent
en Valachie celles qui allaient déchirer la Moldavie
après la mort d'Alexandre-le-Bon, vrai pendant dans
cette autre principauté roumaine de Mircea en ce qui
concerne le rôle d'organisateur, s'il y eut les interventions hongroises sporadiques que nous avons déjà
expliquées dans leurs motifs, on a cependant une continuelle influence des Turcs, qui détenaient maintenant tous les gués danubiens. Si Radu-le-Chauve fut
un nouveau Vlad, Dan II, vainqueur de Michel, fils
de Mircea, et adversaire acharné du pupille des Ottomans, reprit, par ses attaques contre Giurgiu, contre
Silistrie, la mission de défenseur du fleuve qu'avait
remplie son oncle, réunissant ses efforts, souvent heureux, à ceux de ce Florentin, Filippo Scolari (Pippo
Spano, « le comte Pippo »), auquel Sigismond, toujours occupé ailleurs, avait confié la garde du Banat
de Temeschwar. A un certain moment, du reste, après
la mort de Dan, Sigismond, qui avait pensé, dès 1412,
à une grande croisade sur le Danube, gagnant à cette

idée son ancien rival polonais et menaçant le Moldave Alexandre d'un partage de sa principauté s'il ne consentait pas à réunir ses troupes à celles de ses voisins chrétiens, appelait en Transylvanie de même qu'à Severin, les Chevaliers Teutons du « Ban » Klaus de Redwitz, auxquels il voulait donner aussi le château de Chilia et les embouchures du fleuve.

Sigismond avait imposé cependant, dès 1432, contre le prince Aldea-Alexandre, premier successeur, favorable aux Turcs, de Dan, un commensal de ses séjours en Occident, ce Vlad Dracul ou Draculea, qu'on rencontre dans sa suite à Nuremberg. Mais la Hongrie, simple instrument pour l'ambition toujours avide de nouvelles pompes du Roi et Empereur, ne pouvait pas soutenir ce prince, destiné à continuer sur le Danube l'œuvre de Mircea, son père, et de son cousin Dan. Chassé deux fois par les Turcs, qui se servaient contre lui du fantôme d'Alexandre, emmené même, paraît-il, avec ses deux fils, par les vainqueurs, qui l'auraient enfermé dans le château de Gallipoli, il revint comme vassal du Sultan, qu'il guida, en 1438, à travers la Transylvanie. L'initiative de Hunyady réussit néanmoins à le ramener à ses premières intentions guerrières, qui étaient, sans doute, dans son caractère même, et sur maints champs de bataille Vlad suivit les drapeaux du héros qui était, malgré son changement de religion et son assimilation à la noblesse catholique de la Hongrie, le plus grand représentant de sa race. Et, lorsque, ayant trompé la confiance du capitaine de la croisade permanente, il perdit en même temps (1446) le trône et la vie, pour faire place à un successeur de faibles moyens, Vladislav, fils de Dan, Hunyady reconnut plus tard son erreur, car il avait maintenant un paisible vassal à la place d'un auxiliaire énergique, soldat de naissance. Il la répara plus tard en faisant succéder à cette ombre soumise, l'initiative toujours aux aguets, l'avidité d'aventures et la soif de sang du fils homonyme de Vlad, qui, élève des Turcs, précurseur d'Ivan-le-Terrible et pendant plus cruel et plus brave de Louis XI, est connu dans l'histoire comme Tepes, l' « Empaleur » (1456).

A ce moment même, Jean Hunyady, qui avait réussi à sauver Belgrade, « porte de la Hongrie », contre les formidables assauts du grand Sultan Mohammed II, succombait dans le camp à ses fatigues, et son rôle qui était de défendre la civilisation chrétienne, revenait, non seulement à un autre Roumain, mais aussi à un Roumain régnant par droit de naissance sur des Roumains, au fils de Bogdan II, au petit-fils d'Alexandre-le-Bon, Etienne-le-Grand, qui, avec le secours de Vlad, était rentré dans son héritage moldave.

CHAPITRE VI

Formation de la civilisation roumaine
au milieu des Principautés indépendantes
aux XVe et XVIe Siècles

CONDITIONS POLITIQUES GÉNÉRALES A L'AVÈNEMENT D'ETIENNE-LE-GRAND. — Il ne pouvait pas y avoir de moment plus favorable pour le début d'un règne destiné à établir l'indépendance politique de la race roumaine que l'année 1457, où commença de régner, à l'âge de vingt ans, un jeune prince qui devait, pendant près d'un demi-siècle, développer ses qualités exceptionnelles de bravoure endurante et de sagesse politique.

La Hongrie médiévale, celle des Arpadiens, aux instincts barbares de conquête, celle des Angevins au faste féodal, celle de Jean Hunyady, qu'animait l'esprit des Croisades, allait finir au contact de la puissance turque, si moderne par son caractère nettement national et militaire, par le pouvoir absolu de ses chefs, par leur tendance à donner au nouvel Etat, au lieu des bornes vagues d'une influence, les contours précis des frontières naturelles. Le roi au service duquel le héros de Belgrade avait dépensé ses efforts, le faible enfant posthume qui était Ladislas, fils d'Albert d'Autriche et petit-fils, par sa mère, du vaniteux Sigismond, allait finir bientôt ses jours sans avoir marqué par des actions personnelles un assez long passage sur le trône. Son successeur Mathias, qui était fils cadet de Jean Hunyady, eut toujours devant ses yeux le fantôme brillant de l'empereur et roi, dont il suivit si souvent les traces; il dut comprendre cependant, par ses instincts réalistes de Roumain, par l'orientation fatale au milieu de son époque, et non moins par son contact intime et varié avec ce monde de la Renaissance italienne qui lui donna aussi sa seconde femme, Béatrix de Naples, les caractères distinctifs d'une nouvelle ère. Posséder la terre, l'argent, les ressorts de la diplomatie avaient pour lui plus de valeur que les avantages purement formels de l'hommage traditionnel.

La Pologne du roi Casimir vivait beaucoup plus dans les souvenirs du moyen âge. Le petit-fils de Jagellon, tenait plutôt aux cérémonies brillantes dans lesquelles il pouvait apparaître comme le suzerain qui commande et conduit; sa vanité, lente à déterminer des efforts efficaces, n'était qu'un des éléments d'une mentalité arriérée, tenant à l'ancien régime de l'autorité qui dépasse toutes les conditions données de la terre et de l'époque. Mais déjà des aventuriers italiens

vénaient apporter dans l'Orient latin des idées nouvelles; un d'entre eux, Filippo Buonaccorsi Callimachus, devait avoir une influence décisive sur l'esprit
du fils aîné et futur successeur de Casimir, Jean-Albert. Il ne faut surtout pas oublier la leçon de réalisme
que donnait à tous ces imitateurs du passé la conquête
turque, fondée sur des bases inébranlables. Pour la
défense même d'une Pologne qui n'avait encore ni armée, ni trésor, ni chef généralement reconnu, il était
nécessaire de confier la garde du Danube inférieur
aux Roumains de la Moldavie; pour être resserrée
dans des frontières plus étroites, cette puissance n'en
était que plus concentrée. Si l'on avait cru jadis pouvoir défendre l'indépendance polonaise contre les Ottomans par l'établissement d'une garnison dans Cetatea-Alba, prise sur l'héritage du faible Alexandre II,
la conquête de la péninsule des Balcans par Mohammed II et l'apparition de la flotte turque dans la mer
Noire devaient imposer au plus opiniâtre des rêveurs
la conviction que seule une force indigène, intéressée
en première ligne à défendre ce rivage, déjà fortifié par
le premier Alexandre contre les nouveaux ennemis,
pouvait écarter le plus grand des dangers.

Quant aux Turcs eux-mêmes, ils avaient éprouvé
au siège de Belgrade leur première grande défaite;
satisfaits du tribut de 2.000 ducats de Hongrie promis
par Pierre Aaron, ils pensaient plutôt à compléter leur
base balcanique par l'annexion de la Bosnie et de
l'Herzégovine, encore libres, qu'à entreprendre quelque chose du côté du Danube, où ils avaient été vaincus. Il fallut pour leur faire changer de direction les
provocations du prince Vlad, qui, allié de Mathias et
époux d'une parente du roi de Hongrie, se jeta, en
1461, au moment même où l'Occident était préoccupé
par une nouvelle croisade, sur Giurgiu et les autres places danubiennes, massacrant méthodiquement les ha-

bitants, dont il supputait ensuite en bon comptable le nombre pour en orner ses bulletins de victoire. Seulement, le Sultan lui-même passa sur la rive gauche pour chasser en Hongrie — mais non sans avoir subi de graves pertes, — un prince féroce, trahi par ses boïars et tardivement secouru par le roi, son protecteur; il put bien laisser sur le territoire valaque, comme Voévode de la paix et de la soumission, le méprisable Radu-le-Bel, frère de Vlad, qu'il avait tiré du harem de ses favoris, mais non pas soumettre définitivement un pays qui, sous ce faible maître, reprit dès le lendemain ses anciennes traditions. Avant cette campagne même de 1462, qui avait été plutôt malheureuse si l'on tient compte de ce qu'elle coûta aux vainqueurs, Etienne le Moldave savait bien qu'il n'avait à craindre aucune inimitié de la part des Turcs. Ces derniers étaient, du reste, si gênés dans leur offensive contre Vlad, qu'ils permirent à son voisin de « collaborer » à leur expédition contre Chilia; il y employa toute une armée, qui ne pouvait guère avoir pour but de livrer au Sultan la ville, une fois conquise, mais qui voulait rentrer dans la possession d'une place cédée si facilement par Pierre Aaron à son patron, le gouverneur de la Hongrie.

ACTIVITÉ D'ETIENNE AVANT LE CONFLIT AVEC LES TURCS. — Dans ces conditions, il s'agissait en première ligne de régler la situation du pays envers les deux pays chrétiens qui avaient hérité des prétentions féodales des Angevins d'Orient. Pierre Aaron se trouvait en Pologne; mais on n'osa pas le soutenir. Il en fut chassé, au contraire, dès l'année 1459; le nouveau prince moldave dut s'engager à ne pas redemander la possession de la citadelle de Hotin, momentanément occupée par les officiers du roi et qui devait, du reste, revenir bientôt d'elle-même à la Principauté, dont elle faisait naturellement partie. Le traité parle aussi d'organiser la défensive contre les « Infidèles », ce qui ne signifie pas les Turcs, mais bien les Tatars de la Crimée, qui déjà sous les premiers successeurs d'Alexandre-le-Bon avaient envahi la Moldavie, tout en étant pour la Pologne elle-même une perpétuelle menace. En ce qui concerne l'hommage, Etienne se déclara prêt à suivre la coutume de ses prédécesseurs, pourvu que le roi Casimir, son suzerain, se trouvât en personne aux frontières. Le roi ne tarda pas, en effet, à paraître en Russie, et l'hommage fut prêté le 2 mars 1462; mais, en prince de la nouvelle époque, Etienne se garda bien de renouveler la cession d'Elie et de son frère en ce qui concerne les districts septentrionaux de son pays; sans mentionner la Pocutie, qui n'était plus entre ses mains, il maintint ses officiers aux gués de Cernauti, dominant la région qui s'étend, dans la Bucovine actuelle, au-delà du Pruth supérieur.

Le roi Matthias ne s'était avancé, en 1462, que jusqu'aux frontières de la Transylvanie, invoquant la lettre d'humilité par laquelle Vlad cherchait à se faire pardonner ses méfaits envers le Sultan pour excuser son absence. Trop faible pour empêcher la perte de ses « pays vassaux » de Bosnie et d'Herzégovine, il échoua, en 1463 et 1464, dans ses efforts pour les recouvrer bien qu'il se fût emparé de la capitale, Jaice, et ne réussit jamais à créer un organisme durable sur les ruines de l'ancien royaume. Lorsque Pierre Aaron se fût réfugié chez les Szekler, Etienne put pénétrer librement sur leur territoire pour les en punir, et désormais ses voisins, jouissant d'une autonomie guerrière qui ne cadrait plus avec les premiers besoins d'une royauté hongroise absolue s'étendant désormais à ce pays de Transylvanie aussi, où chacun avait son privilège, furent des clients du prince moldave, prêts à le suivre dans toutes ses expéditions. Après s'être en 1465, emparé de Chilia par un coup de main, le Moldave eût voulu mettre à profit le mécontentement de ces privilégiés transylvains qui préparaient la grande révolte saxonne du comte de la nation, Roth, et du Voévode Jean de Sankt-Georg et Pösing, pour essayer de consolider encore davantage sa situation au-delà des montagnes. On imagine les avantages qu'il eût retiré d'une Transylvanie indépendante, même de caractère germanique, à une époque où les rois de Hongrie considéraient les princes roumains comme les seuls défenseurs obligés et attitrés de la province contre le danger turc.

Aussitôt après que le roi eut étouffé la révolte, il se dirigea contre la Moldavie complice, au mois de novembre de l'année 1467. Il n'avait pas, sans doute, l'intention d'annexer, contre un ennemi dont il connaissait bien les qualités, un territoire si étendu. Si dans sa suite se trouvait le prétendant qu'il comptait rétablir, car Pierre Aaron n'avait pas encore été saisi par Etienne pour expier le meurtre de son frère, ce fut surtout une expédition de vengeance, une *Strafexpedition*, comme celle qu'a renouvelée tout dernièrement la barbarie de notre époque; un motif impérieux de gloire s'ajoutait d'ailleurs à l'autre pour ce prince qui aimait à lire dans la belle prose de l'Italien Bonfinius le récit de ses brillantes actions.

Le pays entre les montagnes et le Séreth fut systématiquement dévasté: Trotus, Bacau, Roman, qu'avait fondée le premier prince de ce nom, furent incendiées; Suceava, résidence du coupable, était le but principal de l'expédition; mais il fallut s'arrêter, par cause du grand froid peut-être, dans l'ancienne capitale Baia, que les derniers Saxons appelaient encore la « Stadt Mulda ». C'est alors que l'armée fut assaillie pendant la nuit par les soldats d'Etienne: boïars et les chevaliers, « curteni », qui formaient le corps permanent de la « Cour », « hânsari », qui vivaient sur le butin comme les « akindschis » turcs, paysans assoiffés de vengeance pour leurs villages détruits et pour la honte répandue dans leurs foyers. Le massacre fut horrible; le roi lui-même rapporta de cette catastrophe une profonde blessure, une flèche s'étant fichée dans « l'épine de son dos », dit la chronique hongroise.

L'expédition ne fut pas reprise: elle avait coûté trop cher; on s'empressa de bâcler un bulletin destiné à cacher la triste réalité, et l'Occident offrit bientôt à l'ambitieux « Corvin » des compensations pour cette défaite subie en « pays barbare », aux prises avec un ennemi « perfide ».

De son côté, Etienne n'avait plus rien à réclamer du côté de l'Occident que la tête, qu'il eut bientôt, de son oncle assassin. Poursuivant de nouveau les buts réalistes d'une politique moderne, il chercha, tout en remplaçant les châteaux de bois par de bonnes fortifications en pierres, mises sous le commandement de ses burgraves (*pârcalabi*), à compléter sa frontière au Sud, du côté de la Valachie. Déjà, son aïeul Alexandre avait eu le district de la Vrancea, district que parcouraient les pâtres de toutes les régions roumaines, mais qui, d'après l'ancienne tradition des évêques cumans établis à Milcov, avaient vécu sous l'autorité des princes valaques. Pour arrêter l'avance des Moldaves, les princes rivaux élevèrent, près de cette ancienne cité épiscopale, détruite par les Tatars, la forteresse de Craciuna, et ils fortifièrent même, probablement à Valenii-de-Munte, le cours du Teleajen, pour opposer une nouvelle barrière à une invasion de leurs voisins.

Mais ce qu'il fallait avant tout, c'était de ne pas laisser le cours du Danube entre les mains des Turcs, représentés alors par leur protégé, le beau Radu. Après avoir infligé une leçon aux bandes des Tatars dévastateurs, qui ne se risquèrent plus désormais que dans la compagnie des Turcs, le Voévode attaqua le grand port valaque de Braïla, qui intéressait aussi les Turcs par ses relations avec le Levant et que défendaient peut-être des auxiliaires ottomans : il s'agissait de détruire un centre commercial qui empêchait le développement de Chilia. La ville fut brûlée en février 1470.

C'était juste le moment où, après l'insuccès de l'expédition entreprise par Pie II, une nouvelle croisade dont Venise avait besoin pour défendre l'Albanie contre le Sultan, se préparait en Italie. En 1470, des mesures furent prises pour former une étroite union entre le Pape, Venise et le roi de Naples, avec le concours du roi Matthias. Au commencement de l'année suivante, la ligue fut proclamée ; elle comprenait les restes de la domination latine et chrétienne en général dans les Balcans (1) et déjà l'on avait gagné la fille du Basileus détrôné de Trébizonde, devenue la femme chrétienne d'Ouzoun-Hassan, le Khan turcoman de la Perse, qui, se rappelant peut-être le grand Gengis, voulait certainement reprendre contre les Ottomans le rôle de Timour. Les relations entre la Cour persane et celle du roi de Pologne avaient lieu, non seulement par la voie des Génois de Caffa, qui pouvaient trahir, mais aussi par celle du Moncastro moldave, de Cetatea-Alba. La femme d'Etienne était, du reste, à ce moment, une parente de la « Despina », une Comnène, Marie, des princes de Théodori, ou Mangoup, en Crimée, où son père et ses frères régnèrent tour à tour. Aucun de ces mouvements n'étaient sans doute restés inconnus d'Etienne, bien avant les propositions formelles qui furent faites en 1474 par « Ouzoun, fils d'Ali, fils d'Os-

---

(1) Voir notre étude sur *Venise dans la Mer Noire*, III, dans le « Bulletin de la section historique de l'Académie Roumaine », année 1914, p. 335 et suiv.

man », au « grand prince miséricordieux et grand seigneur, Etienne Voévode, puissant sur toute la Valachie ».

Radu, qui avait repris les armes, fut vaincu, en 1471, à Soci; en vain avait-il compté sur l'appui des boïars moldaves, qui auraient désiré un autre prince; Etienne, averti à temps, les avait fait décapiter. Deux années d'expectative patiente suivirent. Au mois d'août 1473, Mohammed II avait vaincu à Terdschan son grand rival asiatique, mais ses troupes étaient revenues dans un état lamentable et lui-même, déjà malade de la goutte, était complètement épuisé. Etienne pénétra donc en Valachie; son incursion fut si rapide que son faible rival, battu près de la rivière du Râmnic, ne put se maintenir dans sa forteresse de Bucarest, devenue la capitale du pays pour les princes vivant sous la tutelle des begs danubiens; il se réfugia auprès de ses protecteurs, abandonnant son trésor, sa femme, sa fille, qui devait être plus tard la troisième épouse d'Etienne. Un descendant de Dan II, Laiota, autrement dit Basarab II (ou III, s'il faut compter un prétendant passager), prit sur lui, comme jadis son père, de défendre le Danube contre les Turcs. Les begs riverains, les Michalogli, étant revenus d'Asie, le nouveau Basarab trahit tout simplement la cause chrétienne; il fut aussitôt remplacé par un autre partisan du Moldave, homonyme de l'ancien prince et vraisemblablement son fils, qui, en imitant l'exemple sanglant de Tepes, fut surnommé « le petit empaleur » (Tepelus); mais celui-ci dut se réfugier en Moldavie devant la grande invasion turque qui eut lieu avant la fin de l'année.

La bataille qui fut livrée par Etienne, avec ses boïars et ses paysans, auxquels s'étaient ajoutés un petit contingent szekler et — on l'a prétendu du moins — quelques troupes polonaises, à Podul-Innalt, au

« Haut-Pont » , sur la rivière de Racovat, près de Vasluiu, pour défendre la route qui menait vers sa résidence lointaine, doit être considérée comme une des plus importantes de l'époque; on y vit une infanterie serrée, soutenue par l'action de l'artillerie. Dans les forêts impénétrables, comme celle de Crasna, où Bogdan, père d'Etienne, avait attendu les Polonais, sur un terrain que le dégel subit avait rendu marécageux, le prince moldave affronta, le 10 janvier 1475, les troupes aguerries du beglerbeg de Roumélie d'Europe, Soliman l'Eunuque, accouru d'Albanie pour mettre fin à la dangereuse provocation roumaine. La défaite des Turcs fut complète; le Pacha perdit la plus grande partie de ses troupes dans la bataille même et dans une retraite désastreuse. Etienne, qui vivait exclusivement dans les idées de la Bible, ne se considérait que comme un nouveau David choisi par le Dieu des armées pour abattre le géant infidèle; il n'envoya pas moins à tous les princes de la chrétienté une missive dans laquelle, après avoir énuméré les chefs qui avaient commandé l'armée ennemie, il lançait en terminant ce fier cri de victoire: « Lorsque nous avons vu cette grande armée, nous nous sommes levés vaillamment, avec notre corps et nos armes, et nous nous sommes opposés à leurs attaques; et, Dieu tout-puissant venant à notre aide, nous avons vaincu cet ennemi, le nôtre et celui de toute la chrétienté; nous l'avons détruit, et il a été foulé sous nos pieds ».

Cette victoire permit au prince roumain d'élargir ses relations diplomatiques qui s'étaient bornées jusqu'alors à un voisinage immédiat; au nom de la cause de la chrétienté qu'il défendait si énergiquement, il envoya des ambassadeurs à Venise, à Rome, à Florence, probablement à Gênes, peut-être même au roi de Naples; bref à tous les membres de la Ligue chrétienne, dont Etienne connaissait sans doute les intentions, au moment où une flotte de croisade attaquait les côtes de l'Asie Mineure et où des ingénieurs italiens dirigeaient les canons d'Ouzoun-Hassan. Par cette collaboration guerrière des Roumains, le Saint-Siège devenait le protecteur obligé de la Moldavie, et Sixte IV qualifiait le prince danubien d' « Athlète du Christ », demandant, à plusieurs reprises, qu'il eût sa part des subsides que le roi Matthias recevait du Trésor apostolique.

Mais Mohammed était décidé à conquérir tout le pourtour de la mer Noire en écartant les derniers restes de la domination chrétienne. Déjà, tout en réclamant un tribut que le prince moldave n'avait peut-être jamais payé à la Porte, il avait prétendu, avant le combat de Vasluiu, « que les ports du Danube inférieur et de l'embouchure du Dniester, Chilia et Cetatea-Alba, lui fussent livrés ». Aussitôt que la navigation devint possible, l'attaque contre la Moldavie fut reprise; mais elle fut précédée par le grand coup porté contre la principale ville de commerce de ces régions, la Caffa des Génois, qui succomba, de même que le château des Comnène à Théodori, dont il ne resta que des ruines. Etienne fut plus heureux. Il venait de se réconcilier avec le roi de Hongrie, obtenant même deux places de refuge en Transylvanie, Ciceu (Csicső), dans le rayon de Bistritz, et Cetatea-de-Balta (Küküllővar), au milieu même de la province, sur le cours des Târnave, et cela sans avoir prêté l'hommage, ni signé un engagement formel de vassalité. Il put donc concentrer ses forces pour résister énergiquement à l'assaut turc contre ses ports.

La grande lutte contre la Moldavie devait être cependant reprise, sous le commandement du Sultan lui-même, avec toutes les forces de l'Empire, une année plus tard. Le roi Matthias avait employé les circonstances pour fortifier seulement sa propre position sur le Danube serbe, en s'emparant, pendant l'hiver, de la citadelle de Chabatz, et il avait dirigé contre les Turcs de Bosnie des bandes sauvages, conduites par Vouk Brancovitsch et par Vlad l'Empaleur, celui-ci étant déjà désigné comme futur prince de Valachie à la place des deux Basarab, dont l'un continuait à être un ennemi et l'autre ne pouvait pas devenir un auxiliaire.

Etienne devait donc résister tout seul à cette seconde invasion ottomane, qui, ayant pris le prince valaque pour guide, se dirigea sur la rive droite du Séreth, probablement pour pouvoir surveiller aussi les mouvements des Hongrois, nouveaux alliés du Voévode. Ce fut seulement dans les grandes forêts du Neamt que la résistance moldave put s'organiser. Mais les Tatars dévastaient déjà à l'Est le territoire de la principauté, et il fallut permettre aux paysans d'aller défendre leurs foyers menacés. Les boïars seuls étaient restés autour du prince, à côté de la troupe permanente. Ils livrèrent une grande bataille moderne, sans aucun mélange d'éléments ruraux; ce fut l'artillerie supérieure du Sultan qui décida, après un combat acharné, au cours duquel Mohammed lui-même, déjà vieilli et perclus, se vit obligé de se mettre à la tête des janissaires qui reculaient devant la poussée opiniâtre des Moldaves. Sur les bords du « Ruisseau Blanc », de la Valea-Alba, dans la clairière où fut bâti ensuite le beau monastère dit de Razboieni, du « village de la bataille », la noblesse moldave, victorieuse sur tant de champs de bataille, fut fauchée, le 26 juillet 1476. Les Turcs, qui amenaient avec eux un prétendant, le fils même de Pierre Aaron, atteignirent Suceava, qui fut incendiée.

La Moldavie n'était pas cependant pareille à ces royaume des Balcans où une seule grande victoire et surtout la conquête des places fortes décidaient du sort de la guerre et de l'Etat lui-même. Les forêts profondes, les vallées étroites du pays recélaient tout un monde invisible que l'ennemi rencontrait de nouveau, prêt à combattre, alors même qu'il croyait en avoir fini avec cette race de paysans. Au bout de quelques semaines, les conquérants, décimés par les maladies et affamés dans un pays complètement dévasté par ses propres défenseurs, se trouvaient en pleine retraite. Le Sultan n'avait pas mis la main sur ces ports qui avaient été le grand et vrai but de l'expédition; il n'avait même pas la consolation de laisser, comme en Valachie, quatorze ans auparavant, un prince vassal soumis à ses ordres. Car le nouveau Voévode se trouvait dans les rangs de l'armée turque désorganisée; quant à Etienne, un émissaire vénitien le vit bientôt « chevaucher à travers sa principauté », salué d'acclamations enthousiastes par ceux dont il avait été le défenseur infatigable. Avant l'hiver, Vlad Tepes, soutenu par des troupes de Transylvanie, regagnait sa province valaque, mais seulement pour succomber, quelques semaines plus tard, dans une embuscade obscure de ses ennemis.

Il s'agissait maintenant d'assurer la frontière valaque, la ligne du Danube. Le pays voisin offrait un vrai chaos. Etienne et ses alliés hongrois réussirent en effet à écarter l'incommode voisin qui était le vieux Basarab et à lui substituer Basarab-le-Jeune; mais le premier gardait encore des adhérents qui firent traîner une désastreuse guerre civile. Dès que l'ancien client du prince moldave eut définitivement pris le dessus, il passa tranquillement à l'ennemi. Alors, les Turcs, s'appuyant sur ce concours valaque, envahirent la Transylvanie; ils furent battus par le Voévode magyar de cette province, Etienne Bathory, sur le « Champ du pain », à Kenyermezö. Un second coup atteignit la Moldavie; la rive droite du Séreth fut de nouveau dévastée jusque dans les environs de Bacau.

La mort de Mohammed II parut cependant amener

un profond changement en ce qui concerne cette frontière. Alors que ses fils, Baïézid II et Djem, renouvelaient les luttes pour la couronne qui avaient ensanglanté l'Empire après la catastrophe du premier Baïézid, Etienne entra en Valachie; dans sa seconde bataille de Râmnic, livrée le 8 juillet 1481, il mit fin au règne du « Petit Empaleur », qui fut ensuite tué par les boïars à l'autre bout du pays, où il s'était réfugié parmi ses parents et amis. Un nouveau Vlad, frère homonyme de Tepes, pauvre ancien moine, vieux et maladif, paraissait être le simple représentant de son maître moldave, qui s'était interdit, par seul respect pour les coutumes d'un pays attaché à son ancienne dynastie, l'annexion de la principauté voisine.

Le territoire roumain s'étendait maintenant du Pruth jusqu'aux Portes-de-Fer, du Danube et de la mer Noire jusqu'aux montagnes de la Transylvanie, gardées par Bathory, autre rempart comme Etienne, de la chrétienté. Rien à craindre, semblait-il, du côté des Turcs, le royaume ayant conclu tout récemment avec eux une trève qui comprenait aussi la principauté alliée. Un caprice des janissaires qui exigeaient de l'inerte Baïezid II gloire et butin, ruina cette œuvre; subitement des troupes tatares et turques, conduites par le traître Vlad, cernèrent les deux grands ports moldaves; après une longue et glorieuse résistance, Chilia et Cetatea-Alba durent laisser pénétrer les infidèles dans les ruines de leurs remparts brisés (juillet-août 1484). « J'ai conquis, écrivait le Sultan dans son bulletin de victoire, la clef de la porte de tout le pays moldave, ainsi que de la Hongrie et de tout le territoire du Danube, Pologne, Russie et Tatarie, et de tout le rivage de la mer Noire. » L'année suivante, en effet, Suceava fut de nouveau brûlée par des bandes turques.

Désormais, Etienne n'aura qu'une seule pensée: celle de recouvrer ces villes perdues qui étaient presque sa création, qui promettaient un si fort développement de force et de richesse à la Moldavie et à la race roumaine. Abaissant pour la première fois sa fierté, il alla solliciter pour son œuvre de revanche le concours de ses voisins chrétiens. « Notre prince, avaient dit, en 1476, ses ambassadeurs au doge, a commencé sa guerre (contre les Turcs) de sa propre initiative, et il est maître souverain de son Etat et de ses sujets ». Maintenant, il fallut faire des concessions à la vanité du roi Casimir; il conjura le vieux souverain polonais de lui fournir ses lourdes troupes, qui auraient peut-être raison des nouveaux maîtres du Danube moldave. Il dut prêter hommage devant une nombreuse assistance, dans des formes qu'il avait considérées comme la plus grande humiliation, et cela à Kolomea, pour montrer qu'il abandonnait ses prétentions sur la Pocutie qu'il avait héritées de son grand-père. L'appui des Polonais permit au Voévode de vaincre les Turcs de la nouvelle province danubienne à Catlabuga, dans la région des grands lacs bessarabiens, et de repousser une nouvelle attaque contre Suceava, au cours de laquelle s'étant saisi du prétendant, il le fit décapiter; mais la paix conclue en 1489 entre le roi et le Sultan mit fin à ses espérances. Abandonné par son voisin hongrois, qui était cependant son allié et partageait ses idées de croisade, il dut se résigner à payer tribut et il envoya son fils Alexandre à La Porte.

Pour se venger de cet abandon, Etienne manifesta, dès 1490, ses intentions de réclamer la Pocutie. On lui répondit par le guet-apens de 1497, conseillé par le Florentin, déjà mentionné, Callimachus à l'ambitieux successeur de Casimir, Jean-Albert; il s'agissait de tromper le Moldave: on le pousserait à entreprendre une nouvelle croisade, qui irait chercher les Turcs du Danube pour leur faire rendre gorge et restituerait à la principauté Chilia et Cetatea-Alba; mais en même temps, on se serait saisi de la Moldavie pour en faire l'apanage de Sigismond, le prince « sans terre » de la famille royale.

Etienne éventa bientôt le projet; de Suceava, où il laissa une puissante garnison, il se retira à Roman; là il demanda l'intervention du propre frère de Jean-Albert, ce paisible Vladislav qui avait obtenu, contre Maximilien d'Autriche, préféré par le Moldave, l'héritage du roi Matthias.

Le roi de Pologne, qui avait amené avec lui une brillante armée de chevaliers, comme celle qui s'était fait battre jadis à Crasna, ne parvint pas à se rendre maître de Suceava. La médiation hongroise, représentée par le Voévode même de Transylvanie, Barthélemy Dragffy, Roumain de sang et parent très éloigné d'Etienne, fut acceptée. Les troupes royales en se retirant devaient suivre la même voie qu'elles avaient prise pour l'invasion; cela signifiait les affamer, car toute cette région avait été déjà complètement dévastée. Lorsque, se dirigeant vers les districts encore intactes de la Moldavie septentrionale, les riches barons, leur suite nombreuse, les Chevaliers Teutoniques se furent engouffrées dans les grandes forêts de hêtres de la Bucovine, où déjà au XIVe siècle un corps auxiliaire polonais avait été détruit par Pierre Ier, les Moldaves, cachés dans les profondeurs, firent tomber les arbres, préalablement sciés plus qu'à demi, sur cette masse pesante, encombrée par les chariots de guerre et affolée par le galop des chevaux effrayés. Le massacre fut épouvantable, et une autre rencontre, à Lentesti, sur la lisière de cette région boisée, acheva le désastre de l'armée.

Après avoir vu les bandes de Turcs, payées par l'ennemi qu'on avait si imprudemment provoqué, chevaucher dans les vallées de la Galicie et l'armée du Moldave lui-même défier, en 1498, la garnison de Lemberg terrorisée, Jean-Albert s'empressa de faire sa paix avec Etienne. Le traité du 12 (18) juillet 1499, en invoquant le devoir supérieur de la collaboration chrétienne pour une nouvelle croisade sur le Danube, présentait le prince voisin comme le souverain de son pays et l'allié à titre égal des Jagellonides de Pologne et de Hongrie. Cette croisade, du reste, ne devait jamais commencer, bien que des détachements moldaves eussent déjà paru devant les forteresses perdues pour toujours.

Etienne considérait, paraît-il, comme les Sultans ottomans, qu'un traité ne survit pas à celui avec lequel il a été conclu. Aussitôt après la mort du vaincu de 1497, il réclama de nouveau à son successeur l'héritage moldave de la Pocutie et ne tarda pas même à établir ses officiers et ses douaniers dans les villes fortifiées de Sniatyn, de Kolomea et de Halicz même. Des querelles avec le Tzar Ivan, à l'héritier duquel le prince moldave avait marié sa fille Hélène, née du mariage avec la descendante des knèzes de Kiev, Eudoxie, empêchèrent le roi Alexandre de réagir, et celui qui avait trouvé si rarement un appui chez les descendants de Jagellon, fermait les yeux, le 2 juillet 1504, avec l'espoir d'avoir transmis à son fils Bogdan, dit le Borgne, sinon la possession plénière de l'ancienne voie de commerce qui avait enrichi sa Moldavie, au moins avec une paix qui l'assurait du côté des Turcs, cette Pocutie qui pouvait, par ses riches douanes, être considérée comme un dédommagement pour ce qui avait dû être abandonné entre les mains du Sultan.

De plus, sous Radu, fils et successeur du moine Vlad, la Valachie, tout en vivant dans l'ombre de la puissance ottomane, ne constituait plus un danger pour la principauté voisine, car celle-ci, vaincue par les circonstances, avait dû subir également le même régime de garanties permanentes; ainsi prit fin le problème politique pour la solution duquel les Roumains avaient usé pendant deux siècles leurs meilleures forces. Si Radu essaya d'introduire à la mort d'Etienne un prétendant moldave, il céda aussitôt aux conseils du Métropolite valaque, Maxime Brancovitsch, qui rappela aux princes rivaux qu'ils appartenaient à la même nation.

LA SUCCESSION D'ETIENNE-LE-GRAND. — Bogdan avait seulement la mission de garder la Pocutie que les Polonais ne devaient pas tarder à lui disputer. Si, en briguant la main d'Elisabeth, fille de Casimir, qui, après avoir été la promise du « Borgne », épousa plus tard le petit prince allemand qu'elle lui préférait, le Moldave déclara renoncer, mais dans ce seul cas, à la province nouvellement acquise, il revint naturellement sur sa promesse, aussitôt que cette alliance de famille lui apparut impossible. Sous Sigismond, l'ancien prétendant à la possession de la Moldavie, qui venait de succéder, en 1506, à son frère Alexandre, les troupes du Voévode, qui n'avait pas encore renoncé au mariage polonais, revinrent en Pocutie, et une grande expédition dévastatrice les amena jusqu'à Lemberg. Ce ne fut qu'en 1510, après une revanche polonaise qui atteignit la Moldavie septentrionale, que Bogdan, déjà marié à la fille du prince de Valachie, Mihnea, conclut une paix définitive: tout en remettant à l'arbitrage du roi de Hongrie la question pocutienne, il abandonnait de fait ses prétentions. Sept ans plus tard, le fils, brave mais inconséquent et malheureux, du grand Etienne, mourait aux prises avec ces Tatars dont la rapacité avait été stimulée par la présence du prince ottoman Sélim, futur successeur de son père Baïézid.

Encore moins fortuné avait été le sort de la Valachie à laquelle Bogdan se trouvait rattaché à la fois par l'origine de sa mère, par la tradition politique de son père et aussi par son mariage. Mihnea, successeur de

Radu, n'était que le fils naturel de l'Empaleur, installé par les Turcs qui gardaient la Marche du Danube, fonda et enrichit des monastères, mais, cruel et débauché, il finit par être chassé; son successeur, un nouveau et très jeune Vlad, frère de Radu, bien que confirmé par ces mêmes begs, périt par ordre de leur chef, Mohammed, qui résidait à Nicopolis. Il fut remplacé par le candidat des féodaux de l'Olténie, de la famille boïar de la Craiova, apparentée au jeune Basarab: quatre frères disposant de richesses énormes. Ce Neago prit donc le nom de Basarab et, suivant la tradition pieuse du moine Vlad et du « Grand Radu ». il put vaquer à ses occupations paisibles de prince artiste jusqu'à sa mort, en 1521. La succession fut disputée alors entre son fils, l'enfant Théodose, et toute une série de concurrents qui surgirent contre la régente Militza, nièce de Maxime Brancovitsch, et contre Preda, frère de Neago, sur différents points de la principauté.

Le mieux doué de ces « fils de prince » (*domnisori*), un autre Radu, originaire d'Afumati, fils de Radu-le-Grand, ne parvint à se maintenir que par toute une série de combats, souvent victorieux, livrés d'un bout de la Valachie à l'autre, sans compter quelques retraites en Transylvanie et l'intervention armée du Voévode de cette province, Jean Zápolya, en sa faveur. Il tomba, en janvier 1529, sous les coups de conspirateurs à Râmnicul-Vâlcii. De son côté, la Moldavie eut, après la mort de Bogdan, la régence du vieux boïar Arbure, qui avait servi Etienne-le-Grand. Un nouvel Etienne, encore mineur, était le prince nominal du pays, et, lorsqu'il put régner par lui-même, ce jeune tyran aux instincts féroces fit exécuter son ancien tuteur et les deux fils d'Arbure; il espérait pouvoir étouffer dans le sang les révoltes que ne pouvait manquer de soulever le régime de terreur instauré par lui et auquel il ne sut même pas donner le lustre de la gloire à un moment où les Tatars infestaient les frontières moldaves.

Le nouveau Sultan, fils de Sélim, ce sombre Soliman que l'histoire devait orner du titre de « Magnifique », empereur de Byzance, dans la conscience de son glorieux héritage, s'était, en effet, levé pour en finir avec les troubles que provoquaient sur le Danube l'ambition et les discordes des derniers princes chrétiens. La Hongrie avait succombé, après la prise de Belgrade, à la bataille de Mohács, en 1526, et son dernier roi, abandonné par les siens, avait péri dans les marais du fleuve, lorsqu'un crime des boïars trancha les jours du criminel prince de Moldavie et ouvrit ainsi la voie à un autre fils d'Etienne-le-Grand, à un des enfants de ses nombreuses amours chantées par la légende, Pierre, appelé, d'après le nom de sa mère: Rares.

En Valachie, le faible Vladislav, successeur, imposé par les Turcs, de Radu, et deux princes du nom de Vlad, ne firent que paraître sur la scène. Là, régnait l'agitation perpétuelle d'une classe de boïars trop nombreuse, trop pauvre et trop peu cultivée pour songer à la tranquillité du pays et lui préparer un avenir. Mais la Moldavie, qui dominait cette Valachie de toute la hauteur de son régime d'ordre, garanti par une dynastie généralement respectée, avait repris son essor conquérant.

La Pocutie ne fut pas oubliée; en 1531, elle fut envahie par Rares qui subit une grande défaite à Obertyn, échec qu'il sut bientôt venger en repoussant les Polonais entrés sur son territoire et réparer par l'énergie d'une politique de résistance appuyée par un riche Trésor et une armée permanente. Sept ans plus tard, un nouveau conflit avec ses voisins, qui assiégèrent Hotin, amena l'intervention décisive du Sultan et la fin de l'indépendance moldave. Mais la grande préoccupation de ce prince fut la Transylvanie, où la catastrophe de 1526 venait d'ouvrir des voies nouvelles, par la double élection royale de Ferdinand d'Autriche et du Voévode Jean Zapolya et, bientôt après, par l'immixtion des Turcs, qui se taillèrent dans le corps du royaume le pachalik de Bude, puis, dans le Banat, celui de Temesvar.

LA QUESTION DE LA TRANSYLVANIE AU XVIᵉ SIÈCLE. — Déjà les Szekler étaient habitués à optempérer aux injonctions des princes de la Moldavie; Rares était l'ami de la plupart des nobles qui s'étaient récemment établis au milieu des communautés libres de paysans guerriers. Lors de sa retraite au-delà des montagnes en 1538, il fut reçu dans cette région comme au milieu des siens. Les deux places de refuge accordées à Etienne-le-Grand, surtout celle de Ciceu, qui dominait tout un groupe de villages roumains et étaient en relations étroites avec les mines de Rodna et avec Bistritz, représentaient l'ancien emporium saxon du côté de la Moldavie, régions où les châtelains moldaves recueillaient des revenus pour leur prince. Dans le Marmoros voisin, subsistaient, depuis la fin du XIVᵉ siècle, les anciennes familles des knèzes et des Voévodes roumains; dans leurs lettres privées et dans leurs contrats mêmes, ils employaient, non pas le latin, ni le slavon, mais leur propre langue maternelle; un monastère bâti par la famille de Dragos avait obtenu du Patriarche de Constantinople un privilège de « stauropygie exarcale », permettant au supérieur de remplir les fonctions d'évêque, aussi bien dans les comtés voisins à l'Ouest que dans ce district de Bistritz. Ce couvent de Saint-Michel à Peri, envahi bientôt par des moines russes, fut entravé cependant dans son développement par les prétentions de l'évêché slave de

Munkács. Etienne choisit alors pour centre religieux, orthodoxe et roumain de son fief transylvain le village de Vad, sur la rivière du Someş (Szagos), où il fit bâtir une belle église gothique; un évêque, consacré par celui de Suceava, sa capitale, y résida pendant tout le XVIᵉ siècle. A Cetatea-de-Balta, entre les grands établissements saxons, une expansion moldave était plus difficile, et le burgrave dut se borner à recueillir ses droits sur la foire importante qui s'y tenait une fois par an.

Les princes de Valachie avaient perdu ce « duché de Fogaras et d'Omlas », que Vlad l'Empaleur réclama, en pillant et en massacrant, au moment même où il demandait l'extradition des prétendants au trône valaque, et qui resta dans le titre de ses successeurs jusque vers 1700, non sans qu'on rencontre au moment favorable de nouvelles prétentions roumaines sur ce fief. En échange de ces riches et belles régions, près des montagnes de la frontière, de simples places fortes furent attribuées aux Voévodes fidèles pendant le XVIᵉ siècle: ils eurent ainsi des châteaux à Stremt (Aldyod, Algyogy), à Vint (Alvincz), à Vurper (Borberek); c'était le temps où Pierre Rares et ses contemporains valaques durent intervenir une dizaine de fois en Transylvanie, avec des intentions qui n'étaient certainement pas seulement celles d'exécuter les ordres du Sultan. Aussitôt, dans ces villages de population roumaine, surgirent des églises orthodoxes et des monastères dont les supérieurs, protégés aussi par de nobles magyars influents, exercèrent, comme leurs collègues du Marmoros, mais sans avoir un privilège formel de la part du Patriarche byzantin, les fonctions épiscopales, à côté des « protopopes », des archiprêtres d'ancienne tradition indigène. Déjà le fief de Fagaras avait eu son évêque au-delà de l'Olt, dans le village de Galati; à partir du milieu de ce même siècle, on trouve ces évêques à Rameti (les Hermites), dans la montagne de l'Ouest, à Gioagiu (Felgyogy), puis dans l'ancien couvent de Prislop, du côté de Hateg (Hatszeg); quelques émigrés balcaniques plus ou moins frottés d'hellénisme vinrent aussi faire souche d'évêque; un de ceux-là, Marc, s'établit aux portes mêmes de Cluj (Klausenburg), une des plus grandes villes saxonnes à cette époque, tout près de la forêt gardée par une colonie valaque à Feleac, où subsiste encore l'église gothique enrichie par les dons des princes roumains. Un de ces prélats émigrés, Jean de Caffa, avait été contraint par Jean de Hunyady et son collaborateur dans la croisade, Saint-Jean de Capistrano, d'adopter la confession catholique.

Il faut penser aussi à l'émigration valaque; les querelles incessantes pour le trône jetaient en Transylvanie presque annuellement des boïars persécutés, des conspirateurs convaincus de leurs mauvaises intentions, des princes qui avaient régné ou seulement des prétendants qui avaient déjà manifesté le désir de reprendre l'héritage de leurs pères ou de leurs ancêtres. Il y avait dans leur suite des guerriers qui comptaient revenir sous les drapeaux de leur maître, des clients de toute espèce, même des évêques, des prêtres, des moines qui étaient leurs conseillers et leurs secrétaires, en même temps que les émissaires les plus habiles de leur cause. Tout un monde féminin les accompagnait, et les vêtements de l'Orient, empruntés à Byzance et au nouveau monde balcanique, les pierres précieuses qui représentaient dans l'incertitude continuelle un placement de capital, les fêtes brillantes et bruyantes de ces hôtes, ajoutaient un ornement étrange à la vie laborieuse, mais très mesquine, de ces bonnes cités saxonnes qui tiraient profit du séjour de ces émigrés sans se plier à leurs habitudes et sans les aimer le moins du monde. Des ambassadeurs venant annoncer les changements de domination et d'autres événements d'une vie perpétuellement agitée étaient logés, défrayés et présentés par les « très sages » magistrats du Conseil, par les nobles des châteaux et par les dignitaires magyars de la province. Bien que l'occupation par les Turcs de la rive gauche du Danube, avec tous les gués importants, eût réduit sensiblement un commerce jadis florissant, on rencontrait journellement dans ces villes allemandes du roi de Hongrie, à côté des Grecs, des Arméniens, des Turcs même, les marchands valaques et moldaves, qui, s'ils n'apportaient pas toujours les épices et les riches étoffes de l'Orient, nourrissaient la nombreuse population des villes avec les poissons du Danube et les bœufs de la Moldavie, sans compter qu'ils vendaient la cire, le miel, les peaux, le sel et autres produits des deux principautés.

Dans ces conditions, la vie roumaine des villages transylvains devait, non seulement se maintenir, mais progresser aussi, comme organisation et comme conscience de race. Il suffisait à un Voévode de faire flotter une seule fois ses drapeaux à l'aigle valaque ou au bison moldave pour s'en convaincre, s'il n'avait pas, du reste, passé dans cette contrée ses années de refuge et de misère. Il n'était pas le seul à savoir ce que voulait instinctivement cette population si nombreuse et si profondément attachée à sa langue, à sa religion et à ses coutumes. « Certains Valaques », écrivait, en parlant de Rares, un clerc hongrois bien renseigné sur les affaires de Transylvanie, « possèdent une grande partie de ce royaume, et, à cause de la communauté de langage, ils se rangeraient facilement à ses côtés ». « Les Roumains de Transylvanie », écrit un autre témoin contemporain, y sont beaucoup plus nombreux que les Serbes en Hongrie ».

Ces Roumains désiraient d'autant plus la domination de leur frère moldave qu'ils étaient la principale victime d'un système d'oppression sociale qui ne faisait que s'appesantir et qui devint intolérable au milieu des combats entre les partisans de la Maison d'Autriche et les défenseurs enthousiastes de la Couronne magyare du Voévode Zapolya. Avant l'apparition de Jean Hunyady, comme chef de la croisade danubienne et comme vrai maître de la Hongrie, la grande révolte de 1437 avait réuni contre les seigneurs et les bourgeois étrangers des villes les serfs « valaques » et ceux des Magyars qui en étaient arrivés à partager leur sort. Dans ce pays de privilèges, où chaque « nation » cherchait à obtenir une charte constitutionnelle, ils s'étaient constitués en corps politique, en « Université » de paysans, et réclamaient un adoucissement de leur sort. Il en résulta une lutte acharnée, qui finit par « briser la témérité de la plèbe », condamnée ensuite à payer les frais du sanglant conflit. Les anciens membres légaux de la communauté transylvaine se confédérèrent alors, par l' « Union des trois nations », contre ceux qui avaient menacé un moment leur situation supérieure. Mais déjà sous le roi à demi-valaque que fut Matthias, on faisait une distinction essentielle entre les serfs qui étaient de « sang magyar » et les autres. Le nouveau code « moderne » de la Hongrie, élaboré après la journée de Mohacs par le chancelier Verboczy, devait être pour les aborigènes valaques ce que le *doomsday book* des Normands avait été pour les aborigènes anglo-saxons de la Grande-Bretagne.

Il y avait eu une noblesse valaque dans la Transylvanie proprement dite aussi bien que dans le Marmoros et le Banat. A cette noblesse appartenait le téméraire Etienne Mailat (Majlath), qui réussit à devenir le Voévode presqu'indépendant de la province et qu'une intervention de Rares, son rival pour la possession de la Transylvanie, fit entrer dans les prisons de Constantinople, où l'attendait la mort. Elle avait continué à servir tous les chefs militaires de ces régions. Les descendants des knèzes et des Voévodes n'avaient guère oublié leur langue, qui dominait encore, sous le régime des Bans, vers 1550, dans les pays de Lugoj (Lugas) et de Caransèbes (Karansebes), sur les frontières de la principauté des Basarab, qui porte dans des rapports italiens le nom de « Valachie Citérieure ». Le district de Hunyad (Inidioara) était encore rempli de ces chevaliers valaques. Mais une autre religion, une autre vie sociale, une autre tendance politique, avaient déjà gagné leurs âmes, qui en furent lentement transformées. Leurs congénères, après avoir participé en masse à toutes les jacqueries des premières années du XVI° siècle, comme celle du « Tzar Ivan » proclamée par les Serbes, ne pouvaient plus même se révolter, sous la surveillance continuelle de leurs maîtres; ils n'eurent donc d'autre espoir et d'autre appui que dans ces princes de leur race dont ils voyaient si souvent passer les armées à travers leurs villages asservis.

Nous ne suivrons pas, dans ce bref résumé, les détails de cette politique « perfide » qui parut assurer un moment au prince moldave, habile à employer toutes les vicissitudes politiques de la Transylvanie, la possession réelle de la province entière. Zapolya, qui s'appuyait du reste aussi sur la noblesse valaque du pays, réveilla l'ambition de Rares, en lui offrant dès le début de son règne la ville de Bistritz, que les Moldaves convoitaient depuis longtemps et sur laquelle des revenus avaient été assignés aux Voévodes antérieurs par le roi Louis II. Dès 1529, les Moldaves passent la frontière pour imposer au Szekler le retour aux anciennes conditions de vassalité; Bistritz, qui du reste ne fut pas occupée et qui permit seulement plus tard à son suzerain une entrée solennelle, était déjà considérée, avec tout le district jusqu'à Rodna, comme dépendant de la principauté voisine, car Pierre nomme les bourgeois saxons « ses sujets et fidèles ». Quelques mois après, le commandant de l'armée princière, le Vornic (majordome, Palatin), Grozav, remportait sur les Saxons, partisans du roi Ferdinand, une grande victoire décisive à Feldioara (Foldvar), près de la rivière de l'Olt; l'avant-garde des vainqueurs pénétra jusque dans le voisinage de la Fehervar des Voévodes magyars qui était considérée comme le chef-lieu de la Transylvanie. Puis ce fut le siège de Brasov-Kronstadt, qui résista énergiquement au prince lui-même, bien qu'il dirigeât contre les bourgeois, en même temps que les boulets des canons pris dans sa victoire, les phrases menaçantes de ses missives, d'une rudesse exagérée, reflétant le fond passionné de son âme. Ils se rachetèrent, tout en reconnaissant Rares comme leur « protecteur », au nom de Zápolya. Sighisoara (Segesvar), Fagaras (Fogaras), même Medias (Megyes) suivirent cet exemple. Etablissant ses douaniers dans le district du « Burzenland » saxon, à Prejmer, le Moldave commençait à se poser en maître absolu de la province, « conquise par le sabre », qu'il déclarait « ne vouloir céder à personne ». « Ce traître moldave veut la province pour lui-même », exclamait avec indignation un Saxon auquel le roi Ferdinand venait d'attribuer les fiefs d'Etienne-le-Grand, avant d'avoir pu les arracher à son successeur.

La campagne intempestive et malheureuse de Rares contre la Pologne lui fit perdre, en 1531, une situation déjà acquise par son intelligence et son énergie.

Zápolya, dont il avait fait semblant de soutenir la cause, put donc s'installer en Transylvanie; de son côté, le Sultan Soliman comptait y installer le bâtard du doge vénitien, Aloisio Gritti, aventurier prétentieux et gâté par le sort, dont il avait fait un gouverneur de la Hongrie. La noblesse magyare s'étant soulevée contre l'intrus, le prince moldave, qui était intervenu au nom de Ferdinand contre le protégé de son suzerain, réussit à faire périr ce concurrent, de même que, dix ans plus tard, il devait se débarrasser de son propre congénère, Mailat. Pour le moment, il était devenu cependant le vassal du roi des Romains en guerre avec Zápolya, qui fit attaquer par ce Mailat les fiefs moldaves de la province.

Ce fut cependant dans Ciceu, sur lequel s'étendait déjà l'autorité du roi magyar, que Pierre dut chercher un refuge en 1538, lorsque le Sultan, dont les Polonais, ainsi que nous l'avons dit, avaient réclamé l'intervention, envahi la Moldavie. Il n'y avait pas eu de grande bataille; les boïars ne possédaient pas cette jeune énergie qui avait permis à Etienne-le-Grand de jouer un rôle si brillant comme représentant des intérêts de sa race entière. Ils abandonnèrent un fauteur de guerres, toujours en quête de nouvelles provinces. Soliman, ayant fait plutôt un voyage triomphal à travers un pays abandonné, n'osa pas cependant pousser à bout cette classe, encore bien vivante, de la noblesse moldave: celui qui avait détruit le royaume de Hongrie et envoyé à Bude un beglerbeg pour le représenter, se borna à confier sa conquête récente aux faibles mains d'un petit-fils d'Etienne-le-Grand, un nouveau et méprisable Etienne, dit Lacusta, dont le règne devait finir bientôt sous le fer des assassins, un Voévode de la revanche, Alexandre Cornea, ayant pris sa place.

DÉCADENCE POLITIQUE DES ROUMAINS SOUS LA SUZE-

RAINETÉ ABUSIVE DES TURCS. — Pierre n'avait pas eu cette vision nette des circonstances qui avait distingué l'activité heureuse de son père. La Pocutie, dont la possession ne formait pas une nécessité vitale pour la terre moldave, avait amené le fils à abandonner la Transylvanie, qui en était une dépendance naturelle, et maintenant il venait de perdre son héritage même par suite d'une nouvelle tentative, tout aussi vaine, du côté du Nord.

Echappé aux instincts vengeurs de Zápolya et à la punition du Sultan, dont il était allé résolument solliciter la grâce à Constantinople, prêt, comme les « signori » d'Italie, ses contemporains, à tout risquer pour réaliser ses intentions et, avant tout, pour gagner le pouvoir et en jouir, Rares redevint dès 1540 prince de Moldavie. Mais, s'il était resté, malgré ces épreuves, le même, le pays avait bien changé, et sa propre situation, et d'autant plus celle de ses successeurs, devait être bien différente. Il ne fallait plus même penser à ces legs d'Alexandre-le-Bon qui avait été si fatal à la Principauté. De plus, une large bande du territoire moldave, avec l'ancienne ville de Tighinea devenue le Bender (« Porte ») des Turcs, venait d'être réunie au territoire de la raïa danubienne. En Transylvanie, Rares n'avait plus même ses fiefs, confisqués par Zápolya, qui les avait transmis à sa femme, la reine Isabelle. Après que Mailat eût fini de régner, il fallut néanmoins de longues réclamations et de nouvelles interventions militaires pour obtenir la rétrocession, non plus des forteresses mêmes qui avaient été démolies de fond en comble, mais du territoire que recouvraient les ruines, jusqu'à Rodna, où les fils de Pierre recueillaient encore le produit des mines d'argent.

De ces fils, l'un, Elie, ancien ôtage de la Porte, finit par passer à l'islamisme pour devenir, lui, qui avait rêvé d'une domination plus large en récompense de son apostasie, simple Pacha de Silistrie; le cadet, Etienne, périt par la débauche, comme avait péri jadis, par la cruauté, son homonyme, le fils de Bogdan. Un enfant naturel de Bogdan, Pierre, occupa le trône; il se fit appeler Alexandre, dit Lapusneanu, surnom qu'il devait à sa mère, femme de Lapusna, sur le Pruth; il entra plusieurs fois en Transylvanie, mais seulement pour y exécuter les ordres du Sultan, qui voulait y rétablir la reine exilée, Isabelle, et son jeune fils, Jean-Sigismond. Il réclama et obtint, il est vrai, l'emplacement des châteaux sur lesquels avait flotté jadis si fièrement l'étendard moldave; mais de pareilles annexes n'avaient plus d'importance politique du moment que l'indépendance de la Moldavie, dépouillée et surveillée, venait de sombrer.

Déjà la Valachie avait passé, sous un autre moine paisible, venu d'Arges, Paisie devenu le Voévode Radu, puis sous son fils Petrascu-le-Bon, enfin sous un ancien marchand de moutons à Constantinople, Mircea-le-Pâtre; elle n'était plus qu'une dépendance chrétienne autonome, vivant d'après ses coutumes archaïques, du grand Empire romain de Soliman-le-Magnifique. Si Pierre Rares avait été le premier prince moldave nommé à Constantinople, — et encore ce fait était-il dû à un concours exceptionnel de circonstances, et s'agissait-il seulement d'une confirmation, d'une restitution, — Mircea et même, à ce qu'il paraît, son prédécesseur, avaient été choisis par les dignitaires de Constantinople parmi les « fils de princes » qui commençaient à chercher une autre place de refuge que celles de la Transylvanie. Ce sera dorénavant la coutume. Pour la Moldavie aussi, il y eut appel au Sultan et confirmation par la Porte, quand Alexandre le Moldave eut été remplacé par un bizarre aventurier crétois qui avait été successivement officier, conseiller stratégique, commensal et parasite de Charles Quint, du duc Albert de Prusse et des seigneurs polonais: c'était Jacques Basilicos, l'Héraclide, dit « le Despote », — car il prétendait être, non seulement « marquis » de Paros et de Naxos et rejeton d'Hercule, mais aussi descendre des Brancovitsch serbes. Sur l'un et l'autre des trônes roumains on trouve désormais toute une série de bâtards, qui, après avoir prouvé leur filiskan, et exhibé même les signes secrets qui en portaient témoignage, achetaient la reconnaissance de leurs droits aux Vizirs, aux Pachas, aux fonctionnaires du Sérail et, surtout, sous les Sultans efféminés qui succédèrent à Soliman, aux femmes du palais, Sultanes-mères, Sultanes-épouses, simples concubines, et aux favoris masculins, aux « moussaïps » et aux eunuques.

En Moldavie, Jean-le-Terrible (1572-1574), qui dut son surnom uniquement aux supplices qu'il infligea aux boïars et aux prélats riches dont il convoitait l'argent, se distingua, dans ce milieu exsangue de fantômes, par sa révolte contre les exigences insupportables des Turcs avides; mais, en Valachie la lignée de Mircea-le-Pâtre, celle de l'ancien tyran Mihnea, dont un petit-fils homonyme renouvela l'apostasie d'Elie et, — en Moldavie —, Pierre-le-Boiteux, Valaque d'origine, et Jean le Saxon, fils naturel de Rares, conçu pendant le siège de Brasov, ne firent qu'inscrire leurs noms dans les annales d'une vassalité méprisée. Jean, vaincu malgré le concours des Cosaques du Dniéper, qui avaient été formés sous l'égide de l'indépendance moldave et organisés par Démètre Wizniewieczki, petit-fils par sa mère du grand Etienne, fut déchiré par quatre chameaux auxquels on avait attaché ses membres. C'était, malgré la violation d'une capitulation formelle, le châtiment d'un rebelle, pris sur le champ de combat; mais lorsque Mihnea, pour échapper à l'emprisonnement et à la mort, dut abandonner la religion

de ses pères, lorsque son concurrent Pierre, fils du
« bon » Petrascu, après avoir perdu le Siège princier,
eut été traîtreusement noyé dans le Bosphore, lorsqu'enfin Alexandre, petit-fils homonyme du vieux Lapusneanu, qui n'avait régné sur la Valachie qu'autant
qu'il fallait pour se gagner le surnom de « Le Mauvais », eut été pendu en habit de parade sur une place
de Constantinople, on vit bien quel cas faisaient désormais les maîtres turcs de ces jouets misérables de leur
corruption toute-puissante. Celui-là même qui devait
faire revivre l'ancienne gloire roumaine, Michel-le-
Brave, celui qui devait conquérir la Transylvanie en
1599, commença par acheter à beaux deniers comp-
tants l'appui de l'ambassadeur anglais à Constantinople, Barton, et du plus riche parmi les banquiers chrétiens de la Porte, Andronic Cantacuzène, plus impérial
de nom que d'occupations. Son contemporain et son
auxiliaire moldave, Aaron, oncle d'Alexandre-le-Mau-
vais, n'était que le client des janissaires déchus, qui
étaient devenus les créanciers attitrés de ces princes
qu'une manifestation de leurs bandes à Constantinople
suffisait pour faire rappeler et « punir ».

Cette politique indépendante des Roumains qu'E-
tienne-le-Grand avait fondée et développée, cherchant
à faire des deux principautés, malgré leurs dynasties
différentes, un seul et même corps pour les relations
avec l'étranger, n'avait pas duré un siècle après sa
mort. C'est que le maintien d'un Etat carpatho-danubien sur la base de l'indépendance nationale était impossible, autant par l'étendue disproportionnée de
cette ligne du Danube qu'il aurait fallu maintenir contre les attaques continuelles des Turcs, déjà maîtres
des hauteurs dominantes de la rive droite, que par les
convoitises des voisins chrétiens, qui pensaient à ces
pays roumains beaucoup plus pour les envahir que
pour les défendre au profit de la chrétienté, et, en der-

nière ligne, par cette nouvelle vassalité turque qui fut imposée en Transylvanie, jadis un point d'appui naturel pour la défensive roumaine, au moment où les Zápolya et leurs successeurs, les Báthory, demandèrent l'appui du Sultan contre les appétits conquérants de la Maison d'Autriche.

Cette paix ottomane était lourde d'humiliations et d'interdictions de toutes sortes; elle demandait le payement d'un tribut sans cesse accru; car si, sous Rares, la Moldavie payait 10.000 ducats, sous Pierre-le-Boiteux on en demandait déjà 30.000 et la somme à laquelle étaient astreints les Valaques atteignait le double. A cela s'ajoutèrent des présents annuels, des pourboires incessants, des fournitures de provisions à prix fixe, d'abord pour les troupes en campagne, puis pour les soldats de Constantinople et pour toute la ville impériale. Néanmoins cette paix eut l'avantage de mettre fin aux agitations politiques et permit ainsi le développement de cette civilisation nationale qui permettrait pour l'avenir d'entrevoir un idéal plus élevé.

CHAPITRE VII

Eléments de la civilisation roumaine

à l'époque moderne

ELÉMENTS POPULAIRES DE LA CIVILISATION ROUMAINE.
— Une partie des éléments de la civilisation roumaine
qui se développa depuis le xve siècle était d'ancienne
origine populaire. Nous avons déjà signalé la riche hérédité thrace, contenant tout un système d'habitations,
d'exploitation agricole, tout un art primitif, commun
à tous les peuples voisins ayant la même base ethnique primordiale, Serbes, Bulgares, Albanais, Grecs
même, au Sud, et, au Nord-Est, Ruthènes; puis, dans
l'ordre spirituel, les mêmes coutumes, les mêmes superstitions, la même mélodie des chants populaires, les
mêmes rythmes simples de la danse (le roumain *hora*
est encore le terme grec classique) et jusqu'aux mêmes
allures d'une syntaxe qui marque d'un sceau archaïque
tous les parlers de ces régions.

A voir l'aspect des maisons à un seul étage, avec
leur foyer séparant deux chambres, avec leur ballus-
trade de bois sculpté, avec leur large cour et leurs
haies de branches entrelacées, à contempler les lignes
des vêtements, la forme du bonnet et celle du manteau
jeté sur les épaules, la chemise ornée de dessins multicolores sur ces épaules, sur la gorge et sur les manches,
la ceinture de laine ou de cuir, ornée de brillantes
pointes de métal et contenant tout un appareil d'armes
et d'outils, le pantalon de toile et les sandales de cuir;

à étudier les formes différentes des ornements de ces vêtements, ainsi que des lignes qui se détachent sur les tapis de fabrication domestique et les contours des ustensiles et la poterie populaire; à constater enfin l'aspect des champs labourés, on a, de la Theiss à la mer Noire et du Ténare au Tatra et au Bechkides, l'impression de se trouver sur un même territoire de civilisation rustique. Cette impression sera confirmée si l'on écoute les chants mélancoliques de la *doïna* roumaine, les accents vivaces qui incitent les danseurs de la *hora*, si l'on suit les mouvements d'enlacement, de trépidation sur place, d'élégant défilé de cette danse; enfin si l'on prête l'oreille aux récits en prose de ces *basme*, de ces *povesti*, dont la lointaine origine doit être cherchée dans les fables de l'Asie indienne, riche en fantaisie et en enseignements moraux; si l'on se pénètre du sel de ces facéties qui animent les soirées populaires des *sezatori*, où les fuseaux déroulent le fil ténu du chanvre et du lin; si l'on assiste aux processions des rois mages avant Noël, aux vœux présentés sous les fenêtres spécialement éclairées du village par les enfants qui viennent célébrer, en chantant, les « fleurs blanches », la naissance du Seigneur; aux farces bruyantes et triviales du moyen âge, qu'on rencontre, pour la Nouvelle Année, déjà dans le Durostorum du moyen âge; si l'on se pénètre des coutumes, des cérémonies touchantes qui accompagnent la fête de Pâques, bien que cette grande fête chrétienne soit restée étrangère aux vieux décor de l'époque païenne.

L'influence romaine sur ce fond thrace primitif fut profonde. Le vocabulaire roumain ne peut renseigner là-dessus que d'une manière bien insuffisante, car un grand nombre des notions désignées par des termes d'origine latine étaient indubitablement déjà connues par les indigènes avant la première apparition des émigrés italiens, d'autant plus avant l'œuvre accomplie par les légions sur la rive gauche du Danube, et, d'autre part, un grand nombre de mots latins ont cédé la place à des mots slaves, choisis pour tel ou tel avantage ou imposés par les marchands slavo-byzantins des cités danubiennes. Néanmoins, ce vocabulaire peut servir à montrer quel était le capital de civilisation élémentaire possédé par le peuple roumain au moment où il entra en relations avec de nouveaux facteurs ethniques, par l'invasion, le voisinage, la cohabitation ou seulement par l'influence des courants de culture.

Les termes qui regardent la maison avec ses différentes parties, sont latins: *casa* (maison), *fereastra* (fenêtre), *usa* (*ostium* porte), *coperemînt* (couvrement), *scara* (escalier), *strat* (*tratum*, lit); plus tard on employa le terme *pat*, d'origine byzantine ou peut-être même latine (1) et il en est de même pour ceux qui désignent les meubles: *masa* (*mensa*, table), *scaun* (*scamnum*, chaise), ou les ustensiles de ménage et les outils *ac* (aiguille), *ata* (fil), *degetar* (doigtier), *foarfece* (*forbices*, ciseaux), *cutit* (couteau), *furculita* (fourchette), *teaca* (gréco-latin : *theca*, gaine), *oala* (*olla*, pot), *ulcior* (*urceolus*, urne), *galeata* (cf. fr. galette, unité de capacité pour l'eau et pour les grains), *pahar* (bocal), *cupa* (coupe). Il faut mentionner spécialement les termes qui désignent les occupations du paysan aux *champs* (*câmp*) et celles de sa femme dans l'économie domestique. Si le mot *plug* est d'origine germanique, labourer s'appelle *a ara*, semer *a samana*, cribler *a treira*, récolter *a secera*, *a culége*; la paille s'appelle *paiu*, le foin, qu'on coupe avec la *falce*, faulx, *fân*); la sécheresse, c'est la *seceta* (*siccitas*).

Toutes les variétés des *céréales* et des *légumes* portent des noms latin: *grâu* (blé), *orz* (orge), *ovas* (avoine), *sacara* (seigle), *meiu* (millet), puis: *fasole*

____

(1) Communication de M. le professeur V. Bogrea.

(*faseolum*, haricot), *faua* (ancien terme pour fève), *ceapa* (cepa), *aiu* (ail), *curechiu* (*cauliculum*, choux). Le dernier produit du travail de l'agriculture porte aussi des noms de même origine: *faina* (farine), *lamura* (farine de première qualité), *pâne* (pain). Le vocabulaire de la viticulture: *vita* (*vitis*), *aua* (*uva*), vin, *bute* (tonneau, it. *botte*). Tous les noms d'arbres fruitiers et un assez grand nombre d'arbres forestiers sont tirés du latin: *prun, mar* (*malus*), *gutuiu* (*malus cydonia*, coing), *ceres* (cerisier), *par* (poirier), *fag* (*fagus*), etc. (le gland s'appelle *ghinda*).

En ce qui concerne l'industrie populaire, les femmes tissent avec leur *furca* et leur *fuior* (les deux termes sont d'origine latine); le « ghem » (cf. agglomérer) déroule son *fir* (fil) de chanvre (*cânepa*) ou de lin (*in*), pour former le *tort* (de *torquere*; l'opération s'appelle *a toarce*, et il y a aussi le verbe *a urzi, ordire*) de toile (*pânza:* on a un correspondant latin). Les étoffes de laine (*lana*) s'appellent dans le vieux langage roumain *panura*, du latin *pannus*, bien que le terme de *postav*, d'origine slave, ait été importé plus tard par les marchands étrangers. Pour fabriquer ce drap, selon les anciennes méthodes simples, on emploie le pillon, la *piua, piva* (*pillula*), qu'on rencontre encore près des cours d'eau dans des clairières de forêts, où elles font entendre jour et nuit leur bruit monotone. Coudre, *a coase*, est tiré du même fonds.

Les pièces principales du vêtement populaire ne sont pas empruntées au trésor slave: s'habiller se dit *a se îmbraca*, d'un terme qui rappelle les *braccae*, les « braies » des Sarmates (français: débraillé), aussi bien que des Gaulois; mais le vêtement s'appelle aussi *vesmânt*. On rencontre la chemise, *camasa*, la ceinture *brâu* (*branum*), la courroie, *curea*, la *sarica* des barbares, qui a conservé le nom latin, la chaussure, *încaltaminte* (*calceamentum;* il y a aussi le vieux terme *calce*); même les boucles d'oreilles, *cercei* (*circuli*), ont conservé leur ancienne dénomination, de même que les bracelets, *bratare*. Citons aussi le bouton, *nasture*, dont le nom a été transmis du latin. Le peigne est *pieptene*, et l'on a gardé du fonds ancestral, avec le balai, *matura*, le savon, *sapun*, *sopon*, et la lessive, *lesie*.

Dans un domaine plus spécial, la culture des abeilles s'est transmise sans interruption depuis l'époque des Agathyrses, avec les produits de l'*albina* (de *alb*, blanc): la *miere* et la *ceara*. Toutes les opérations de l'apiculteur sont rendues par des termes d'origine latine. Il en est de même pour le travail des mines. Tous les métaux: *aur*, *argint*, *arama*, *fier*, *plumb*, *cositor* (*cassiterium*, étain), et les minéraux: sel, *sare*, etc., ont gardé les anciens noms.

Pour les relations sociales, le vocabulaire latin donne tous les termes indiquant les relations de famille: *mama*, *tata* (père), *frate*, *sora*, *socru* (*socer*), *cuscru*, *cumna* (*cognatus*), *var primar* (cousin « premier »). Les noms des principaux artisans sont latins: *lemnar* (*lignarius*), *fierar* ou *faur* (*faber*), *rotar* (de *roata*, roue), *tâmplar*, celui qui fabrique des *templa* (d'autres noms, *dulgher*, *stoler*, pour les artisans du bois, sont entrés dans le trésor linguistique en même temps que les artisans étrangers pénétrèrent dans la communauté roumaine). Enfin le commerce s'appelle *negot*, négoce, le marchand *negustor*, marchander *a neguta*; on dit *pret* pour le prix, *masura* pour mesure; l'unité de longueur est encore le *cubitus* ancien, *cot*. Vendre et acheter seront donc *a vinde* et *a cumpara*, prêter, *a imprumuta* et le gain de l'emprunteur, l'intérêt, est la *dobânda* (latin *debenda*).

Les termes concernant les occupations du soldat et ses moyens de combattre sont restés intacts: *a se bate*, se battre, faire la veille, *a veghea* (cf. le substantif *veghe*, latin *vigiliae*). Le guerrier porte dans l' « ost ».

oaste, sous son chef, le *cap de oaste* (*capitan* paraît être de source byzantine tardive), un *coif* latin (casque), et il manie le sabre, *sabia*, l'épée, *spata*, l'arc, *arcul*, dont part la « saette » française de jadis, *sageata*; il fait retomber sur l'ennemi sa terrible massue: *maciuca*, de même origine. L'ancien nom du drapeau, avant le *steag* slave, est *flamura* (*flambura*).

On a vu qu'il en est de même pour la loi, pour le jugement et, en ce qui concerne la vie supérieure de l'âme, pour la religion aussi (1).

Cette couche première de civilisation contenait aussi des idées politiques et sociales que les influences ultérieures purent modifier, mais non remplacer. La vie rurale des *davae*, des *vici*, des *pagi* romains, des territoires autonomes, se perpétua à travers les siècles, avec sa communauté de sang entre les habitants d'un groupe villageois dépendant du même ancêtre, que des Roumains appellent « *mos* » (d'où le nom de *Mosneni*, *mosteni* pour ses descendants, et celui de *mosie* pour l'héritage terrien lui-même. Personne n'était propriétaire d'un terrain défini, dans cette exploitation fraternelle des champs de labour, où chacun avait le droit de cultiver sa « part » (*parte*; le mot en arriva à remplacer tout autre terme désignant la propriété), les limites de chaque lot, fixées par le degré de la descendance, n'avaient jamais été transposées sur le terrain qui ne connaissait pas de bornes (*margine*, d'origine latine, a seulement un sens géographique, et *granita*, de l'allemand Grenze, par le canal slave, ainsi que *hotar*, du hongrois, sont des termes importés à une époque plus récente). Chacun de ces groupes vivait par lui-même et pour lui-même, « adoptant » seulement — ainsi que nous l'avons montré — de temps à autre les jeunes gens qui,

____

(1) Cf. Sextil Puscariu, *Etymologisches Wörterbuch der Rumänischen Sprache*, 1905.

abandonnant tout leur passé, venaient se marier dans le village et se confondre dans son unité territoriale, familière et, pour ainsi dire, politique. Aussi le commerce cessa-t-il, et il n'y eut plus, à l'exception des foires au-delà des frontières ou de ces assemblées sur telle montagne entre plusieurs territoires, où on venait marier les jeunes filles (*târgul de fete*), que le troc des rares objets qui formaient le superflu d'une vie économique basée sur le seul travail domestique.

Si la vie rustique vient des Thraces, Rome avait infiltré dans l'âme des Thraco-Illyriens cette notion nécessaire, indispensable, de l'empereur, qui se rencontre aussi bien chez les Roumains que chez les Albanais. On a vu qu'elle empêcha au moyen âge ces aventures royales et impériales qui coûtèrent aux Bulgares et aux Serbes le meilleur de leur sang, les jetant dans des luttes incessantes dont le but devait être la couronne des Césars d'Orient ou celle de leurs concurrents d'Occident. Cette notion d'un seul droit politique, nécessairement légitime dans le sens traditionnel, permit aux Roumains de conserver l'idée d'Etat dans la forme modeste du Voévodat paysan, pour qu'elle pût se développer aussitôt, abandonnant cette aire rurale des Carpathes, au premier concours favorable de circonstances.

INFLUENCES BYZANTINES ET SLAVO-BYZANTINES. — Bien avant la première influence féconde de l'Occident, qui ne pouvait s'exercer que par un contact avec le monde colonisateur des Saxons de Transylvanie, au XIIe et au XIIIe siècle ou par le monde marchand des Italiens, donc à l'époque de l'activité des Gênois et des Vénitiens dans la Mer Noire, au XIIIe et au XIVe, une puissante influence, venant du Sud, féconda cette semence primitive de civilisation thraco-romaine, qui contenait des germes capables d'un développement supérieur.

Si les Byzantins, de tradition romaine, de langue grecque et de coloris oriental, ne passèrent le Danube que pour écarter la menace d'une attaque des Slaves, des Avars ou des autres Touraniens et pour affirmer les droits imprescriptibles de l'Empire, il y eut des relations incessantes entre les paysans de la rive gauche et les centres urbains qui conservèrent sans interruption, pendant tout le moyen âge, leur force de rayonnement économique sur la rive opposée. Plus tard, de grecs qu'ils étaient devenus après une première phase latine, ces centres gagnèrent un caractère slave, et nous avons déjà signalé l'apport de mots étrangers qui en résulta pour la langue roumaine.

Les monnaies byzantines, en commençant par celles du VIe siècle, sont très fréquentes dans tous les trésors monétaires qu'on a découverts dans ces régions. Mais, du moment que les Roumains n'avaient pas encore une vie organisée, un prince aux allures royales, une cour, une armée permanente, une vie sociale plus développée, avec tout le luxe d'une classe supérieure, se partageant les offices civils après avoir collaboré à la gloire du maître, cette influence de Byzance, d'un caractère surtout politique, ne pouvait pas s'exercer d'une manière sensible.

Les premiers Voévodes qui affichèrent la prétention d'être les *domni* « de tout le pays roumain », étaient encore de simples princes-paysans, continuant la tradition impériale dans les formes les plus modestes. S'ils se réfugiaient, au moment du danger, dans leur forteresse d'Arges, s'ils purent s'annexer le centre urbain de Câmpulung, fondé par les Teutons et habité par des bourgeois originaires de Transylvanie, s'ils avaient hérité des Tatars un système douanier et si, enfin, le Ban hongrois de Severin leur fournissait sa

monnaie (1), ils ne s'étaient encore assimilé rien de
ce qui distingue une vraie vie d'Etat, supérieure aux
simples usages patriarcaux.

La rapide arrivée en Valachie de nombreux éléments : prélats, lettrés, nobles, guerriers, que la conquête turque chassait de leurs patries balcaniques, dut
amener un changement presque inopiné. Il y eut bien
sous Laïco, protecteur du siège latin d'Arges, qui employait une chancellerie latine empruntée à la Hongrie
et scellait même ses actes, ses traités, d'un sceau avec
une inscription latine, une légère inclination de la ba-
lance du côté de l'Occident ; mais l'Orient trouva bientôt quatre chemins différents pour envahir la vie roumaine.

Il y eut d'abord l'influence directe de Constantinople,
qui, sous les Paléologues, devait reprendre, avec de si
faibles moyens matériels, l'ancien programme de la domination romaine. Le « despotat » était un moyen de
réunir tout ce qui s'était formé d'indépendant dans la
péninsule balcanique à la vie byzantine, à la dynastie
qui la représentait et l'incarnait ; car ce titre de despote, avec le droit de porter la pourpre sur le vêtement
et la chaussure, de faire broder l'aigle bicéphale des empereurs sur les chlamydes, les cnémides et les brode-
quins, n'était accordé qu'à ceux auxquels on avait fait
l'honneur du mariage avec une princesse impériale.
Mircea, le fils de Kallinikia, porte donc dans son portrait du couvent de Cozia un costume de chevalier franc
selon la mode introduite en Hongrie par les Angevins,
mais sur sa tunique de pourpre l'aigle se détache en
broderie d'or ; on a vu déjà que, étant « despote », il

---

(1) Cette monnaie s'appelait le « ban », qui circulait pour
les petites transactions, tandis que l'aspre et l'hyperpère de
Byzance (le mot *perper, parpar,* resta jusqu'à notre époque
dans le nom d'un impôt sur les vignes, le *parparit*) servaient
pour les gros prix.

avait gagné le droit de posséder légitimement l'héritage maritime de Dobrotitsch, « despote » lui aussi par ses liens de parenté avec les Césars. Maintenant une couronne d'or se pose, dans les peintures d'églises, sur la tête du *domn* aux longues boucles et à la barbe de Christ, comme celle des « basileis » de Constantinople. Il donnera des privilèges au bas desquels le vautour valaque posé sur le rocher sera bientôt remplacé, dans des sceaux comme ceux des chrysobules, par l'image byzantine et orientale des deux figures couronnées que sépare un arbre. Les formules de la chancellerie impériale feront ressortir le caractère « très pieux », « plein d'amour pour le Christ », de ce prince qui tient à être reconnu comme un « autocrate ». Il ne manquera pas de faire figurer au bas de ses diplômes le monogramme en lettres rouges contenant le titre du donataire. Enfin, si auparavant le Voévode ne pouvait que céder à un couvent ou à un soldat son droit de prélever la dîme sur ses sujets, maintenant il proclamera son droit impérial d'accorder l'immunité plénière, et bientôt on le verra confirmer toute mutation de propriété en vertu d'un droit supérieur qu'il s'attribuait sur le sol de sa « domnie », de son principat. Lorsque des princes valaques, comme Dan II, feront leur apprentissage à Constantinople, cette influence directe de Byzance n'en sera que plus forte; elle aurait continué à se développer par le contact immédiat, sans l'usurpation des Turcs à Andrinople qui rendit impossible, même avant l'établissement des Sultans dans la Capitale des empereurs, d'autres relations que celles par la Mer Noire et les Bouches du Danube.

Quant à la Moldavie, elle n'eut de relations politiques directes avec l'empire byzantin que sous le règne d'Alexandre-le-Bon. On trouve à cette époque des livres lithurgiques en slavon et en grec, des inscriptions grecques sur les murs de Cetatea-Alba et enfin des broderies, ornées du portrait du prince et de sa femme, dont le caractère d' « autocrates » est affirmé par une légende grecque. Comme Jean VII, empereur de Constantinople, associé à son père, le très vieux César Manuel, passa, en revenant d'Occident, par la Moldavie, vers le port de Chilia, on parla plus tard, non seulement de telle image dont il avait fait don à son hôte et qui continuait à faire des miracles dans le grand couvent de Neamt, mais aussi d'un acte de reconnaissance solennelle accordé à l'Etat et à l'Eglise moldaves.

Byzance avait aussi un moyen indirect de continuer son influence. Qu'étaient, en effet, ces Etats slaves du Danube, ces royaumes et ces Tzarats, sinon des contrefaçons de ses institutions? Avant de périr, le despotat serbe venait justement de donner une nouvelle école de clercs, celle d'Etienne le philosophe, contemporain du grand Patriarche bulgare Euthyme, et, par leur « Tzarat » de Vidin, les Bulgares conservant encore des traces de la civilisation byzantine, s'étaient rapprochés des possessions du prince valaque.

Entre les actes de Stachimir, prince de Vidin au milieu du XIVᵉ siècle, entre ceux du despote Etienne, fils de Lazare, et entre les premiers actes des Voévodes de Valachie, il n'y a aucune différence: même forme, même style, mêmes ornements. La langue est, d'un côté comme de l'autre, l'ancien slavon de Méthode et de Cyrille, ce dialecte de Macédoine dont les apôtres instinctifs du slavisme avaient fait une langue lithurgique, une nouvelle forme canonique de l'Ecriture Sainte, et qui avait dû envahir les chancelleries à une époque où l'Etat et l'Eglise n'étaient pas encore séparés comme plus tard au temps de la Renaissance.

On peut aussi se demander si c'est Constantinople seule qui donna à la principauté valaque les titres et les attributions de ses officiers et dignitaires, tels

qu'on les rencontre dans les actes de Mircea et de ses
successeurs: le logothète, maître de la chancellerie,
le vornic (de *dvor*, slavon: Cour), le majordome, le
palatin de la résidence, du « sacré palais », le vistier-
nic, au nom slavisé, qui gardait le Trésor, le *comis*
(venu du latin comes, par le canal byzantin), qui
avait sous sa surveillance les écuries princières, puis
le spatar, chef des armées, dont le nom, qui pourrait
venir du roumain *spata,* épée, est cependant un emprunt évident au « spatharios » de Constantinople, le
postelnic, cubiculaire ou chambellan, et enfin ces stra-
tornics, de brève durée, dans le nom desquels se mêle
encore une fois la racine grecque avec le suffixe des
imitateurs slaves.

Cette influence passa aussitôt en Moldavie, aucune
frontière n'ayant pu séparer la vie spirituelle, parfaitement unitaire, de la nation. Elle y trouva cependant
une autre influence slave, d'origine byzantine infiniment plus ancienne, parce qu'elle date des premiers
contacts entre les Russes de Kiev et les Impériaux
romains et orthodoxes du Bosphore. Les premiers
secrétaires des Voévodes moldaves vinrent de la Galicie russe, de la Cour des princes lithuaniens, qui
avaient succédé aux rois de la Russie Rouge, et un for-
mulaire plus bref, plus concis, mêlé de ces éléments
latins que les Voévodes du Marmoros avaient apportés
avec eux à Baia, se distingue nettement de la lourde
phrase pompeuse qui domine dans les diplômes valaques. L'ordre des dignitaires est aussi plus simple;
des seigneurs territoriaux sans fonctions à la Cour,
des conseillers n'ayant pas d'autre qualification, des
chevaliers guerriers, des « capitaines» ou starostes
à la manière de Pologne, alternent avec les quelques
détenteurs des charges d'un caractère byzantin. Les
burgraves paraissent dominer de leur importance militaires tous les autres. Il fallut attendre le règne

d'Etienne-le-Grand pour que la hiérarchie adoptée déjà par les Valaques passât dans l'autre principauté.

L'ÉGLISE D'ORIENT ET LES ROUMAINS. — Avant la fondation de la principauté de Valachie, les Roumains n'avaient que des églises de bois, et le clergé était formé uniquement de prêtres, d'origine paysanne, consacré à l'aventure, par des « exarques » plus ou moins canoniques, qui vivaient dans les monastères, comme ces « pseudo-évêques » que mentionne dès le commencement du XIII° siècle un bref du Pape. Des ordonnances impériales avaient bien attribué, ainsi que nous l'avons déjà dit, au XI° siècle, des droits de surveillance au Patriarche de Silistrie, qui devint bientôt le simple Métropolite négligé d'un ville appauvrie, et à son suffragant, l'évêque de Vidin; mais on pense bien que celui qui devait réciter les prières devant l'autel rustique ou devant une de ces croix de bois au dessin naïf qui orne encore les grandes routes, ne pouvait pas venir du fond de la Moldavie future pour demander la consécration à ce chef hiérarchique.

Aussitôt cependant qu'il y eut un prince à Arges, il sentit le besoin d'avoir auprès de lui un archevêque, car l'un était, selon les idées de l'époque, le complément de l'autre. Non pas un évêque latin, car c'eût été donner à entendre que la nouvelle principauté était dans la dépendance du royaume de Hongrie, mais bien un Métropolite orthodoxe, pour affirmer ainsi, non seulement le caractère oriental de la religion chrétienne dans cette région, mais aussi l' « autocratie » du voévode. Or le Patriarche œcuménique, dont l'action était déterminée par les même motifs d'impérialisme byzantin que celle de son César, n'était guère disposé à admettre une pareille prétention, contraire à l'idéal de domination romaine de l'Empire ressuscité. Comme cependant le prince Alexandre, qui avait élevé déjà, probablement, la belle église fortifiée de Saint-Nicolas (Sân-Nicoara) sur la place la plus élevée de sa capitale, persistait dans une demande qu'on ne pouvait pas refuser jusqu'au bout à un « dynaste » qui pouvait bien se tourner vers les propagandistes catholiques, on recourut à un biais; on lui permit d'établir à Arges, comme « Métropolite de la Hongro-Valachie » (distincte de la Valachie thessalienne, balcanique) et « exarque des plateaux » (*plaiuri*), le prélat qui, presque sans fidèles, résidait, dès le commencement de ce XIVᵉ siècle au moins, à Vicina, près du point de séparation des branches du Danube. Peut-être même ce grec de création patriarcale, Hyacinthe, qui devait catéchiser les sujets de Dobrotitsch, se trouvait-il plutôt sous l'influence politique du Voévode valaque, maître des rives danubiennes jusqu'à la Mer. Telles furent les circonstances dans lesquelles fut créée, en 1359, l'Eglise valaque.

Cette Eglise fut conduite d'abord par Hyacinthe seul, puis aussi par Daniel Kritopoulos, qui portait comme moine le nom d'Anthime; il prit le titre de « Métropolite d'une partie de la Hongro-Valachie », ce qui devait signifier bientôt l'évêché de Severin ou de Râmnic, sur la rivière de l'Olt, le « Nouveau-Severin »; plus tard leur successeur fut le supérieur même des couvents du Mont Athos, Chariton, qui ne semble pas avoir résidé d'une manière permanente dans le pays, car il conserva ses anciennes attributions monastiques. Ils avaient introduit sans doute la liturgie grecque, en même temps que l'art byzantin; cet art restait fidèle aux anciennes traditions de la peinture, mais suivait dans l'architecture les normes plus simples de la Montagne Sainte, comme on le voit dans l'ancienne église cathédrale dite « princière » de Curtea-de-Arges, avec des fresques admirables.

La Moldavie devait être comprise naturellement dans ce système hiérarchique, destiné à faire revivre la puissance des Byzantins par l'extension des droits de leur Eglise. Déjà l'on avait accordé au roi de Pologne Casimir-le-Grand, maître de la Galicie, un évêque grec de Halicz, Antoine, qui devait exercer des droits aussi sur la partie supérieure du pays moldave dont les districts inférieurs étaient soumis jusqu'alors au Siège de Moncastro (Cetatea-Alba), fondé probablement vers 1350, en relation avec le culte récent du nouveau martyre Jean. De ce côté aussi, il fallait écarter un évêque latin, qui particulièrement remuant, s'était déjà insinué à Séreth et que le prince Latco, successeur du fondateur Bogdan, voyait d'un mauvais œil, ne voulant pas reconnaître une dépendance politique de la Pologne. Mais, de ce côté aussi, Byzance, par égard même pour les prétendus suzerains du voisinage, hésitait à créer un Métropolite spécial. Le Patriarche envoya donc un certain Théodose, puis Jérémie, qui s'établit plus tard à Trnovo, en Bulgarie, sans qu'ils eussent probablement un titre moldave.

On essaya plus tard de faire du « protopope » moldave Pierre, un simple hégoumène, l' « exarque » que Byzance consentait à accorder à cette seconde principauté roumaine. Puis on recourut à un Métropolite de Mitylène, à un évêque de Bethléem. Mais le pays ne voulut admettre aucun de ces prélats étrangers; il consentait à transporter à Suceava la résidence de l'évêque de Cetatea-Alba, mais à condition que le titulaire fût le Roumain qui exerçait jusqu'alors dans le pays d'Alexandre-le-Bon les fonctions épiscopales. Au moment où l'empire byzantin, menacé par les Turcs cherchait désespérément un appui et des subsides dans toutes les régions de l'orthodoxie, le nouveau prince lui arracha, en 1401, cette solution définitive d'un long conflit (1). Il y eut cependant plus tard en Moldavie des Métropolites grecs, comme Damien, qui représenta la principauté au synode d'Union de Florence et qui laissa sa belle signature de « Métropolite de Moldovlachie » au bas de l'acte même de la réunion des Eglises, et l'on rencontre dans la première moitié du XVe siècle tel cas où le Patriarche crut pouvoir interdire à un archevêque moldave, fautif envers lui, l'entrée même de la ville impériale.

Ce qui empêcha cependant l'établissement de la hiérarchie byzantine et de la civilisation grecque sur le Danube, ce fut l'action de la propagande slave, faite par de simples moines serbes, adversaires en principe de l'autorité épiscopale qui, au Mont-Athos même, n'avait jamais existé. Un de ces « popes », Nicodème, dont le père, grec de Macédoine, paraît avoir eu du sang roumain, se vit obligé par la conquête turque en plein progrès, d'abandonner le royaume de Lazare, son protecteur, pour chercher un refuge chez les « Hongrois » de la rive gauche du Danube. Il y bâtit d'abord Vodita, au-dessus des Portes-de-Fer, puis Tismana, dans les montagnes du Jiiu, enfin Prislop, au-delà des Carpathes, fondations monacales autonomes, habitées par des moines lettrés de langue slavone. Laïco et son frère Radu acceptèrent volontiers le patronage de ces monastères, qu'ils enrichirent de leurs dons, et Mircea, suivant l'exemple du « pope » fit élever sa fondation de Cozia, puis celle de Cotmeana, pendant qu'un de ses boïars donnait à la Grande-Valachie la belle Maison de Snagov, près de Bucarest, au milieu d'un large lac, entouré de profondes forêts.

_____

(1) Cf. notre étude sur les « Conditions de politique générale dans lesquelles furent fondées les Eglises roumaines aux XIVe et XVe siècles », dans le « Bulletin de la Section historique de l'Académie Roumaine », année 1913.

Mais le mouvement ne s'arrêta pas aux frontières mal assurées et provisoires de cette principauté. Des disciples de Nicodème travaillaient déjà en Moldavie sous le règne du prince Pierre-Ier, qui paraît avoir été enterré dans le monastère de Neamt, création de ces hôtes actifs et entreprenants. Aussitôt Roman Ier éleva auprès de la forteresse à laquelle il transmit son nom un monastère qui devint la résidence d'un évêque non canonique, tandis qu'un autre, Joseph, le futur Métropolite, exerçait, dans les mêmes conditions, ses fonctions à Suceava. Bistrita, près du nid de montagnes de Piatra (de fait : Piatra-lui-Craciun, Rocher-de-Craciun), puis Moldovita, non loin de Baia, le principal établissement d'Alexandre-le-Bon, apparaissent avant le commencement du xve siècle.

L'assaut livré par la hiérarchie grecque trouva donc en Moldavie des évêques de couvents, représentants de la tendance slave, et la victoire resta à ces « Serbes ». Sans un plus long combat, ce courant « serbe » s'imposa aux dépens de la hiérarchie byzantine. A un certain moment même, les relations avec Constantinople étant devenues très difficiles à cause de la présence des Turcs, les Métropolites moldaves furent sacrés à Ochrida, l'ancien siège bulgare, dont l'importance avait été accrue par les besoins religieux de la Bosnie, de la nouvelle Herzégovine et des possessions vénitiennes de l'Adriatique.

Influence turque et gréco-turque. — Une influence turque ne devait s'exercer que plus tard. Elle est à peine visible au xve siècle, où commence cependant l'envoi à Constantinople des jeunes princes otages et des boïars qui devaient les accompagner ; déjà le fils d'Etienne-le-Grand, Alexandre, qui devait y mourir, puis un fils de ce dernier, le nouvel Etienne, qui remplaça Pierre Rares, et enfin le fils aîné de ce dernier prince, le rénégat Elie, avaient fait au moins une partie de leur éducation au milieu de ce monde mêlé de Vizirs, de Pachas, de begs, d'agas, d'interprètes et d'intrigants, des « moutéfariacas », jeunes chrétiens qui étaient entrés dans la clientèle du Sultan, de janissaires étroitement enfermés encore dans leur caste guerrière, et de spahis, surtout de spahis oglans, déployant le faste de leurs richesses féodales. On y parlait, du reste, le grec et le serbe aussi bien que le turc des conquérants. Ces princes en rapportèrent, avec un penchant pour la religion de l'Islam, dont l'adoption formelle ouvrait l'accès à toutes les faveurs et à tous les avantages, un goût du luxe oriental en habits, en joyaux, en chevaux de prix, que les pays roumains n'avaient pas encore connu, ainsi qu'un furieux appétit d'argent, seul sentiment commun qui réunissait les rénégats de toutes les races.

Mais ceux qui contribuèrent surtout à modifier dans un sens défavorable les anciennes coutumes roumaines, ce ne furent pas ces Turcs eux-mêmes. Leurs marchands étaient très rares en deçà du Danube, où ils n'avaient pas le droit de se bâtir des maisons de prière, et le commerce le plus rémunérateur était fait surtout par les janissaires de la garde ou par ceux venus de Constantinople, qui, comme créanciers des princes, s'établissaient provisoirement, arrogants et insolents, dans les deux capitales. Dans la clientèle ottomane s'élevaient, lentement et sûrement, les descendants des grandes familles byzantines, qui, comme manieurs d'argent, en étaient arrivés sous Soliman-le-Magnifique, à détenir, avec leurs collègues arméniens et juifs, non seulement la direction du commerce intérieur de l'Empire, mais aussi la ferme des principaux revenus du Trésor impérial: salines, douanes, pêcheries. Michel Cantacuzène fut, dans le troi-

sième quart du XV⁰ siècle, le personnage le plus respecté parmi tous les chrétiens sujets du Sultan; les
Patriarches œcuméniques changeaient à son gré, et
sans sa volonté on ne pouvait arriver aux trônes danubiens, ni s'y maintenir; ses lettres, scellées de l'aigle bicéphale de Byzance, étaient le meilleur sauf-
conduit pour tous ceux qui avaient quelque faveur à
demander ou quelque châtiment à éviter. Toute une
société remuante de Grecs s'agitait autour de lui, et
certains parmi eux venaient faire sous sa protection
des affaires brillantes dans la Valachie, dans la Moldavie, sorte de Terre Promise déjà vantée depuis des
siècles. La fille de Rares, Chiajna, mariée à Mircea-
le-Pâtre, et son fils, le prince Pierre, étaient à la disposition de cette engeance chrétienne du nouveau
Stamboul, qui intriguait, dénonçait, briguait pour accroître sa richesse et son importance. Alors que les
Grecs venus sur le Danube à l'époque de la conquête
turque avaient été des prélats, des dignitaires byzantins, des membres de l'aristocratie et même des militaires, leurs successeurs furent des marchands de
toute espèce, des prêteurs d'argent, des agents d'affaires et des instruments habiles, prêts à toute entreprise
rémunératrice, fût-elle criminelle.

Nous ne parlerons que plus tard, en relation avec
une autre influence, des Grecs qui, venant des colonies italiennes du Levant, apportaient avec l'intelligence et l'activité de leur race, une âme plus honnête
et des tendances de civilisation plus capables de dévoloppement.

INFLUENCES OCCIDENTALES. — Dès le commencement
de leur vie politique, les Roumains avaient rencontré
ces représentants de la civilisation occidentale qui furent, non pas les Magyars, annexés bientôt au monde
germanique en ce qui concerne les coutumes, les insti-

tutions, l'art aussi, mais les colons de race germanique dans les Carpathes, les Saxons de Transylvanie et les bourgeois allemands de la Galicie. Les premiers furent l'élément le plus actif dans une province jadis purement roumaine, en dehors d'un petit nombre de villages hongrois soumis aux châtelains royaux, de l'évêque de Fehérvár et des quelques seigneurs qui s'étaient fixés dans le « Pays au-delà des forêts ». Puis, lorsque les Chevaliers Teutoniques eurent passé la montagne, ils fondèrent en Valachie, — comme on l'a vu, — Câmpulung et donnèrent une population d'artisans et de marchands à Târgoviste, alors que dans la future Moldavie, Baia était leur principal établissement. Quant aux Galiciens, la Moldavie était leur domaine: Suceava, Séreth leur appartenaient presque exclusivement à l'époque la plus ancienne; mais des marchands allemands se retrouvaient aussi à Jassy, à Roman et dans d'autres villes commerçantes du pays. L'existence de cette population catholique contribua à l'établissement des premiers évêchés latins, à Arges, à Séreth et à Baia, alors que l'évêché moldave de Bacau, de fondation plus récente, était destiné plutôt à surveiller, au point de vue spirituel, la population rurale composée d'anciens colons hongrois et de réfugiés sjekler qui, autour des mines de sel, ne fit que déchoir, sans exercer aucune influence sur les paysans roumains qui l'entouraient.

Ces étrangers, auxquels se mêlaient sans cesse les nombreux marchands de passage, n'eurent jamais des attaches avec le pays; parasites sans aucun but politique, ils empêchèrent la création, chez les Roumains, d'une bourgeoisie nationale, capable d'accomplir, au milieu des paysans et sous la protection des boïars, réduits souvent à vendre eux-mêmes les produits de leur terre, sous l'égide du prince enfin qui ne dédaignait nullement les affaires, un peu de cette œuvre dont se glorifiaient les membres des communautés urbaines de l'Occident. Renfermés dans leur « droit de Magdebourg », indifférents à un pays auquel rien ne les attachait, incapables dans leur mesquine avarice d'élever un seul monument, fût-ce même une simple église, qui commémorât leur passage — car celle de Câmpulung, où fut enterré en 1300 un « comte saxon », n'avait aucune valeur artistique, et la grande église épiscopale de Baia fut bâtie par Alexandre-le-Bon, — ils ne laissèrent pas, sur cette terre, une page dans l'histoire des arts. A une époque ultérieure, où leur décadence était, du reste, complète, ils ne repoussèrent pas les incitations de Jacques Basilicos, qui, dans l'ancien centre de vignerons allemands qu'était Cotnari, voulut élever une Université de langue latine en lui donnant pour maîtres des disciples de la Renaissance allemande, des élèves de Mélanchton. Alors que les Arméniens, venus de Caffa par la Galicie, ont fondé à Suceava, à Botosani, à Jassy, à Roman, ces églises de pierre que fréquentent encore leurs descendants aux bons noms roumains anciens (Pruncul, Taranul, etc.), alors que ces établissements religieux conservent des Évangéliaires datant du XIVe siècle, rien ne rappelle le long séjour de ces Allemands, dont l'influence en Transylvanie et en Galicie avait été bien autrement réelle. Il faut ajouter que ces évêchés mêmes, dont ils dépendaient, jusqu'au temps de la Réforme protestante, au point de vue spirituel, ne furent pas soutenus par leurs propres sacrifices, les titulaires se faisant remplacer par des vicaires dépourvus d'autorité.

Les Dominicains et les Franciscains d'origine italienne, allemande ou mieux polonaise, n'étaient que des étrangers ne comprenant rien aux usages du pays. Un Bernardino Querini, par exemple, passa une grande partie de sa vie au milieu des Moldaves, vers la fin du xvie siècle, où la propagande, stimulée par les Jésuites de Pologne et par les exhortations du célèbre Père Possevino, eut une recrudescence remarquable, sans qu'on puisse dire un mot sur son administration. Le projet de donner un catéchisme latin en langue roumaine, qui fut formé à cette époque, ne fut jamais accompli. Il faudra attendre encore un siècle pour que le moine italien Vitto Piluzio donne, dans une forme incorrecte, le premier manuel de ce genre.

Déjà vers la fin du xive siècle, des marchands génois de Caffa et de Péra connaissaient tout aussi bien le chemin d'Argeş et de Târgovişte que celui, beaucoup plus fréquenté, de Suceava, où ils apportaient du poivre, des épices, puis des draps d'Orient, des armes d'une facture plus délicate, à l'italienne ou « à la valaque », ainsi que le demandait Etienne-le-Grand. Leurs imitateurs, les Ragusains, avaient des comptoirs sur le Danube, à Silistrie, à Temeschwar, et des relations d'affaires continuelles, comme banquiers, comme fermiers des douanes, en Valachie et en Moldavie; les frères des Marini Poli devinrent même les parents de la famille princière sous Mihnea-le-Turc, dont la mère, Catherine, était originaire de Constantinople, ayant une sœur, veuve d'un Génois, qui vécut comme nonne à San-Maffio de Murano, près de Venise, où elle connut le Véronèse. Toute la société marchande de Péra eut, pendant le xvie siècle, des relations presque quotidiennes avec les agents des princes régnants, avec les exilés et les prétendants qu'ils soutenaient de leur crédit. Il n'était pas rare de voir dans leur compagnie des Roumains à côté des membres des ambassades chrétiennes et des voyageurs en quête de manuscrits grecs et de curiosités orientales. Il est certain que quelque chose de l'esprit social, accueillant et bavard, de ces assemblées qui unissaient l'esprit grec à la vivacité italienne, pénétra dans les Cours des princes danubiens, surtout par ces femmes habituées, dans un autre milieu, à une vie plus large.

Mais il y eut sur le Danube, vers 1550 et jusque tard dans le siècle suivant, toute une invasion de Grecs et de Levantins, tellement mêlés entre eux par la camaraderie de leurs entreprises et par les mariages, qu'il était souvent impossible de les distinguer. Ils venaient de Chio, île restée gênoise dans son autonomie tributaire, de Rhodes, de Chypre, de Crète. On peut expliquer leur apparition subite par la perte de l'autonomie chiote, par la conquête turque de Chypre sur les Vénitiens, par la ruine économique de la Crète elle-même. Ils faisaient le commerce du vin de Malvoisie; ils colportaient les articles orientaux entre la Turquie et la Pologne où ils avaient un grand établissement à Lemberg. Un des leurs, Constantin Corniacte, grand douanier moldave, contribua à la fondation de l' « Eglise moldave » de cette ville, où il finit ses jours. Des femmes de Rhodes, où d'ailleurs Mihnea-le-Turc passa son exil, furent princesses de Moldavie, comme l'épouse de Jean-le-Saxon, une Paléologue, et celle de Pierre-le-Boiteux. Un Vévelli, que devaient massacrer les paysans dans une révolte contre l'exploitation étrangère, fut pendant des années le principal conseiller à Jassy.

L'influence polonaise ne saurait être niée; les relations étaient trop étroites entre le royaume voisin et la Moldavie, dont les princes, depuis les successeurs de Rares, prêtèrent plusieurs fois un vain hommage au roi de Pologne, pour qu'il n'y eût pas un échange de coutumes, où la principauté était la débitrice. Mais cette influence se borna d'abord seulement à la vie sociale de l'aristocratie moldave qui commençait à se former; le fils du vieux Lapusneanu, Bogdan, maria ses sœurs en Pologne, ainsi que le fit pour ses filles son successeur en 1595, Jérémie Movila. Bogdan, les Movila, les Stroici étaient non seulement des imitateurs des nobles polonais, mais des citoyens du royaume, où ils avaient acquis des terres pour y chercher un abri éventuel contre les persécutions turques. Luc Stroici, qui chercha le premier une orthographe latine pour le roumain, signait même, comme chancelier, dans les diplômes moldaves en polonais: « Stroicz ». Il n'y a pas jusqu'aux lignes de l'écriture cyrillique en Moldavie à cette époque, lignes effilées, particulièrement élégantes, qui ne révèlent une influence latine, transmise par la Pologne.

Il ne faut pas oublier non plus ces prétendants au trône, qui, pendant tout le cours de ce XVIe siècle, traversèrent l'Europe, visitant les villes, auxquelles ils demandaient des subsides, et se présentant devant les princes pour leur exposer, pièces en main, qu'il n'y a qu'une seule légitimité dynastique, la leur. L'Italie, la France d'Henri III et d'Henri IV, les princes souverains de l'Allemagne, même l'Angleterre d'Elisabeth, l'Espagne, le Danemark, les connurent, sans parler de la Hongrie et des pays de l'Empire, qui furent pendant longtemps les témoins de leurs misères et de leurs illusions. Lorsqu'ils ne réunissaient pas des haïdoucs hongrois ou des troupes d'aventuriers pour risquer un coup de main contre l' « usurpateur » de leur « héritage » et pour périr au bout de leur folle tentative ou pour s'en retourner dans leur abri, ils recouraient aux Cosaques du Dniéper. Ces auxiliaires fidèles donnèrent à la Moldavie un vaillant prince dans la personne de Jean Potcoava; il était destiné à mourir noblement deux mois après sur l'échafaud à Lemberg, victime de la vengeance turque servie par la lâcheté du hongrois Etenne Báthory, devenu roi de Pologne, et leurs bandes devaient revenir plusieurs fois pour opposer au paisible Pierre-le-Boiteux des concurrents guerriers que le pays appelait de ses vœux. Mais beaucoup d'autres s'en allaient en quémandant, à force de compliments, auprès de leurs cousins de l'Occident, un appui diplomatique à la Porte. Si la plupart échouèrent avant même d'arriver à Constantinople, un prétendant de cette dernière catégorie, venu de l'Occident, Pierre Cercel, fut pendant deux ans prince de Valachie, grâce à l'intervention persistante de Germigny, ambassadeur de France auprès du Sultan. Ancien « mignon » de la cour corrompue des Valois, dont les *concetti* poétiques conçus dans le meilleur style toscan avaient attiré l'attention de Catherine de Médicis, Pierre Cercel, beau jeune homme aux longues boucles noires et au regard rêveur, ne se borna pas à envoyer à son ami l'ambassadeur son portrait accompagné de riches présents; il éleva un palais à Târgoviste, près de l'église princière qu'il releva, et attira auprès de lui des Italiens beaux parleurs, dont il attendait peut-être l'éloge d'un long règne prospère. Captif des Hongrois de Transylvanie, qui le dépouillèrent, il laissa, non seulement le souvenir des modes étrangères qu'il avait adoptées (il portait, comme Henri III, des boucles d'oreille, d'où son surnom de *Cercel*, mais aussi des beaux canons de bronze, marqués de l'aigle valaque, dont on a retrouvé un fragment.

Toutes ces influences n'auraient qu'un intérêt de curiosité, si les Roumains n'avaient pas été capables de les fondre dans une nouvelle civilisation, digne, comme produit unique du mélange des éléments orientaux avec les éléments occidentaux, sur un fond archaïque original, de l'étude la plus attentive.

Le mélange se produisit d'abord dans le domaine politique, puis dans celui de l'art, où des caractères nouveaux apparaissent dès le XVe siècle.

CHAPITRE VIII

Caractère de la civilisation roumaine
au xv⁵ siècle

LA CIVILISATION ROUMAINE AU XVᵉ ET AU XVIᵉ SIÈCLES.
— LES FORMES POLITIQUES. — A la tête de la vie politique est le *prince*; tout en ajoutant à son nom propre le
qualificatif Voévode (dérivé du slave *Voda*), il reste
pour les siens un *domn*. Il a gardé en grande partie
l'ancien caractère populaire de son autorité. S'il a une
cité où il réside d'ordinaire: Târgoviste, puis Bucarest pour la Valachie, Suceava puis Jassy, pour la
Moldavie, il traverse chaque année, surtout pendant
le printemps et l'été, tout le pays, s'arrêtant de place
en place pour distribuer personnellement la justice
aux plaignants, qui se présentent devant lui sans autres moyens que ceux d'une éloquence naturelle. Partout il a son église princière, Etienne-le-Grand, à lui
seul, en bâtit une cinquantaine pour commémorer ses victoires), et, dans son voisinage immédiat, un
modeste palais de pierre. Le Français Fourquevaux
assista, en 1589, à une scène de justice populaire pareille à celle qui se rattache au souvenir de saint Louis:
sous une « frescade », le bon prince débile que fut
Pierre-le-Boiteux, l' « abeille-reine sans aiguillon »
de la chronique, écoute d'une oreille attentive et bien-
veillante les doléances du menu peuple; tout en s'age-
nouillant devant Sa Majesté — *Maria Sa,* car le titre

impérial s'est conservé — ses sujets le tutoient comme ils le font pour le bon Dieu lui-même dans leurs prières. Chaque jour, à des heures fixées par la coutume, le matin et l'après-midi, les procès sont ainsi sommairement jugés par le chef du pays, qui est surtout le chef des paysans, ses meilleurs collaborateurs militaires, où se recrute aussi la classe, souvent éprouvée par les guerres, des boïars. L'âme paysanne revit aussi dans les lettres où Pierre Rares, avec des accents d'une passion sauvage, menace les rebelles saxons d'être tués et écartelés, s'ils refusent de se soumettre.

Cette « Majesté » populaire a cependant le droit de confirmer tout changement de propriété; tout droit dérive de lui; il fait des donations; il confisque les terres des traîtres; tout contrat, pour être valable, doit être soumis à sa ratification; le droit de vie et de mort lui appartient, et il en use largement, sans que jamais le suzerain turc soit intervenu pour reviser ses sentences aussitôt exécutées. Il n'y a jamais eu d'autres monnaies que ses « aspres », ses « gros » d'argent et ses sous de cuivre; les revenus des douanes, des salines, les impôts payés par les étrangers lui appartiennent en propre; ils sont versés dans sa « Chambre », alors que la Vestiarie ou Trésor de l'Etat, a d'autres sources. Son intervention directe est nécessaire pour tout acte de la vie publique, qu'il résume, pour ainsi dire, dans sa personne. C'est bien l' « autocrate », qui prend avec orgueil ce titre byzantin dès les premiers actes émanés de sa chancellerie, organisée selon les normes de Byzance. Lorsqu'il élève un monastère, une église, le peintre reproduira sur les murs ses traits et ceux des membres de sa famille dans le costume des Césars, qu'avait porté Constantin-le-Grand, patron de la religion officielle, et les têtes aux longues boucles frisées seront ornées de la couronne royale. Le nom des princes valaques est toujours écrit en lettres de pourpre au bas des diplômes. Lors de la nomination d'un Voévode à Constantinople, il jette à un peuple, qui n'est pas le sien, la monnaie dont étaient prodigues à cette occasion les basileis, et les cérémonies ont un caractère absolument impérial.

C'est du reste en Empereurs qu'ils sont invoqués par tous les moines de l'Orient, qui attendent leur pitance de la libéralité roumaine. Ce rôle leur est attribué aussi par les chronographes slavons des Balcans, qui, après avoir établi la série des « autocrates » appartenant aux « quatre monarchies », racontent es exploits accomplis par les princes danubiens, de vrais Tzars à la suite des Asénides et de Douchane.

Ils en sont fiers, les Voévodes de Valachie et de Moldavie, et ils ne négligent rien pour entretenir cette opinion et maintenir ce prestige. Leur Cour est ouverte à tous les réfugiés des Balcans; on vit dans leur suite, après le prétendant bulgare Alexandre, les derniers des Brancovitsch et les héritiers errants de l'Herzégovine. La visite des archevêques mendiants, des chefs miséreux de la chrétienté slave, et surtout celle des Patriarches de Constantinople en quête d'aumônes étaient regardées comme l'accomplissement d'un devoir supérieur. S'il s'agit de réparer les couvents du Mont Athos, d'y élever des fortifications, d'y ajouter des tours, de renouveler les icônes couvertes d'argent, s'il faut défendre contre l'avidité turque les Météores que sont les monastères suspendus de la Thessalie, si Jérusalem a besoin d'un secours, ces successeurs légitimes des empereurs « pieux et aimant le Christ » seront toujours prêts à sacrifier leurs trésors. Dans sa détresse suprême, à la fin du XVIe siècle, l'Œcuménique se réfugia dans la maison même des agents valaques à Constantinople.

La civilisation grecque végète encore sur les lieux qui la virent naître et se développer dans sa forme ancienne. Celle du monde slave était cependant restée sans abri; les continuateurs danubiens de l'impérialisme balcanique s'empressèrent de la recueillir. Les moines copient activement dans des couvents de lettrés, comme Tismana ou Bistrita, en Olténie, comme Neamt et Putna, fondation du grand Etienne, en Moldavie, des livres liturgiques, des traités de morale et de théologie, des commentaires de l'Ecriture, des nomocanons contenant les lois byzantines, des pages de chronique universelle, à côté du bref récit slavon des exploits accomplis par les maîtres du pays. La première presse roumaine établie pour Radu-le-Grand et Mihnea I⁰ʳ par un moine du Monténégro, Macarius, devenu Métropolite de Valachie, donna de beaux livres slavons destinés aux orthodoxes de cette langue, et il en fut de même pour toute la série des publications valaques du xvie siècle (1).

Ce paysan couronné et vêtu de pourpre, qui écoute dans l'église, sous le dais portant les armes du pays, les litanies slavones et s'incline légèrement devant le Métropolite local ou devant le Patriarche de passage qui l'encense, ce vassal des Turcs, qui peuvent le rappeler à la Porte pour répondre aux accusations de ses ennemis et rendre compte de sa gestion, n'est pas cependant, comme les princes de l'Ibérie, restés indépendants sous la sauvegarde des hautes montagnes du Caucase, un dynaste oriental, faible reflet de la splendeur byzantine d'autrefois. L'Occident, avec lequel, jusqu'à Venise, à Danzig, en Angleterre, il fait le commerce et dont les événements forment sa préoccupation continuelle, a contribué lui aussi à son caractère complexe, par cette vivacité innovatrice qui l'empêche de s'immobiliser dans les anciennes formes

----

(1) Voy. J. Bianu et Nerva Hodos, *Bibliografia româneasca veche;* deux volumes.

imposantes d'un monde déjà fini. Comme ces anciens suzerains, les Angevins de Hongrie, et plus que ses voisins de l'Est, rapidement alanguis, les rois de Pologne, le Voévode est toujours prêt à combattre même après que la soumission complète aux Turcs eût interdit aux Valaques d'abord, toute expédition sans ordre impérial. La pierre tombale d'Arges représente Radu d'Afumati à cheval, le manteau soulevé par la rapidité de l'attaque et la masse d'armes à la main. Une défaite n'avait jamais réussi à décourager Etienne-le-Grand, qui, ainsi que le dit un panégyriste postérieur, « étant vaincu, s'élevait au-dessus de son vainqueur »; le même caractère indomptable distingua Pierre Rares, qui répondait dédaigneusement au roi de Pologne, fier du succès d'Obertyn, qu'il ne reconnaît comme vainqueur que Dieu seul. Ces princes de la guerre, que rappelle le sens même du titre de Voévode, n'ont jamais quitté la cotte de maille des Croisés que porte déjà Mircea l'Ancien dans la fresque de Còzia, et l'épée qu'avait laissée choir, dans sa suprême détresse, le Moldave Jean-le-Terrible devait être bientôt reprise, et pour la même cause de la Croix, par le Valaque Michel-le-Brave.

Ce qui a été dit du prince s'applique aussi aux *boïars*. Même s'ils sont d'origine étrangère, des réfugiés et des hôtes, rien d'essentiel ne les distingue des paysans; bien que le Voévode leur ait cédé son droit sur la dîme, ils n'en sont pas encore les maîtres. Ils n'ont pas de blason, employant seulement des camées acquis par hasard pour sceller les actes auxquels ils participent. Les noms de famille sont encore très rares; chacun porte, sinon la simple mention de la dignité qu'il occupe, du moins un surnom quelconque ou la mention du nom de son père. Il n'y a pas de Cour dans le vrai sens du mot, le Voévode étant entouré uniquement de sa famille et de ses mercenaires, les *curteni* (la solde s'appelle *jold*, d'après la forme hongroise du nom); plus tard aussi, surtout en Moldavie, on rencontre les étrangers de la garde, des Hongrois de Transylvanie, des Polonais (sous la dynastie des Movila), des Allemands et même, pendant le règne de Jacques Basilicos, des Français, comme Roussel ou Jean de Révelles. Le boïar habite à la campagne, il communie avec ses paysans dans l'église qu'il a fait élever à ses frais et, lorsque les signaux de feu sur la montagne annoncent un invasion, il réunit les guerriers rustiques sous son drapeau de capitaine.

Ce groupe de chevaliers jouissant de privilèges et maîtres des terres de donations se renouvelle sans cesse. Non seulement l'hérédité n'existait pas, mais les charges variaient constamment; le prince conservait le droit de tout changer, de tout bouleverser selon son bon plaisir, bien que, au début, le témoignage des principaux boïars fût exigé par les Polonais pour garantir les engagements d'un Voévode encore incertain. Tel descendant d'un grand boïar recueillera seulement une partie de ses terres, et ses petits-fils se perdront parmi les *razesi* (de *raza*, rayon), co-partageants de l'héritage. En échange, jusqu'au XVI⁰ siècle encore, le mérite d'un guerrier pouvait le faire entrer dans les rangs de cette classe active qui n'avait rien de la fière rigidité d'une aristocratie préoccupée de son arbre généalogique et élevée dans la conviction qu'elle est supérieure aux simples traditions du peuple, car la plupart de ces nobles ne savaient pas même écrire.

L'influence orientale avait cependant donné aux boïars, avec les vêtements de luxe des Constantinopolitains, leur propension aux intrigues. La camaraderie avec les Grecs, toujours occupés à renverser quelqu'un, sinon à se faire payer leur appui, ne fut pas sans accroître le nombre des complots et à raffiner le

style des dénonciations, à affaiblir cette rudesse primitive qui avait soutenu contre l'étranger l'ancienne
aristocratie. Les guerriers de Pierre Rares, qui regret-
taient déjà d'avoir trahi un maître trop impérieux,
tuèrent dans son palais Etienne Lacusta parce qu'il
avait consenti au dépècement du territoire moldave,
puis ils se réunirent autour d'un des leurs, Alexandre
Cornea, pour en faire le chef de la révolte. Mais, bien
qu'ils eussent gardé leurs vertus militaires, ces boïars
ne soutinrent plus désormais avec la même énergie, ni
Lapusneanu contre le « Despote », ni ce « Despote »
contre Lapusneanu; ils abandonnèrent à son sort le
jeune Bogdan, revenu avec une armée polonaise, et il
fallut que Jean-le-Terrible demandât le concours des
Cosaques pour que, néanmoins, la défection de la
noblesse lui portât ce grand coup auquel il succomba.
Désormais, on s'accommoda de l' « abeille-reine sans
aiguillon » et l'on ne sut même pas résister aux abus
du tyran Aaron.

En même temps, les boïars cessaient d'être les camarades de leurs paysans. L'Occident leur donnait,
par la Transylvanie et la Pologne, des leçons d'aristocratie féodale qu'ils s'empressèrent de suivre. Ces
anciens hôtes des magnats hongrois, ces citoyens de
la Pologne, vêtus de riches étoffes, d'une coupe nouvelle, recherchaient des distractions et des délasse-
ments que leurs rudes prédécesseurs n'avaient jamais
connus; ils se détachaient lentement de la vie de leur
propre pays. Mais, ambitionnant d'aller de pair avec
ces voisins même en ce qui concerne la vie de l'esprit,
on les voit employant leurs années d'exil à faire suivre
à leurs fils les cours des écoles latines, en opposition
avec l'ancienne civilisation slavone, qui avait été
l'œuvre et l'apanage des moines.

A l'époque d'Etienne-le-Grand, les paysans libres
étaient la force vive du pays; la victoire avait été

arrachée le plus souvent par l'essor et l'initiative de ces guerriers simples, tout aussi résistants comme fantassins que hardis comme cavaliers. Le prince les faisait assembler une fois par an pour inspecter leur cheval et leurs armes. Après le désastre de Razboieni, une nouvelle noblesse avait surgi de leurs rangs.

Il y avait des serfs, que les Valaques appelaient des *rumâni*, simples « Roumains », sans qualité sociale aucune, et les Moldaves: des *vecini*, des « voisins », pareils, en ce qui concerne le nom aussi bien que la situation, aux « parèques » byzantins; c'étaient des étrangers, appartenant très souvent à une autre race: prisonniers de guerre ruthènes, émigrés szekler, fuyant le servage des princes transylvains, ou colons établis par les boïars sur une terre, à laquelle le rang ne leur donnait aucun droit. A l'imitation des nobles, avec lesquels ils frayaient au-delà des frontières, les boïars du xvie siècle voulurent rabaisser à cette condition inférieure la grande masse des paysans, libre jusqu'alors. Les serfs de Pologne étaient là pour montrer quel profit on peut tirer d'une classe rurale réduite à l'esclavage, et l'exemple fourni par cette terre d'oppression qu'était la Transylvanie n'était pas moins alléchant.

Déjà une phase plus avancée de la vie économique avait été introduite par un commerce très actif, auquel les paysans, habitués au labeur domestique et aux simples trocs éventuels, étaient restés étrangers. Bientôt on leur demanda de payer en argent comptant leur part du tribut, et, comme ils n'avaient pas cet argent, ils vendirent pour quelques centaines d'aspres leur part à l'héritage de l'ancêtre. Pour sceller leur sort, il ne restait plus qu'à les enchaîner par un lien légal au champ qui déjà ne leur appartenait plus et qu'ils auraient préféré abandonner, au grand dommage de l'acheteur. En 1595, Michel-le-Brave, menacé par les

Turcs du Grand-Vizir Sinan, envoya, dès le mois de mai, des clercs et des boïars en Transylvanie pour demander l'appui du prince Sigismond Báthory; ces délégués obtinrent, en échange, qu'une clause fût insérée dans l'acte tendant à interdire aux paysans de quitter leur ancienne propriété. Cet abaissement de la classe paysanne donna à la civilisation des Roumains un caractère aristocratique, étranger à leurs traditions nationales; mais d'autre part, elle était dominée par la personnalité d'un prince habitué à disposer sans aucune considération de la personne et des biens de tous ses sujets.

Art roumain du XVᵉ et du XVIᵉ siècles. — Le second domaine où se fixa, dès le début de l'époque moderne, et au lendemain même de la création des principautés, l'originalité de la race roumaine, fut celui de l'art.

La tradition indigène était incapable de se développer dans des formes supérieures. C'était un art domestique, casanier, d'autant plus immuable qu'il avait des racines plus anciennes et plus profondes; il s'est conservé jusqu'à nos jours sans avoir accompli d'autre évolution que celle, toute récente, vers le mauvais goût. Restait à concilier le riche apport de l'Orient avec celui de l'Occident. Les Roumains surent se tirer de ces difficultés, donnant ainsi à l'Europe une nouvelle forme de création artistique.

Si Saint-Nicolas d'Arges offre des ressemblances avec les églises-châteaux de Transylvanie où la tour de défense domine et étouffe l'édifice religieux, la cathédrale du Métropolite Hyacinthe, dans cette même ville, reproduit, avec ses murs dans lesquels les briques encadrent de grosses pierres rondes encastrées dans le ciment, avec ses coupoles basses et ses trois lignes de colonnes qui la partagent en longueur, le type des églises de Salonique. Les plus anciennes bâtisses en pierre élevées dans l'Olténie sous l'influence serbe, telle qu'elle se présentait à la fin du xiv° siècle sous l'influence de l'Athos, n'offre, comme Vodita, que des ruines informes ou, comme Tismana, qu'un lourd édifice plusieurs fois refait et aggloméré de détails postiches. On ne connaît pas davantage la forme primitive de la grande église de Cozia, transformée vers la fin du xvii° siècle, à l'époque du riche restaurateur que fut le prince Constantin Brâncoveanu.

L'œuvre pieuse de ce dernier a presque partout anéanti les traces d'un passé plus simple et moins fixé dans ses éléments constitutifs. Mais il est certain que tout le xv° siècle se passa sans que la principauté valaque, qui avait dû employer dès cette époque des artisans indigènes pour continuer les traditions étrangères, eût réussi à trouver une forme qui, tout en tirant parti des enseignements variés, les eût confondus dans une nouvelle unité harmonieuse. L'église de Dealu, sur la colline au-dessus de Târgoviste, dominant le cours de la Ialomita, est un parallélogramme de pierres carrées, surplombé de deux tours et offrant comme seul ornement des broderies et des inscriptions de style vénitien semblables aux vignettes des premiers livres imprimés en Valachie sous la direction de Macarius, l'élève monténégrin de Venise. Quant au célèbre monastère d'Arges, bâti par Neagoe, dont la femme, Militza, était la fille du despote serbe Jean Brancovitsch, cet édifice, refait sur les ruines de l'ancien par un architecte français de l'école de Viollet-le-Duc, correspond au même type, légèrement arrondi sur les côtés, dans le chœur réservé aux fidèles et surmonté de quatre tours, dont les deux premières, en face, s'appuient sur douze fortes colonnes de marbre. Les détails, dus au ciseau d'un maître venu de Transylvanie, sont empruntés, dans leur richesse et même dans ce caractère original de la peinture, d'or et d'azur, qui les recouvrait au commencement, à cet art nouveau, tout de combinaisons ingénieuses, de fines broderies élégantes, qui relevaient la monotonie architecturale des mosquées turques.

Malgré les beautés sporadiques de l'art, ce n'est pas en Valachie que pouvait se former le style roumain. Il devait naître en Moldavie, à l'époque heureuse d'Etienne-le-Grand. Aucun de ses prédécesseurs n'a laissé un monument en pierre qui soit venu jusqu'à nous, bien que sans doute l'ancien couvent d'Alexandre-le-Bon à Moldovita et celui du même prince à Bistrita, où l'on voit encore son tombeau, aux larges fleurons gothiques, aient été sans doute d'une construction plus solide. Etienne fut même le premier à faire poser des pierres tombales, aussi bien à Bistrita qu'à Neamt et à Radauti, sur les lieux où la tradition monastique indiquait des sépultures princières. Cependant, dès ce moment, la Pologne envoyait en Moldavie des artistes, qui rencontraient ceux de la Transylvanie saxonne et des peintres venant de l'Orient, avec leur sobre manière traditionnelle de représenter, dans leurs attitudes figées, les saints hiératiques de l'orthodoxie.

Les nombreuses églises d'Etienne offrent çà et là des divergences. Tel édifice ne porte aucune tour (Reuseni, Borźesti); à d'autres, paraît avoir été annexé un portail gothique à double étage (églises de Mirauti, Parhauti, Balinesti). Mais un type général se dégage des influences orientales et occidentales, qui donne une physionomie spéciale à l'architecture moldave de cette époque; il devint, tellement elle était appropriée au pays, l'architecture générale roumaine jusque vers la moitié du siècle passé.

La forme en croix, les proportions modestes convenaient à une église destinée aux seuls moines, la distribution intérieure: pièce d'entrée, pronaos, naos, autel, sont dûs au Mont Athos, où l'on trouve des constructions plus récentes qui ont le même aspect. La tour qui se détache d'un mouvement si alerte est cependant bien occidentale, de même que le robuste clocher, pris dans le mur d'enceinte, et dont la vaste porte donne accès dans la cour du monastère, clocher qui rappelle les constructions militaires et religieuses de la Transylvanie saxonne. Les ornements linéaires du gothique le plus récent, qui encadrent la porte, les fenêtres, dont certaines, sur la façade, sont d'un beau caractère fleuri, sont empruntés aux Allemands de Hongrie.

En ne considérant que ces détails, l'église moldave paraît donc une copie de celles qui, au-delà des Carpathes, désignent parfois la place où le grand Hunyady remporta des victoires sur les Turcs (celle de Szt-Imre, par exemple, ou celle de Feleac). Si l'on pénètre dans l'intérieur, dans le sombre intérieur humide, sur lequel se projettent à peine des rayons rares par les fenêtres étroites, on retrouve la même église byzantine que sur n'importe quel autre point du domaine de l'orthodoxie. Les murs sont recouverts d'une peinture — conservée à Papauti, compris aujourd'hui dans la ville de Botosani, à Dobrovat, dans le district de Vasluiu, — où se mêle le ton dur des bleus foncés, des verts profonds, des rouges effacés, pour donner des milliers de figures et de scènes se poursuivant dans l'ordre fixé par un code invariable. Au fond, l'iconostase de bois doré, comprenant, dans plusieurs registres, au-dessus des portes de l'autel, les images principales, est travaillé par des mains d'une infatigable piété, avec ses fleurs variées, ses fruits en plein développement, ses rameaux enchevêtrés d'une manière indéchiffrable, ses figures de lions et de griffons. On a abandonné l'usage byzantin du XIV° siècle qui, comme dans la « Moné Tès Choras » de Constantinople, place, dans l' « église princière » d'Arges, le portrait du fondateur en tête du portail; il figure, avec toute sa famille, sur le mur intérieur du pronaos, au côté droit. Une belle inscription, dont les lettres cyrilliques ont, de même que celles qui ornent les tombeaux, l'allure tout à fait gothique, remplace ce portrait à l'entrée de l'édifice. Cette entrée, au lieu d'être de face, est pratiquée généralement à droite, pour qu'on pénètre ensuite, par le grand portail ogival, dans le pronaos.

Il y a cependant, outre ce mélange caractéristique, dans lequel rien ne vient signaler la diversité, pourtant si réelle, de l'inspiration, des éléments dus à la pensée créatrice des architectes du grand prince. Regardez d'abord ce toit de bardeaux de bois qui ne recouvre pas d'une seule masse morte l'édifice, mais qui semble le poursuivre dans tous ses détails, dans tous les replis de son corps d'un doux mouvement élastique plein de vie et d'amour. On ne le trouvera nulle part ailleurs que dans ce pays de pluies abondantes, rassemblées par les grandes forêts qui entourent le couvent, et de lourdes neiges hivernales. Au milieu, comme une fleur qui s'élève entre les feuilles qui la protègent, la tour repose sur un double appui de polygones inscrits l'un dans l'autre, qui est une invention technique des mêmes architectes, aussi solide qu'élégante. Il n'y a pas encore de peinture extérieure, mais l'aspect des murs est varié par la différence de ton entre les grises fondations de pierres qui s'élèvent jusqu'à un bon quart de la hauteur et les contreforts qui appuient l'édifice, entre les différents étages, vivement colorés, de briques émaillées, qui se succèdent montant vers la toiture, entre les absides pleines d'ombre qu'elles encadrent et le scintillement multicolore des disques jaunes, verts, bleus, bruns, distribués, dans une succession harmonieuse des couleurs, aux points où se touchent les arcs et surtout sur la ligne bordant le toit et sur tout le dessin, correspondant en petit à celui de l'église elle-même, de la petite tour fine couronnant l'édifice. Il faut ajouter les broderies à la manière de Byzance: rideaux d'autel, couvertures de tombeaux, présentant les naïfs portraits des donateurs, les objets en métal: ciboires ciselés, ostensoirs ornés de bas-reliefs, croix de bois finement travaillées, à la tige d'argent, selon le type de l'Athos, en un mot tout ce qui vivifia à un certain moment les instincts artistiques de la race.

Ce style, qui, à l'époque même d'Etienne-le-Grand, avait trouvé son plus complet développement dans l'église du couvent de Putna, où le fondateur fut enterré en 1504, distingue aussi les bâtisses des princes du XVIᵉ siècle et surtout de Pierre Rares, d'Alexandre Lapusneanu et de Pierre-le-Boiteux, ceux dont le patronat fut plus large et plus actif. Dans les trois grands monastères qu'édifia la piété de ces princes: à Pobrata, où Pierre et plus tard sa femme Hélène Brancovitsch furent ensevelis, à Slatina, qui conserve les restes d'Alexandre, tyran aussi cruel que dévot; à Galata, on constate des innovations: l'extérieur des murs est recouvert déjà de peintures d'un style doux, se détachant sur un fond d'azur; à Galata, on a osé surmonter l'édifice de deux tours qui se suivent. Avant la fin du siècle, la famille des Movila, dont deux frères, Jérémie et Siméon, régnèrent, alors que le troisième, Georges, fut, pendant de longues années, Métropolite de Moldavie, donna à l'art roumain un autre de ses plus grands monuments, le monastère de Sucevita (en Bucovine), dont les belles peintures extérieures, sur un fond vert, font l'admiration des connaisseurs. La tradition sera continuée dans cette principauté par la fondation, datant d'environ 1610, du Métropolite Anastase Crimca, lui-même un enlumineur de talent, à Dragomirna, et par celle de son prince, Etienne Tomsa, à Solca, dans cette même Bucovine annexée plus tard par l'Autriche, par les quelques églises de Jassy et de ses environs (couvent de Bârnova), dues à la munificence d'un prince apparenté aux Movila, Miron Barnowski — Roumain de sang, mais, comme tant d'autres, citoyen polonais — et enfin par les édifices de Basile Lupu, élevés dans cette même Capitale: Golia et les Trois Hiérarques, dont le dernier, tout couvert de sculptures décoratives d'un caractère oriental, a été recopié à notre époque sur l'original par le même réparateur attitré des églises roumaines.

Ce style moldave s'imposa à la Valachie, grâce aussi à l'influence exercée par le mariage de la fille de Pierre Rares dans cette autre principauté, et l'ancien carré de pierres, plutôt bas et orné de peintures clair-semées, fut remplacé par l'élégant édifice, se développant en hauteur et tout tapissé d'images, que la Moldavie avait créé. Telle cette petite église du cimetière de Cozia qui n'a rien perdu de ses caractères distinctifs. Un peu plus tard, les architectes valaques, tout en cherchant dans l'ancien système byzantin des briques placées de biais et dans l'alternance de la brique ordinaire avec les pierres rondes confondues dans le ciment, un remplacement pour le difficile revêtement des peintures extérieures, placèrent devant la porte d'entrée un léger péristyle, appuyé sur de fines colonnes aux chapiteaux sculptés. Cette transformation, qui ajoutait essentiellement à l'élégance de l'édifice, fut adoptée d'une manière définitive, et on la rencontre désormais dans tous les édifices religieux valaques jusqu'à l'époque d'actives réparations et reconstructions que furent les règnes de Mathieu Basarab (1632-1654) et de Brâncoveanu (1688-1714).

Un puissant essor d'originalité se produisit aussi à la même époque dans l'art du livre. Des manuscrits slavons de Neamt, écrits sur parchemin et sur papier, sous les successeurs d'Alexandre-le-Bon et surtout sous Etienne-le-Grand, sont parmi les plus beaux qu'ait produit l'art byzantin. Des frontispices d'un art délicat les ornent, et l'on rencontre même des portraits de princes, des images de saints d'une technique fine. Il y aura un progrès incessant dans ce domaine jusqu'à la fin du XVIIe siècle. Quant aux livres imprimés en Valachie d'abord, puis en Transylvanie, à Brasov-Kronstadt, à Szasz-Sebes et à Orastie-Broos, par un diacre exilé, Coresi, et par ses disciples et concurrents, ils conservent, surtout ceux qui parurent dans la principauté, la bonne tradition artistique de Macarius.

C'était tout le domaine que l'orthodoxie permettait à l'artiste; s'il est question une fois du portrait de la princesse valaque, fille de Chiajna, que voulait épouser le « Despote » moldave, et à la même époque, du tableau mural, représentant le combat de Verbia, dans lequel ce même aventurier arracha la couronne à Alexandre Lapusneanu, il faut y voir, probablement, l'œuvre de quelque maître étranger qui n'était pas lié par les mêmes restrictions.

Débuts de la littérature roumaine. — Pour avoir aussi une littérature, il fallait une langue littéraire. Si, dès le commencement du XVe siècle, un clerc roumain du Nord-Est de la Transylvanie ou du Marmoros voisin, influencé par la propagande hussite, victorieuse dans ces régions, donna une rude traduction des Ecritures, qui s'est conservée dans les manuscrits dits de Voronet (Actes des Apôtres) et de Scheia (Psautier), elle ne fut pas admise, bien entendu, par l'orthodoxie dominante. On se servait cependant du roumain pour des ébauches de traités, pour des instructions d'ambassadeurs, des comptes privés, des notices personnelles, des mémoires à l'usage du prince et des boïars, des lettres privées, et même pour des gloses en marge des chartes de propriété, qui devaient être rédigées dans ce slavon qui correspondait en Orient au latin des Occidentaux. Nous avons trouvé des manuscrits religieux du xvi° siècle, des premières années même de ce siècle, dans lesquels le texte roumain en lettres suit le texte slavon à l'encre, l'un étant pour la lecture et l'autre pour l'office.

Quand le diacre Coresi se mit à publier, outre son Evangille de 1561, des ouvrages religieux en roumain, ou en roumain et slavon, d'après les anciens textes qu'il modernisait çà et là légèrement et gauchement, il n'obéissait pas seulement au désir de donner en langue vulgaire l'Ecriture et ses commentaires — à l'imitation des Saxons qui avaient publié dès 1541 un cathéchisme roumain de propagande à Sibiiu-Hermannstadt, — ni de fournir de livres liturgiques la nouvelle église calvine qui s'était formée en Transylvanie dès 1560, sous la protection impérieuse de l'Etat (1); il obéissait aussi à un besoin général de lecture qui avait saisi la société roumaine entière et que le slavon, généralement inconnu même aux prêtres, ne pouvait pas satisfaire. On en a la preuve dans ces versions, restées en manuscrit, des Miracles de sainte Parascève, de certaines Vies de Saints, surtout, à ce qu'il paraît, des saints guerriers, et de la légende d'Alexandre-le-Grand, qui fut traduite en roumain, par plusieurs clercs en même temps, d'après un texte serbe, avant 1600.

Or, si, à l'époque d'Etienne-le-Grand, la Bible pouvait inspirer l'esprit d'humilité qu'elle attribuait au roi David, si les chronographes impériaux amenaient

<hr>

(1) Voy. notre « Histoire des Roumains de Transylvanie et de Hongrie », I, p. 196 et suiv.

Neagoe à écrire, pour l'éducation de son fils Théodose, un manuel du prince, dans lequel on retrouve aussi des préceptes originaux, que l'auteur avait tirés de sa propre expérience sur les relations avec les Turcs et les rapports avec les boïars, d'autre part, les récits de combats et d'aventures si nombreux dans le domaine de la fable, devaient plaire à cette classe aristocratique en plein développement et aux princes nés dans ce milieu agité et leur donner soif d'accomplir des actions d'éclat, au moment où la fureur sacrée des croisades reprenait l'Europe (1).

CHAPITRE IX

Développement de la civilisation roumaine aux xvie et xviie siècles ; ses conséquences politiques

EPOPÉE DE MICHEL-LE-BRAVE. — Les boïars moldaves n'avaient ni provoqué, ni soutenu le mouvement révolutionnaire dirigé par Jean-le-Terrible contre l'oppression, surtout l'oppression fiscale des Turcs ; au contraire, ayant été dépouillés par ce prince à court d'argent, ils avaient passé à l'ennemi, déshonorant leur classe par cet acte de trahison : ils entouraient beaucoup plus volontiers le trône paisible du bon prince boiteux Pierre. Mais, déjà, dans l'intervention valaque

(1) Voy. aussi notre Mémoire sur les « Livres représentatifs », dans le *Bulletin de la Section historique de l'Académie Roumaine*, année 1915.

contre Jean, qu'il s'agissait de remplacer par le frère du prince de Bucarest, Alexandre, on avait pu voir la ferveur guerrière du monde aristocratique qui s'était formé tout récemment par le développement de la société roumaine. Les deux frères Golescu, Ivascu et Albu, firent plus pour la victoire que le Voévode lui-même, incapable d'empêcher l'établissement éphémère dans sa Capitale d'un concurrent, Vintila; comme de vrais chevaliers, ils combattirent pour le drapeau, et Albu périt en sauvant la vie de son souverain: son tombeau, dans le monastère de Vieros, le représente en guerrier, à cheval, le bonnet de combat sur la tête, de même qu'un autre bas-relief, à Stanesti, de l'autre côté de l'Olt, représentera, au commencement du siècle suivant, un des Buzesti, Stroe, livrant un combat victorieux au prince tatar, qui, tombant sous ses coups, laisse s'éparpiller les flèches de son carquois.

La nouvelle génération de ces boïars, devenus des maîtres du territoire et du pouvoir, mettra donc au service de son ambition les forces entières du pays, désirant, sinon la guerre en elle-même, au moins des occasions de se distinguer, d'acquérir cette gloire qui illumine chaque page des Gestes d'Alexandre-le-Grand. On le vit bien, pour la Valachie, par la révolte, les victoires, les conquêtes de Michel-le-Brave et, pour la Moldavie, par cette politique chrétienne polonaise, féconde en luttes intérieures, en combats pour le trône, qui forme l'histoire de la dynastie, si rapidement tragique, des Movila.

Le fils du « bon » Petrascu, un des rares princes valaques auquel il fut donné de mourir dans la possession du pouvoir, ne ressemblait guère à son père, qui cependant conduisit lui-même des armées et entra pour soutenir la cause de la reine Isabelle, dans cette Transylvanie où, tout dernièrement, on a trouvé la matrice de bronze de son sceau. Cependant Michel

se montra conciliant aux Voévodes qui avaient succédé à son père; il put prendre dans leur Conseil une
place importante, arrivant jusqu'à la dignité de Ban,
la première après le trône et qui donnait une quasi
souveraineté en sous-ordre, dans l'Olténie. Alexandre-
le-Mauvais, usurpateur d'origine moldave, l'ayant
poursuivi comme adversaire personnel, comme prétendant, il se réfugia à Constantinople. On a vu à la
suite de quelle humiliation le réfugié parvint à gagner
l'héritage de son père, en septembre 1594.

La chronique des boïars, de ces riches frères Buzesti, attribue le mérite de la révolte qui délivra pour
quelques années la principauté de Valachie du joug
accablant des Turcs, à la nouvelle classe de la chevalerie roumaine. Ce sont eux qui se réunissent, qui
prennent la résolution d'entreprendre l'œuvre glorieuse et difficile; il ne reste plus au prince qu'à l'ap-
prouver. D'ailleurs, Michel lui-même, qui avait commencé par être un des membres de cette aristocratie
guerrière, sentait comme eux; seulement, il devait
prendre les devants, parce que le sort avait fait de lui
vraiment un prince.

La révolte éclata; les créanciers turcs furent massa-
crés: on canonna la maison où ils s'étaient réfugiés.
La Moldavie d'Aaron, réduite aux abois, avait déjà
pris sa décision, et le César allemand Rodolphe venait
de conclure avec cette principauté une convention qui
la faisait entrer sous son autorité comme membre de
l'Empire. Enfin, dans les ambitions du prince de
Transylvanie, qui voulait être roi de la croisade sur
le Danube, on voyait un appui, et l'Europe occidentale, incitée par le Pape Clément VIII avait partout
en Orient des émissaires.

Les forteresses du Danube brûlèrent; les troupes
turques réunies pour punir le rebelle valaque amenèrent un prétendant qu'elles espéraient pouvoir fa-

cilement établir, ainsi que Pierre avait été établi sur les ruines du trône de Jean-le-Terrible. Mais, sur le fleuve, en hiver, les Turcs eux-mêmes, puis les Tatars de Crimée, qui avaient quitté les plaines de la Hongrie envahie pour achever la déroute de ce nouvel ennemi, furent vaincus en quelques jours; les cavaliers de Michel, qui avaient fait fuir le Khan lui-même devant leur jeune essor, prenaient par les chemins couverts de neige la route d'Andrinople. Braïla fut incendiée; les Cosaques soudoyés par Aaron étaient de nouveau apparus devant Bender; Ismaïl, nouvelle création turque et la plus puissante des places fortes du Danube inférieur, succomba quelques mois plus tard: on y retrouva les anciens canons hongrois du XVᵉ siècle, portant le corbeau valaque avec les armes des Hunyady.

Nous avons parlé plus haut du traité conclu par les délégués de Michel et d'Etienne Razvan, qui, à l'aide de la garde transylvaine, avait renversé son maître Aaron, pour s'assurer le secours du fier Magyar. C'était pour le pays, « réuni » à la Transylvanie, une profonde déchéance, mais pour les boïars un succès: l'autorité du prince sombrait en même temps que la liberté des paysans, et la caste guerrière restait maîtresse du pays et de ses destinées. Elle existait seule, pour la domination à l'intérieur et pour les grandes aventures au-delà des frontières.

Le Vizir Sinan, la plus haute personnification de l'orgueil ottoman et de la vaillance albanaise, était accouru, en effet, pour en finir avec l'indépendance de ces provinces, toujours incertaines, qu'il s'agissait de transformer en simples pachaliks de l'Empire. Il fut vaincu à Calugareni, dans les marais du Neajlov, le 23 août 1595, par la noblesse valaque, que soutenait un corps auxiliaire transylvain et la dure résistance des Cosaques mercenaires; Michel lui-même avait fait, en pénétrant, la hache à la main, dans les rangs ennemis, son devoir de bon chevalier chrétien.

Cette victoire n'empêcha pas cependant l'avance des Turcs; ils occupèrent Bucarest, dont les églises avaient été mises en flammes par les auxiliaires hongrois de Michel, et Târgoviste, l'ancienne capitale du pays, où fut installé le nouveau commandant impérial de la Valachie, avec ses begs, les soubachis se faisant attribuer les districts qu'ils devaient administrer. Les Tatars se répandirent en pillant dans les villages de la plaine. Des mesures furent prises pour fortifier la résidence du Pacha; à Bucarest même, le monastère du prince Alexandre Mircea, nommé ensuite d'après le nom de son petit-fils, Radu Mihnea, qui le releva de ses ruines, devint la « palanka », la forteresse du Vizir conquérant.

Michel se trouvait dans la montagne, comme jadis Etienne-le-Grand après la journée de Valea-Alba; il y trouva cependant les auxiliaires chrétiens qu'avait cherchés vainement son précurseur moldave; Sigismond Báthory vint en Valachie, non pas en allié, mais bien en maître, et le contingent féodal du Moldave Razvan se joignit aux fantassins saxons, à la cavalerie magyare et aux croisés de Toscane que venait d'envoyer un autre promoteur de la guerre sainte, le Grand-Duc de Florence. Les jours de Nicopolis, des grandes chevauchées chrétiennes parurent revenir lorsque les Turcs furent chassés des deux plus grands centres du pays, pour être rejetés ensuite, après un combat acharné, à Giurgiu, au-delà du Danube rougi de sang. Encore une fois, Michel avait payé de sa personne, jouant avec un mépris supérieur de la mort le grand rôle légendaire que lui imposait l'état d'esprit de son époque.

Peu de temps après, les Polonais intervinrent en Moldavie: le grand promoteur de l'expansion, le chan-

celier Jean Zamoyski, entra dans le pays, sous le prétexte de repousser les Tatars, tout aussi sincère que le
roi Jean-Albert, lorsqu'il prétendait vouloir recouvrer
sur les Turcs les ports d'Etienne-le-Grand. Sigismond
fut battu par les Turcs, qui remportèrent sur les Allemands la victoire de Kerestes, dans la plaine de Pannonie. En 1598, il céda son héritage à l'Empereur, qui
y envoya ses commissaires, en attendant l'arrivée du
futur prince, l'archiduc Maximilien, ancien roi élu
de la Pologne; Michel prêta, au mois de juin, entre
leurs mains, dans le couvent de Dealu, où reposaient
les restes de son père, le serment de fidélité à son nouveau suzerain Rodolphe II. Trois ans plus tard, des
amis fidèles allèrent enfouir furtivement à la même
place sa tête, tranchée dans un camp de Transylvanie, par les soldats de l'Empereur.

Bientôt, du reste, le rejeton dégénéré des Báthory
revint de son abri silésien pour reprendre les rênes
du pouvoir, et aussitôt il renoua ses anciennes relations avec les Turcs. Après qu'il eut étourdiment abdiqué, son jeune cousin André, cardinal et évêque
polonais, qui lui succéda, ne fit que persévérer dans
cette voie; il avait l'appui dévoué du prince établi par
Zamoyski en Moldavie pour y représenter la politique polonaise que l'antagonisme fatal contre l'envahissement des Habsbourg avait déjà engagée dans
l'ornière de l'alliance turque.

Il ne fallait même plus penser aux souvenirs byzantins qui s'étaient réveillés, non seulement dans la
pensée de Michel et de ses paladins, mais aussi dans
celle des chrétiens des Balcans: Serbes du Banat, qui
rêvaient d'un roi chrétien; Bulgares dont les évêques
de nationalité grecque envoyaient des lettres d'implo-
ration au Voévode; Albanais agités par le pressenti-
ment d'un nouveau Scanderbeg; Grecs même, qui attendaient du grand Michel le Valaque la délivrance

d'un long esclavage. A lui seul il ne pouvait accomplir une œuvre aussi difficile. Après de brèves apparitions sur le Danube, il dut s'incliner devant la fatalité et recevoir les envoyés du Sultan qui, chargés de présents, venaient lui proposer un arrangement favorable à ses intérêts.

Michel aurait pu arrêter ici sa carrière de soldat et reprendre dans des conditions meilleures des anciennes relations qui avaient tout de même assuré à la principauté presque un siècle de tranquillité. Mais les conditions de la Transylvanie devaient engager à de nouvelles entreprises, non plus l'ambition politique de princes tels qu'Etienne ou Pierre Rares, mais la soif d'exploits brillants, d'aventures sans cesse renouvelées de ces guerriers par tempérament et par éducation que Michel était digne de conduire sur les sentiers dangereux d'un plus grand avenir.

Ayant reçu aussi des incitations formelles de la part des Impériaux, auxquels la Transylvanie, avec toutes ses perspectives de domination danubienne et d'influence dans les Balcans, venait d'échapper de nouveau, il attaqua, sans attendre le concours du général impérial de la Hongrie Supérieure, le rancunier Albanais Georges Basta, ce cardinal, dont il avait été contraint de reconnaître la suzeraineté, aussi inutile qu'humiliante. Ayant franchi les Carpathes par le défilé de Buzau, il longea la frontière jusqu'à Brasov, qui se soumit volontiers, pour se réunir ensuite avec les armées de l'Olténie presque sous les murs de Sibiiu. Une seule bataille, à Selimber (Schellenberg), le 28 octobre 1599, décida du sort d'André, qu'avaient abandonné ses capitaines eux-mêmes, avec le commandant suprême des armées de la province, Gaspar Kornis, noble d'origine roumaine. Le prince vaincu fut tué dans la montagne par les pâtres szekler qui haïssaient les Báthory parce que ces maîtres avaient détruit les privilèges de leur nation; Michel fit enterrer honorablement les restes du cardinal dans le mausolée de famille de Fehérvár et, déplorant la mort de ce « pauvre prêtre », il prit, pour l'accompagner à sa dernière demeure, le cierge dans la main qui était accoutumée à donner de si rudes coups d'épée.

Devait-il se résigner à rester seulement le « conseiller impérial, le représentant en Transylvanie et le commandant général des comtés extérieurs », ainsi que l'auraient désiré les Saxons, qui lui avaient prêté l'hommage, à lui et à son fils, en cette seule qualité? Devait-il continuer à distribuer des terres et des titres aux chefs de la noblesse magyare qu'il réunit dans son Conseil à la personne du nouvel évêque catholique Naprágy? Devait-il se préparer même à évacuer la province contre une récompense quelconque, ainsi que l'auraient voulu les courtisans de l'Empereur, pleins de jalousie et de mépris à l'égard du « Valaque »? Devait-il continuer à ignorer l'existence de cette nation roumaine de Transylvanie qui avait le même sang que lui et qui, s'étant par endroits révoltée contre les nobles, attendait instinctivement une prochaine et pleine administration de la justice de ce compatriote? Tel fut le grand et tragique problème qui agita jusqu'au bout l'âme du conquérant.

Les Roumains formaient la grande majorité des habitants du pays. Dans les derniers temps, le développement naturel des fondations épiscopales dues au princes de Moldavie et de Valachie avait amené un progrès rapide. Les efforts faits pour imposer des évêques surintendants, chefs des « églises valaques », qui se cachaient dans quelque modeste résidence de village, menant l'existence mesquine des autres « pasteurs » échouèrent au milieu d'un peuple dont le principal trait distinctif est le plus tenace attachement à l' « ancienne loi », aux « anciennes coutumes ». Les princes firent venir leurs évêques calvinistes dans la Capitale même de la province, à Fehérvár, où ils avaient leur maisonnette, leur petit jardin et une église de bois pour le nombre restreint de leurs fidèles. Mais tout cela n'influençait guère les masses. De ces tentatives il ne resta qu'un avantage pour la vie spirituelle de ce peuple dont il s'agissait seulement de modifier la dure âme revêche pour le faire entrer ensuite d'autant plus facilement dans la communauté nationale des Magyars : la religion réformée exigeait l'emploi de la langue vulgaire dans le service divin ; des prescriptions réitérées et soutenues par tous les moyens du pouvoir avaient donc imposé aux prêtres qu'on traînait dans des espèces de conciles populaires, l'usage des livres roumains à la place de ceux de l'époque slavone qu'on ne comprenait plus. On traduisit même du magyar, avec le concours d'un noble de cette nation, Nicolas Forro, une Explication des Evangiles.

Pendant cette phase du calvinisme envahissant, l'Etat avait imposé aussi l'unité hiérarchique aux Roumains ; ils s'étaient jusqu'alors disputé différents sièges épiscopaux, la concurrence étant continuelle entre celui du Nord, à Vad, dépendant du Métropolite moldave de Suceava, et entre celui du Sud, à Gioagiu, à Prislop, qui avait toutes ses relations avec le Siège archiépiscopal valaque de Târgoviste. On s'habitua donc à avoir, dans la Capitale même du pays, un seul chef religieux, un « Métropolite » local ; et lorsque l'orthodoxie put rentrer, sinon dans ses droits officiels, de l'époque où les princes faisaient sacrer des prélats du rite oriental au-delà des Carpathes et jusqu'à Ipek, au milieu des Serbes, au moins dans sa liberté d'action, le Métropolite, un Gennadius, qui administrait le diocèse transylvain vers 1580, reprit ses relations avec la Valachie, où il s'était fait sacrer, après la nomination par son maître étranger. Au moment où les calvinistes

du Banat, nobles de veille race, faisaient entreprendre
une traduction de l'Ancien Testament, qui fut impri-
mée à Orastie, une nouvelle Explication des Evangiles,
basée sur le texte grec de Théophylacte, paraissait,
sous les auspices de ce Gennadius, à Brasov-Kronstadt
(1581). Lorsque les prélats valaques arrivèrent en
Transylvanie, en 1595, pour conclure le traité dont il a
été plusieurs fois parlé jusqu'ici, ils obtinrent des conseillers du prince Sigismond, fervent catholique et
élève fidèle des Jésuites, la reconnaissance solennelle
de ce fait que toutes les « églises valaques » de
Transylvanie dépendissent du Siège de Târgoviste.

Michel rencontrait donc au-delà des montagnes, non
pas cette masse amorphe de barbares sales et féroces
que se plaît à décrire la haine de leurs adversaires ethniques, mais bien une majorité de population indigène,
conservant les traditions d'une civilisation très ancienne et ayant à sa tête un seul chef religieux et politique, celui auquel il venait tout récemment de faire le
don d'une belle église en pierres, en face du château
princier de Fehérvár.

Il soutint de toute sa sympathie active cet archevêché qui fut considéré désormais comme sa fondation.
Il introduisit jusque dans le lointain Marmoros un
clerc de Valachie, le nouvel évêque de Munkács, Serge,
qui avait été auparavant le supérieur du vieux couvent
de Tismana. A Vad, on rencontre pendant son administration l'évêque roumain, originaire de Transylvanie, Jean Cernea. Les prêtres roumains furent exemptés de la dîme. Une nuée de moines valaques envahit
les villages transylvains. Pendant que cette organisation religieuse de l'élément roumain dans la province
conquise progressait, Michel employa, ainsi que ses officiers, le roumain, qui apparaît déjà dans les inscriptions des églises, pour tous les actes qui n'avaient pas
un caractère solennel; sous la forme latine tradition-

nelle des chartes de donation, il signait de sa belle écriture élancée, aux traits énergiques comme des coups d'épée, en roumain et en lettre cyrilliques : *Io Mihail Voevod*, « Jean Michel le Voévode ».

Avec sa pratique byzantine et son intelligence naturelle, avec la finesse de sa race princière, il était trop intelligent pour essayer d'abandonner d'emblée les coutumes d'un pays qu'avaient dominé jusqu'alors les Magyars et les Saxons. Tout en s'attachant les Szekler par le renouvellement de leurs privilèges et en se présentant aux Saxons comme le vicaire d'un souverain de leur race, tout en distribuant enfin largement ses faveurs à l'aristocratie indigène, il tint à continuer cette vie politique de la Transylvanie qui ne le regardait pas moins comme un envahisseur terriblement incommode.

Au commencement de l'année 1600, la Cour de Prague, lente et soupçonneuse, attendant des événements ce qu'elle n'était pas en état d'arracher par sa propre énergie, lui fit offrir, par un simple courrier italien, des conditions qu'il s'empressa d'accepter, car il croyait fermement avoir été reconnu comme maître héréditaire, à titre féodal, de sa conquête. Michel désirait aussi avoir les forteresses du Marmoros, le Banat, où fonctionnaient déjà des évêques orthodoxes d'origine roumaine ou serbe, et tout le pays jusqu'à la Theiss. Mais les subsides nécessaires à l'entretien d'une armée de mercenaires tardaient, et déjà Jérémie, le voisin moldave, s'arrangeait pour une attaque prochaine avec Sigismond, réfugié en Pologne, et ses partisans, les nobles de Transylvanie.

Les négociations avec les Impériaux continuèrent, dilatoires, interminables, marquées, du côté de la Cour, par un caractère évident de mauvaise foi. Il fallait « nourrir de bonnes paroles », berner de compliments et de vaines promesses ce Valaque qu'on aurait voulu chasser sans retard, si sa main de fer n'avait pas été la seule garantie de la conquête qu'il venait de faire. Des commissaires impériaux, un vieux soldat loyal, Michel Szekély, et un diplomate slave, habile à manier les Turcs et leurs clients, David Ungnad, furent chargés de se présenter à Michel, en qualité de « commissaires », pour observer toutes ses actions, pour rapporter toutes les paroles qui pouvaient échapper à son tempérament fougueux, pour « temporiser » en ce qui concerne la résolution définitive; plus tard, de pleins pouvoirs pour « conclure » furent donnés à un envoyé extraordinaire, le docteur Pezzen, qui, lui aussi, avait rempli les fonctions d'ambassadeur à Constantinople.

Avant l'arrivée de cet émissaire, si impatiemment attendu, Michel, qui avait présidé déjà, en souverain, deux diètes transylvaines, s'était jeté, pour ne pas être surpris par ses ennemis, sur la Moldavie qu'il sentait prête à l'attaquer. Jérémie, faible soldat, ne put lui opposer aucune résistance sérieuse: les troupes, d'un caractère mélangé, du Voévode entrèrent à Jassy, à Suceava, chassant le client des Polonais, qui s'enferma dans la forteresse de Hotin. Un Conseil de boïars fut établi pour gouverner la nouvelle conquête, en attendant l'arrivée du fils de Pierre-le-Boiteux, Etienne, qui vivotait en exil, dans le Tyrol, pour en faire, comme époux de la fille unique de Michel, un Voévode moldave. Un concile présidé par l'archevêque de Bulgarie, le Grec Denis Rhallis, donna de nouveaux chefs à l'Eglise de Moldavie.

Se rendant compte des dangers qui le menaçaient, Michel revint en Transylvanie, où grondait un sourd mécontentement. Il consentit à sacrifier au dernier envoyé de l'Empereur, de *son* Empereur, une grande partie de ses premières prétentions: il ne voulait plus, en dehors des deux principautés danubiennes, qu'il entendait détenir selon leurs anciens usages, que le gouvernement viager de la Transylvanie et quelques distinctions exceptionnelles, comme la Toison d'Or, dont on avait orné le cou débile de Sigismond Báthory. La chancellerie de Prague, parlant au nom de Rodolphe II, consentit, presque dédaigneusement, à lui faire cette grâce, dont on excluait cependant les comtés extérieurs, « bien qu'on eût préféré, pour éviter les graves désavantages qui pouvaient se présenter, que le Voévode, ayant restitué la Transylvanie occupée au nom de Sa Majesté, s'en retournât en Valachie pour l'administrer sous la protection de l'Empereur et y guetter toutes occasions d'avancer plus loin en Turquie avec l'aide de Sa Majesté ». On réservait même, à cause des prétentions polonaises, la question de la Moldavie. Il était sans doute impossible d'être plus imprudent.

A ce moment, la Transylvanie, que Basta avait travaillée sans cesse, promettant le concours des troupes de la Hongrie supérieure à toute révolte qui éclaterait, était en flammes. Michel eut des scrupules de conscience lorsqu'il s'agit de combattre une armée qui levait le drapeau à l'aigle bicéphale de son suzerain. Il agit, contre son habitude, mollement, sans intervenir de sa propre personne, et fut vaincu à Miraslau (Miriszlo), près de la Capitale, le 18 septembre 1600.

C'était bien la fin de sa domination, sinon le dernier acte de cette belle énergie guerrière. On venait de lui apprendre déjà que le chancelier Zamoyski avait repris la Moldavie et envahi la Valachie elle-même, où il voulait introduire Siméon, frère de Jérémie. Michel essaya de sauver au moins l'héritage de ses ancêtres; ayant conclu une convention par laquelle il s'engageait à quitter le territoire de la Transylvanie, il passa les Carpathes pour trouver du côté de Buzau ces lourdes légions polonaises depuis longtemps formées par l'expérience d'Etienne Báthory pour la guerre contre les Turcs sur le Danube. Il dut s'enfuir, tout en livrant

combat aux détachements de cavalerie qui le poursuivaient. Ame profondément honnête, il croyait avoir le
droit de s'adresser à l'Empereur, envers lequel il n'avait commis aucun acte de trahison, pour lui demander le châtiment des officiers, qui, sans ordres, et
même sans aucun prétexte, l'avaient attaqué. Il se
rendit, avec quelques-uns de ses derniers fidèles, à
Vienne, à Prague, pour y recevoir aussitôt la nouvelle,
qui dut être un baume pour son cœur meurtri, que la
victoire de Basta, trompé comme un enfant par la perfidie des aristocrates magyars du pays, n'avait fait que
rouvrir à Sigismond les portes du pouvoir.

On était cependant bien décidé, quoique cette Cour
fût habituée aux ambages, à ne pas souffrir cette dernière injure. On offrit à Michel les moyens pécuniaires
dont il avait besoin pour se faire une nouvelle armée,
dans laquelle les siens étaient à peine représentés, et
on arriva à le convaincre que Basta, son vainqueur,
pouvait devenir un sincère collaborateur et un ami. Le
grand effort vengeur du Voévode gagna à l'Empereur,
par la victoire de Goraslau (Goroszlo), en juillet 1601,
cette province si convoitée par toutes les ambitions.
Mais, lorsqu'il s'agit de fixer les plans ultérieurs de la
campagne, le général albanais s'arrangea pour entrer
en conflit avec le « Valaque »; mais celui-ci ne consentait pas à se laisser arrêter comme un simple subordonné; il fut éventré par les hallebardes des Wallons
de Flandre et des Hongrois d'un détachement chargé
formellement de l'assassiner (18 août). On jeta sur la
charogne pourrie d'un cheval crevé le corps de Michel,
et il fallut que des mains pieuses dérobassent à la vigilance des profanateurs sa belle tête énergique pour
qu'elle pût être déposée dans l'église du serment à
Dealu, où l'inscription rappelle encore que « son corps
gît dans la plaine de Turda, sur laquelle les Allemands
l'ont tué ».

Michel était mort; son fils, encore enfant, Nicolas Petrascu (Pierre), devait vivre une existence mesquine, quémandant les aumônes de l'Empereur; sa femme, sa fille, s'étaient réfugiées dans le couvent de Cozia, auprès de la vieille mère du Voévode. Mais son souvenir resta vivant à travers les siècles. Dans la Transylvanie, où il y eut même parmi ses auxiliaires hongrois des amis qui pleurèrent sa franche bravoure, les Roumains conservèrent l'organisation religieuse qu'il leur avait donnée; tout un mouvement littéraire put se développer sous son ombre. En Valachie et en Moldavie, l'activité aventureuse de la chevalerie des boïars s'était manifestée avec un élan que la catastrophe de Turda ne pouvait pas arrêter.

La Chevalerie roumaine après la mort de Michel-le-Brave. — Ceux des boïars valaques qui tenaient à l'humiliante tranquillité achetée aux Turcs par le tribut et les présents, s'empressèrent de reconnaître Radu, fils de Mihnea le Renégat et fastueux élève des écoles de Venise, diplomate avisé et grand favori de la Porte, qui eut en lui son plus fidèle auxiliaire. D'autres cependant lui préféraient Siméon Movila, soutenu aussi par les Tatars; ce Moldave, qui aimait la guerre sans pouvoir gagner la victoire, put donc délivrer les diplômes, qui, étant rédigés dans le désordre des camps, abandonnent le slavon des lettrés — ainsi que cela était arrivé quelques fois sous Michel lui-même — pour introduire le style diplomatique roumain, tout nouveau. La plupart cependant acclamèrent l'Empereur, malgré le crime perpétré en son nom, parce qu'il paraissait leur promettre, non seulement un idéal de liberté chrétienne, mais aussi la possibilité de ces exploits dont Michel avait, par sa bravoure, ouvert la brillante série. Maudissant la prudence timide du maître que voulaient imposer les Turcs, auxquels Radu était lié aussi par ses frères et ses sœurs musulmans, ils accoururent sous les drapeaux toujours déployés de Radu Serban, un des fidèles du Voévode assassiné. Avec leur aide — les Buzesti gardant pour quelque temps la conduite du mouvement — Radu, reconnu par la Cour de Prague et soutenu par les troupes italiennes, wallonnes et allemandes de Basta, attaqua les Infidèles, comme jadis Dan II, Tepes, et le « Brave », qui venait de périr, sur le Danube et dans leur nid de la Dobrogea. Il infligea sur le Teleajen, près de Valenii-de-Munte, une grande défaite au Khan des Tatars, qui venait soutenir la cause de Siméon. Il passa ensuite en Transylvanie et brisa le trône magyar improvisé du vieux capitaine szekler Moïse, qui s'était soulevé contre les Impériaux, en 1603; puis, en 1611, après une courte occupation hongroise dans la Valachie surprise, Radu fit fuir devant lui, dans une seconde bataille de Brasov, toute aussi glorieuse que la première et digne de figurer auprès des plus belles journées de Michel, un nouveau prince de la révolte magyare, qui avait chassé les vétérans de Basta, ce Gabriel Báthory, qui avait paru au milieu des Turcs du Banat dans un costume de légende barbare, des ailes d'aigle attachées à son casque. N'étant pas soutenu pour pouvoir conserver sa conquête, Radu eut une triste fin à Vienne, où il s'était réfugié, l'empereur le laissant périr dans l'abandon et la misère pour lui accorder ensuite ironiquement une sépulture honorable dans la cathédrale même de Saint-Etienne.

Les siens étaient restés désormais sans chef, tous ces preux avides de combats, comme le Vestiaire Pana, qui s'était jeté sur Moïse et l'avait transpercé d'une balle, comme Stroe Buzescu, plusieurs fois blessé dans les combats contre les païens abhorrés, qui, violant la consigne donnée par le commandant italien de ne pas quitter les tranchées protectrices, avait fondu en 1602

sur un parent de l' « Empereur » tatar et l'avait abattu,
non sans avoir reçu la blessure dont il devait mourir;
sa femme fit graver sur le rebord de la plaque de marbre qui recouvre les ossements du brave ces mots, ré-
sumant toute une époque: « et la volonté de ces chiens
de Tatars ne fut pas accomplie »(*si nu s'a împlinit voia
câinilor de Tatari*).

Comme jadis les deux frères Golesti, ces guerriers
valaques furent jetés contre la Moldavie rebelle par
ordre de Radu Mihnea, esclave des volontés de ses
maîtres. Ils y trouvèrent le même invincible essor vers
le danger, qui, ne pouvant pas se diriger contre un
ennemi étranger, se dépensa, avec une folle prodiga-
lité, dans les tristes incidents de la guerre civile. Des
femmes furent mêlées de ce côté aussi à la tragédie
chevaleresque: Elisabeth, épouse de Jérémie, Marguerite, épouse de Siméon, maîtresses femmes qui
poussaient à leur gré leurs maris et leurs enfants dans
une rivalité criminelle. Constantin, le fils aîné de la
première, chassa son cousin, le jeune Michel, mari de
la fille du Valaque Radu Serban, qui vint mourir aux
pieds de sa femme; son frèle corps fut mis à terre à
côté de ce crâne de Michel qui avait contenu le génie
d'une race. Il fut plus tard lui-même l'auxiliaire de
Radu, qu'il reçut pendant sa retraite de 1610; mais,
chassé enfin, lui aussi, par les Infidèles, il revint, avec
des Polonais sous les drapeaux de ses beaux-frères;
pris par un Tatar, il se noya dans les eaux du Dniester.
Sa mère ignora longtemps son sort, puis elle poussa au
trône ses fils cadets, Alexandre, qui était à peine un
adolescent, et Bogdan, enfant en bas-âge. Elle combattit à la tête des armées, fut vaincue, capturée, désho-
norée et traînée à Constantinople, où un aga en fit sa
femme. Elle pleura hautement devant les boïars sa
suprême humiliation, et on voit encore dans le beau
couvent de Sucevita, bâti par Jérémie qui y est enterré,

cette belle natte de cheveux roux qu'elle y laissa en offrande à la place du pauvre corps profané qui devait pourrir en terre païenne.

La Porte essaya d'apaiser cette tempête de volontés exaspérées, avides de conquêtes et de gloire, de blessures et de souffrances jusqu'à la mort, en envoyant comme princes de fades descendants authentiques, qu'une éducation orientale avait fait moisir dans les prisons et les lieux d'exil, des anciens princes: Radu Mihnea lui-même, malgré son prestige, et Alexandre, fils d'un autre renégat, le Moldave Elie Rares, le fils de Radu, un autre Alexandre, le fils d'Alexandre Elie et un autre Radu, devaient leur succéder. Si un fils de Siméon, Gabriel, parut sur le trône de Valachie, il se hâta de s'enfuir en Transylvanie, où il épousa une catholique; son frère, Pierre, devint le grand Métropolite de Kiev qui sauva le rite oriental en Pologne et créa la civilisation moderne du peuple russe. Un ancien soldat des guerres de Henri IV contre l'Espagne, Etienne, fils de Tomsa qui avait occupé le trône à la mort du « Despote », fit tomber les têtes des boïars sous les coups de son bourreau tzigane, qui s'écriait en regardant en plein Conseil ses futures victimes: « Seigneur, les béliers sont devenus gras. » Mais la race des chevaliers n'en fut pas détruite, et on le vit bien lorsque les nobles de l'Olténie renversèrent le trône valaque de son fils, Léon, un vrai Grec, marié à la Levantine Victoire.

Un ancien soldat était le chef des boïars, jeunes et vieux, restés fidèles au crédo de Michel qui était la gloire par les aventures sous les étendards chrétiens et contre l'oppression des Infidèles: l'Aga Mathieu de Brâncoveni, héritier des seigneurs de Craiova, était, du reste, un ancien soldat de Michel, et il employa plus tard des soldats serbes, les « séimens », qui par leur origine, leur organisation et leur esprit, rappelaient Baba-Novac et les siens, auxiliaires fidèles du conquérant de la Transylvanie. Ayant vaincu, malgré la présence d'un envoyé du Sultan, les troupes moldaves du jeune Radu qu'on lui avait opposé, il se présenta, fort de l'appui d'un chevalier musulman, originaire du Caucase, Abaza, pacha du Danube, à Constantinople, entouré par une députation de toutes les classes de la population valaque, qui le demandait pour leur maître, et il put faire bientôt son entrée triomphale à Bucarest, au milieu des acclamations frénétiques de la foule, désireuse d'avoir de nouveau un prince de son sang, et un guerrier.

L'époque n'était plus où l'on pouvait frapper de grands coups d'épée dans cette Transylvanie, où, après la défaite et l'assassinat de Gabriel Báthory, l'absolutisme énergique de Gabriel Bethlen et de Georges Rákoczy Ier avait consolidé, au profit de la race magyare, la situation politique de la province. Il n'y avait même plus, au moment où les Abaza avaient voix au chapitre quand il s'agissait de la nomination d'un prince valaque, une porte ouverte sur le Danube turc pour l'esprit d'aventure des boïars. Mathieu et la chevalerie de propriétaires terriens qui entourait son trône eurent leurs champs de bataille seulement dans les conflits avec la Moldavie, toujours envahissante et toujours vaincue.

Malgré les apparences d'un règne simultané dans les deux pays, malgré la similitude entre la manière dont Mathieu expulsa le fils d'Alexandre Elie et celle dont le Moldave, d'origine balcanique, Lupu, chassa le père lui-même pour arriver à être bientôt Basile, prince de Moldavie, malgré le prestige qui entoura à la même époque les deux trônes roumains et la richesse dont jouirent les sujets de l'un et de l'autre de ces princes contemporains, il y a entre eux deux une profonde différence. Mathieu est le prince chevaleresque d'une féodalité enthousiaste; Basile, élevé à l'école du fastueux absolutisme de Radu Mihnea, ne fait que transporter à Jassy les coutumes et les idées de Byzance; son ambition, nourrie aussi de projets transylvains et polonais, rêva de reprendre l'héritage, soit en soulevant les Grecs, soit à la tête d'une armée de croisade appuyée par les vaisseaux de Venise. Ne pouvant pas diriger d'un autre côté ses efforts, celui que ses correligionnaires de Constantinople traitaient en empereur fit accorder par les Turcs la principauté voisine à son fils Jean, à son frère Gabriel, à lui-même, et il l'envahit deux fois; mais fut battu à Nenisori aussi bien qu'à Finta.

Ce combat de Finta (1654) livré sur la voie qui menait à Târgoviste, est caractéristique par la profonde différence qui existait entre le monde personnifié dans Mathieu et celui que représentait Basile. Ce dernier avait sous ses ordres, avec des boïars prêts à abandonner leur maître, — tel ce logothète Georges-Etienne qui devait le renverser bientôt, — des milliers de paysans qui avaient désappris la guerre et les bandes, bien exercées et rompues à toutes les difficultés du métier, des Cosaques; il disposait d'une bonne artillerie. Quant au Valaque, il n'avait pas même un concours puissant de la part de son ami de Transylvanie, le second Georges Rákoczy, qui devait l'aider ensuite à en finir avec ce voisin incommode. Son infanterie de mercenaires balcaniques, les « séimens », allaient tuer dans quelques mois les membres du Conseil et insulter la vieillesse de leur prince, auquel ils interdirent l'accès de sa propre Capitale. Ces milliers de boïars ardents au combat se montrèrent cependant irrésistibles lorsque leur cavalerie s'abattit sur l'ennemi en même temps que la terrible tempête que son mouvement furieux paraissait avoir déchaînée. Le Voévode chenu fut blessé au genou et il devait en mourir, mais l'armée de son rival avait été complètement défaite.

L'homme qui avait suscité les troubles militaires dont nous avons parlé, pour empêcher la succession du neveu de son prince, recueillit, en avril 1654, l'héritage de Mathieu. Constantin, fils naturel de Radu Serban, dut combattre ces mêmes « séimens » dont il avait irrité l'avidité et provoqué l'anarchie, et les Hongrois de Transylvanie accoururent volontiers pour défendre la seule force militaire de la principauté valaque (1655). Le chef des révoltés, Hrizea, qui s'était proclamé prince, lutta cependant comme un héros. Le Voévode vainqueur ayant uni son sort à celui du protecteur transylvain, qui avait suscité l'inimitié des Turcs, perdit peu de temps après le trône si longtemps brigué par tous les moyens; mais il ne se résigna pas à sa déchéance: avec des haïdoucs, des Cosaques, il envahit sa propre Valachie, puis la Moldavie, d'où il chassa le jeune prince folâtre qu'était Etienne, fils de Basile. Mourant en exil, il avait dû laisser à Bucarest la place à un fils de Radu Mihnea, un nouveau Mihnea, qui ne ressemblait guère à son père. Tout en réclamant la possession de Fagaras, il arbora dans ses armes l'aigle de Byzance, et voulut prescrire des règles à l'Eglise de Constantinople dont Basile Lupu avait été le vrai maître pendant tout son règne; tout en faisant massacrer ses boïars, il prit le nom de Michel-le-Brave et livra aux Turcs un combat malheureux à Calugareni, place de la grande victoire remportée par son prédécesseur. Il mourut, lui aussi, dans un lieu de refuge aux côtés de Rákoczy, persécuté par le Sultan. On rencontre encore les traditions de la chevalerie aventureuse dans les mouvements révolutionnaires contre les nouveaux chefs grecs envoyés par la Porte, dans les agissements de Grégoire Ghica, Roumain par sa mère (son père, qui régna en Moldavie, était d'origine albanaise), qui négocia avec les Impériaux au cours d'une campagne des Turcs et, destitué, traversa en pieux catholique les villes de l'Italie, jusqu'à Notre-Dame de Lorette, et même dans ce Serban Cantacuzène, fils du postelnic Constantin, émigré de Constantinople, et d'Hélène, héritière de Radu Serban, qui, après l'insuccès turc à Vienne (1683), entra en relations avec l'Empereur et montra plus d'une fois qu'il ambitionnait en vertu de son sang impérial, l'héritage de Byzance, délivrée par la nouvelle croisade d'Eugène de Savoie.

Développement de la littérature roumaine au XVIIᵉ siècle. — Pendant ces luttes incessantes, qui firent la gloire et le bonheur des grandes familles, mais contribuèrent à aggraver la situation du paysan devenu serf à la manière de l'Occident, l'art, qui avait été la première forme dans laquelle s'était manifestée l'originalité de l'âme roumaine, ne marque aucun progrès essentiel. Après son avènement au trône, Jérémie Movila, le fondateur de Sucevita, où il allait reposer à côté de son frère Siméon, n'eut guère le loisir ni les moyens d'élever l'église qui aurait pú commémorer son règne. Nous avons mentionné déjà les fondations du Métropolite Anastase Crimca et d'Etienne Tomsa II, à Dragomirna et à Solca, ainsi que celles de Miron Barnowski et de Basile Lupu, qui ne présentent cependant aucune innovation essentielle. Mais le travail des métaux, l'art des tissus se maintinrent, le premier étant manifestement influencé par le courant italien qu'on a constaté même pour les peintures de Sucevita.

Mais une riche littérature naît à cette époque.

Ce ne fut pas celle des boïars chevaliers. Les exploits des anciens princes avaient trouvé au XVᵉ siècle des rhapsodes à l'imitation de ceux de la Serbie, qui accompagnaient de leurs chants historiques les grands repas de cérémonie, aux fêtes de l'Eglise ou au lendemain des combats, alors que le peuple lui-même ne connaissait que les incitations à la danse et les complaintes mélancoliques des « doïne ». Peu à peu, la grande figure d'Etienne absorba toutes les autres. Si telle ballade mentionne quelque héros du cycle de Michel-le-Brave, comme Radu Calomfirescu, la personne même du prince et celle de ses principaux collaborateurs guerriers ne survécurent pas dans les chants populaires. Il n'y eut, du côté des Buzesti, ces premiers parmi les chevaliers de l'époque, qu'une brève chronique roumaine, se bornant à rappeler les faits, avec quelques mots seuls d'appréciation. Le prince lui-même chargea un boïar à l'ancienne mode, le logothète Théodose, d'écrire un récit officiel en slavon, qui nous a été transmis dans la version latine d'un voyageur, venu par hasard dans la principauté, le Silésien Walter.

Avant ce moment, il n'y avait eu en Valachie que des mentions laconiques notées en marge des listes des princes fondateurs et protecteurs qu'on lisait dans les églises au cours de la liturgie. Pour avoir une légende poétique des hauts faits accomplis par le conquérant imitateur d'Alexandre-le-Grand, il faut recourir au poème en grec vulgaire que rédigea un des officiers étrangers de Michel, le Vestiaire Stavrinos, à Bistrița de Transylvanie, pendant sa captivité, « sous les rayons des étoiles »; pour trouver une œuvre poétique de forme classique, on doit s'adresser à l'imitation des modèles italiens, que le Crétois Georges Palamède livra à la Cour du prince russe d'Ostrog, intéressé lui-même à la croisade. Plus tard, un moine d'Epire, qui portait le titre d'évêque de Myrrhe, en Asie-Mineure, Mathieu, ayant été recueilli et installé comme hégoumène de la nécropole princière de Dealu, se donna la peine de continuer dans des vers sans saveur le récit de Stavrinos, qui, tout de même, était animé des sentiments d'un soldat.

Quant à la Moldavie, alors que les chantres illettrés célébraient les victoires du grand Etienne, celui-ci s'interdisait, par esprit d'humiliation chrétienne, toute glorification officielle de son œuvre militaire et politique. Le prince, qui éleva une quarantaine d'églises en pierre, ne fit rédiger par ses moines aucune biographie comme celles que connaît la littérature serbe, du XIIIe au XVe siècle; on se borna à continuer entre les murs de Putna, sa nouvelle fondation, les maigres notations slavones du couvent de Bistrita, qui nous renseignent directement sur Alexandre-le-Bon et ses premiers successeurs. Il n'y eut pas même, dans cette Moldavie, grande par ses efforts et son prestige, d'ouvrage pareil aux enseignements, dont il a été déjà question, de Neagoe à l'usage de son fils. Mais Pierre Rares eut aussi, comme ce dernier, pour compagne une princesse serbe, habituée aux lectures historiques et pieuses, cette Hélène qui rédigea le mémoire de son mari pour le Sultan Soliman. Les annales slavones furent donc poursuivies; on rencontre cependant, à côté, une œuvre d'un style pompeux, décalqué sur celui de la célèbre chronique de Manassès, dont on avait employé la version slavone: cette biographie de Rares, par l'évêque de Roman, Macarius, qui produisit, sous la plume du moine Euthyme, futur évêque de Transylvanie, une seconde, celle d'Alexandre Lapusneanu. Après la mort de ce prince dévot, qui se fit moine avant de fermer ses yeux aveugles, il n'y eut que des compilations et de maigres mentions d'événements contemporains dues aux derniers représentants de la grande école d'érudition slavone: un Esaïe, évêque de Radauti, un Azarius, chroniqueur de Pierre-le-Boiteux. Les combats des princes de la famille des Movila ne trouvèrent pas plus un poète ou même un annaliste que ne l'avaient fait les gestes de guerriers chrétiens d'un Aaron et d'un Etienne Razvan, les alliés de Michel-le-Brave. De même que, pour la Valachie, la tradition des historiens ne commença que sous Mathieu Basarab, il fallut attendre pour la Moldavie, le règne de Basile pour avoir en roumain la compilation du boïar Grégoire Ureche, qui transposa en langue vulgaire, avec des discussions critiques, le contenu des anciennes annales slavones. Un peu plus tard, fut rédigé, dans un style pédantesque, mais d'une authenticité absolue, la grande Chronique de Miron Costin, qui chanta même en polonais le passé des Roumains.

Dès la fin du XVIe siècle, la nouvelle littérature, qui s'adressait au peuple entier, venait de prendre son essor. Nous avons mentionné plus haut, pour expliquer la naissance de l'esprit d'aventure parmi les boïars, le récit des exploits d'Alexandre-le-Grand, les Vies des saints soldats martyrs, même les Miracles de sainte Parascève, qui sont sans doute antérieurs à l'année 1600. Bientôt commença l'œuvre féconde accompli par les traducteurs inconnus des Ecritures et même des apocryphes, plus répandus dans la Péninsule des Balcans (Voyage de la Vierge aux Enfers, légende de sainte *Dumineca* qui est le dimanche personnifié), des ouvrages de morale populaire que Byzance avait empruntés au monde oriental, des traités d'histoire naturelle pour le peuple, comme le *Physiologus*. On voulut même avoir en roumain des traités d'histoire, et il fallut entreprendre la traduction des « chronographes », dont le récit commençait avec la création du monde pour arriver, à travers les Ecritures, à l'époque des monarchies païennes de l'antiquité et à la série des empereurs byzantins et leurs successeurs slaves; en Olténie, suivant l'exhortation formelle de Théophile, évêque de Râmnic, le moine Michel Moxalie accomplit cette tâche. Sous Basile Lupu, on eut Hérodote en roumain, par les soins d'un dignitaire de seconde classe, très versé dans la connaissance du grec ancien, le logothète Eustratius. L'ambition de Lupu, lequel avait emprunté son nom princier de Basile à l'Empereur auquel le monde oriental doit la législation des Basilicales, confia au même Eustratius et à un autre Grec, le savant clerc Mélèce le Syrigue, devenu évêque dans ces contrées, une autre mission, celle de donner une traduction roumaine des lois impériales que ce prince, grand et impitoyable justicier, allait appliquer strictement dans son pays. Son code fut publié à Jassy en 1646 et, presque à la même époque, ce texte, auquel furent ajoutés d'autres éléments empruntés aux sources byzantines pour former une lourde compilation presque inextricable, parut en Valachie, à Govora, par les soins du prince rival, Mathieu (1652). Ce dernier avait fait imprimer, du reste, une autre réglementation, plus simple, tirée des originaux slavons, qui regardait surtout la discipline de l'Eglise, la Petite *Pravila* (1640). Certaines règles du culte eurent aussi la faveur d'être publiées en roumain, par l'initiative des chefs de l'Eglise valaque à cette époque.

La littérature profane ne devait pas s'arrêter aux travaux de Moxalie et d'Eustratius. On eut, vers la moitié du XVIIᵉ siècle, un résumé de l'histoire ottomane, et le fameux aventurier Georges Brancovitch, qui ambitionnait d'être, par le concours des Impériaux de Vienne ou de ceux de Moscou, despote de Serbie, second de ce nom, ce frère de l'évêque transylvain Sabbas, ce commensal et ami des princes et des nobles valaques, signant parfois en roumain: Brâncoveanu, compila deux opuscules d'histoire, qui sont à la base du panslavisme: une chronique de Kiev, plutôt traduite sur l'ouvrage d'un moine de la Petscherska, et une œuvre originale sur le passé des Serbes. On a trouvé même la version roumaine de ce long rapport dans lequel le futur prince de Transylvanie, Jean Kemény, racontait l'histoire de la campagne de Georges

Rákoczy II en Pologne et ses propres vicissitudes comme captif des Tatars.

Miron Costin ne s'était pas borné, après 1670, à rédiger seulement une chronique de Moldavie qui se rattachait à la compilation d'Ureche; écrivain préoccupé des origines, patriote roumain, il sentait le besoin de ranimer l'esprit défaillant de ses compatriotes appauvris et décimés par les guerres étrangères sur le territoire moldave; il raconta donc, en un beau langage ému, l'histoire de la colonisation romaine, dont l'honneur devait inciter les descendants des guerriers de Trajan à une vie active, éclairée d'un idéal supérieur à celui des intrigues pour le trône et des appels vers les différentes sujétions chrétiennes. Des contemporains valaques, le logothète Stoica Ludescu, fidèle et modeste serviteur des Cantacuzène, le capitaine Constantin Filipescu, apparenté à cette famille dont il devint l'adversaire politique, ne furent capables que de rédiger, avec servilisme ou avec haine, de maigres chroniques de parti.

Ces livres d'histoire, ces chroniques ne jouirent pas cependant de la faveur d'être imprimés. On se les transmettait entre moines, entre lettrés, entre boïars. Bien que l'œuvre du Roumain Pierre Movila, à Kiev, eût déjà porté des fruits pour ses compatriotes aussi, qui, faisant venir des caractères de Russie, fondèrent des imprimeries dans chacune des deux principautés, on ne donna que bien tard, vers la fin de ce siècle, un récit imprimé des exploits d'Alexandre. Car, si les typographes, dont l'œuvre avait été interrompue après 1590 par les troubles politiques, reprirent leur activité sous Basile et sous Mathieu, pour la continuer ensuite sans interruption, ce fut par suite du désir de ces évêques qui, nés au milieu des paysans, sentaient le besoin de communiquer au prêtre de village et à ses ouailles la bonne parole de l'Evangile, la sagesse des Commentaires de l'Ecriture.

Originaire d'un village dans le district de Putna, ancien moine au couvent de Secu, près de Neamt, le Métropolite moldave Barlaam ouvrit la série de ces travaux de traduction et de publication qui eurent une influence considérable sur le développement intellectuel du peuple et établirent pour les lettrés les formes d'un seul et même style roumain. Son Commentaire ou « Livre d'enseignement », publié à Jassy en 1643, fut répandu dans toutes les provinces roumaines; aujourd'hui même, les paysans de Transylvanie le préfèrent à toute autre prédication. Des prélats valaques, comme le Métropolite Etienne, suivirent ses traces. Bientôt une œuvre parallèle commença en Transylvanie par suite des efforts que fit, sous les deux Rákoczy, le personnel de l'administration calviniste pour détacher les Valaques de leur fidélité à l'ancien rite et à l' « hérésie » de la loi grecque. Dès 1651, l'imprimerie princière exécuta un psautier, destiné surtout aux écoles et un catéchisme, auquel Barlaam, ayant pris l'avis de son collègue valaque, crut devoir répondre par un écrit de polémique orthodoxe. Un « Nouveau Testament », traduit sur les originaux (1643), se distingue par la pureté de la langue que l'éditeur, le Métropolite Etienne Siméon, déclarait devoir être la même dans toutes les provinces de la nation.

Dosithée, évêque de Roman, puis Métropolite de Moldavie, déploya une activité marquée au coin d'une remarquable personnalité. Prélat très intelligent, il connaissait non seulement le slavon, mais aussi le grec et le latin, comme descendant d'une famille de marchands de Galicie; esprit préoccupé non seulement des questions de théologie, mais aussi des problèmes d'histoire, il fut le premier à recourir au témoignage des documents contemporains; il publia, à Ouniev, chez les Russes occidentaux, et non à Jassy même, outre un grand nombre de traductions religieuses en prose, le premier ouvrage de poésie roumaine qui eût passé sous les rouleaux d'une typographie, son Psautier versifié (1673). S'il fut inspiré par les versions similaires parues en Pologne, il adopta le style même de la chanson populaire. Son œuvre est de beaucoup supérieure, non seulement aux chants des calvinistes du Banat, qu'on employait dans les écoles officielles d'outre-monts, mais aussi à ces premiers essais de poésie savante, à la façon des Dédicaces latines, qu'avait risqués Miron Costin dans sa chronique, et aussi les éditeurs de livres religieux qui faisaient au prince l'hommage de leurs quatrains.

Dosithée, enfin, prit l'initiative d'introduire le roumain dans la liturgie elle-même, dans l'office religieux, qui avait été célébré jusqu'à ce moment exclusivement en slavon. Sa publication liturgique, parue à Jassy en 1679, n'eut pas, bien entendu, le même accueil partout; elle rencontra, au contraire, une forte opposition dans les milieux officiels, mais elle inaugura du moins un mouvement destiné à rendre intelligible au peuple cette belle littérature simple de l'Eglise, qui remplaçait pour lui tous les autres moyens de la culture spirituelle.

Cette activité littéraire dans le domaine religieux fut dignement couronnée par la Bible de 1688, pour la rédaction de laquelle un comité de boïars et de prélats avait été institué par Serban Cantacuzène et qui employa d'une manière critique toutes les versions antérieures. L'une d'elles, toute récente, sur le texte grec, était due à un élève de l'école slavone des Trois Hiérarques à Jassy, le boïar Nicolas Milescu, qui, après avoir écrit même tel opuscule en latin pour l'ambassadeur français de Stockholm, préoccupé de la querelle entre Jansénites et Jésuites, passa à Moscou pour y être le conseiller de Pierre-le-Grand et le premier compilateur d'ouvrages scientifiques dans cette Russie dont

la littérature religieuse avait été renouvelée par le
Moldave Pierre Movila. La « Bible de Serban » fut
largement répandue sur tout le territoire habité par
les Roumains et elle devint pour les traducteurs et les
compilateurs ultérieurs un modèle de la langue cultivée.

VIE DE LA COUR ET PRESTIGE IMPÉRIAL DES PRINCIPAU-
TÉS ROUMAINES: ÉPOQUE DE CONSTANTIN BRANCOVEANU.
— A côté de cette littérature au caractère religieux et populaire, qui devait être la source d'un large mouvement
de rénovation générale, à côté des dernières manifestations de l'esprit chevaleresque dans la vie politique
des Moldaves et des Valaques, qui allait se manifester
bientôt seulement par ces cadets de famille suivant
tous les drapeaux étrangers, en Pologne, en Moscovie,
en Suède, où Sandu Coltea fut un des plus fidèles officiers de Charles XII, il y avait cependant aussi un autre
facteur de la vie nationale qui se trouvait en plein
développement: l'autorité absolue des princes.

Partant de Radu Mihnea, de Basile Lupu, elle était
soutenue par une double influence. D'abord celle des
Sultans de Constantinople que ces potentats danubiens,
venus de plus en plus de la Capitale de l'Empire, cher-
chaient à imiter par le faste de leur Cour, par le nombre de leurs dignitaires, officiers et serviteurs, par la
splendeur des cérémonies. Mathieu Basarab avait été
imposé par les armes des boïars; mais Basile lui-
même, qui s'était réfugié à Constantinople pour échapper aux persécutions de son maître, Moïse Movila,
commença son règne dans l'ombre de la Porte ottomane. Georges Etienne et Constantin Basarab, premiers successeurs de ces princes rivaux, durent le
pouvoir seulement à la volonté du pays, et tel fut aussi
le cas pour Etienne Petriceicu, d'une vieille famille
moldave, élu par l'armée, après le refus d'Elie Sturdza;

pour Brâncoveanu, neveu de Serban Cantacuzène, proclamé par les siens aussitôt après la mort de son prédécesseur; enfin pour ce jeune Démétrius Cantémir, le futur auteur célèbre de l'Histoire de l'Empire ottoman, qui fut choisi par les nobles partisans de sa famille avant l'enterrement de son vieux père, le prince Constantin. Mais tous les autres Voévodes des deux pays, un petit-neveu d'Elie Rares, qui ne connaissait pas même la langue de ses sujets, puis le Rouméliote Duca, fils d'un simple paysan grec, l'Albanais Ghica, un Rosetti, Levantin qui vivait en parasite sur la décadence et la pourriture turque, le Constantinopolitain Demètre Cantacuzène, qui avait habité jusqu'à son avènement la Capitale ottomane, étaient des anciens clients des dignitaires turcs qu'ils avaient su gagner par leurs présents. Officier polonais d'aventure, absolument illettré, Constantin Cantémir avait dû son trône uniquement aux relations avec le séraskier, le généralissime turc, et il fut proclamé, en 1685, dans le camp d'Isaccea. Ces princes ne pouvaient que reproduire la vie brillante et vide dont ils avaient été les témoins dans les rues de l'impériale Stamboul.

En même temps, une influence européenne, occidentale, venant de la France de Louis XIV, se réunissait à l'autre pour inspirer à ces princes de courte durée et d'un sort si incertain l'ambition d'une belle Cour imposante, réunissant, non seulement ce que le pays avait de plus important, mais aussi l'apport de prestige de l'Orient entier, avec ses Patriarches, ses archevêques, ses prédicateurs, ses didascales et ses lettrés. Un portrait de Démétrius Cantémir dans sa jeunesse, lorsqu'il fréquentait à Constantinople aussi bien les dignitaires turcs et les sages de l'Orient que les ministres de la chrétienté, en commençant par celui de France, un Fériol, un Châteauneuf, montre, dans la coiffure et le costume, le mélange, bizarre en apparence, de ces

deux influences, qui cependant se confondaient dans
la vie réelle, formant une parfaite unité. Le prince porte
un turban sur sa perruque française aux longues boucles, une petite moustache relevée en pointe orne sa
lèvre supérieure; le surplis de dentelles, le justau-
corps, l'épée sont aussi français, mais la ceinture de
châle précieux rappelle cet Orient musulman dont il
allait se détacher violemment en 1711, lorsque, con-
vaincu de la prochaine catastrophe turque, il s'allia au
Tzar Pierre-le-Grand pour partager sur le Pruth sa
mauvaise fortune.

Le plus brillant type de cette société nouvelle, paisible et soumise, dominée par une prudence excessive
lorsqu'il s'agissait de prendre une décision, tergiver-
sant, négociant, revenant sur ses décisions jusqu'au
dernier moment, prête à se féliciter d'avoir tardé et de
se repentir d'avoir pressé le pas, et, cependant, avide
d'influence, de prestige, de domination, rêvant, sinon
de la couronne byzantine qui avait séduit Basile et Serban, au moins d'une auréole visible pour tous les chrétiens de l'Orient, est Constantin Brâncoveanu dont
le règne d'un quart de siècle fit bien voir tous les
côtés de sa personnalité superbe et toutes les aspirations variées de la société qui pouvait se reconnaître
en lui. Fils d'un père qui avait été tué dans une révolte,
d'un grand-père qui avait eu le même sort, destiné à
périr lui-même sous les coups du bourreau, avec tous
ses fils, il a la pensée sereine, la volonté assurée; il
distribue d'une main libérale ses propres ressources
et celles du pays — qu'il ne ménage pas lorsqu'il s'agit
de satisfaire les exigences des Turcs, comme au moment où ils le menèrent presque prisonnier à Andrinople — pour des fondations qui suffiraient, par
leur nombre et leur beauté, à rendre célèbre le prince
d'un pays plus large que son petit Etat valaque. Il
répara les anciens couvents qui menaçaient ruine et en

éleva d'autres, dans lesquels la sculpture des chapiteaux, des linteaux, des cadres qui entourent les portes et les fenêtres atteignent une beauté supérieure, due aussi aux éléments nouveaux qu'on avait empruntés à l'art vénitien, alors que jamais la peinture intérieure n'avait été plus riche et plus soignée, bien qu'elle fût inférieure à celle des anciens cloîtres moldaves sous le rapport de la finesse et de l'invention. A Hurezi, dans les forêts du district de Vâlcea, où il avait espéré pouvoir dormir d'un sommeil tranquille, il fit bâtir pendant plusieurs années un monastère dont les fondateurs furent ses fils et sa femme Marie, monastère qui ne le cède à aucun autre en ce qui concerne la qualité des matériaux et le fini de l'exécution. Son successeur grec, Nicolas Maurocordato, put bien l'imiter dans sa fondation de Vacaresti, dernier grand monument de l'architecture valaque, mais non pas le dépasser.

Entouré d'une brillante société de boïars, appartenant aux anciennes familles, dont il était tellement le représentant incomparable qu'il n'y eut presque pas d'intrigues contre son trône, de secrétaires occidentaux comme le Florentin Del Chiaro, qui a laissé, dans ses *Rivoluzioni della Valachia*, la meilleure description de la principauté qui fût jamais sortie de la plume d'un étranger, béni souvent, dans des cérémonies religieuses d'un caractère grandiose, par les prélats de l'Orient, ayant à leur tête Dosithée, Patriarche de Jérusalem, puis son érudit neveu, Chrysanthe Notaras, il offre des festins de gala dans ses palais de Potlogi, de Mogosoaia, dont les façades ornées de belles fenêtres sont marquées surtout d'un trait d'élégance supérieure par la loggia aux colonnes sculptées qui vit tant de fois la belle figure du prince au grands yeux clairs et à la barbe ronde contemplant les beautés de cette nature valaque à laquelle toute son âme était si intimement liée.

Aidé par un moine du Caucase, Anthime l'Ibérien, qui devait être évêque, Métropolite et finir comme « traître » noyé par les Turcs dans une rivière balcanique, il fit travailler avec une activité incessante ses presses à Snagov, à Bucarest même et dans les résidences épiscopales de Râmnic et de Buzau. Son peuple roumain obtint de sa munificence de beaux livres religieux, capables de soutenir la comparaison avec ceux de Venise; mais, bien qu'il eût fait travailler à l'histoire de son règne le boïar Radu Greceanu, le langage vulgaire n'était pas sa principale préoccupation. Dès l'époque de Basile et de Mathieu, les professeurs slaves de l'école des Trois Hiérarques, envoyés par Pierre Movila, et le propre frère de la princesse valaque, Oreste Nasture, avaient renouvelé la connaissance du slavon, qui reprit ses droits dans les publications et dans tout document de quelque importance, surtout en Moldavie. A l'époque de Brâncoveanu cependant, les derniers disciples des anciens maîtres commençaient à disparaître, et le grec, principal instrument d'influence en Orient, remplaçait le slavon au moment où le gymnase hellénique, fondé par Serban, prospérait sous la direction de Sébastos de Trébizonde et de ses collaborateurs, parmi lesquels Jean Comnène, Métropolite de Silistrie. En dehors des publications grecques qui popularisèrent le nom du riche Voévode, celui-ci fit travailler, dans son pays même, ou jusqu'au Caucase, par les disciples de ses imprimeurs, des livres d'Eglise en langue arabe et en langue géorgienne. Mais le roumain prenait possession de l'office divin.

Comme la Moldavie, théâtre, depuis 1683 déjà, des guerres entre Turcs et Polonais, qui ne finirent que seize ans plus tard par la paix de Carlowitz, était complètement ruinée, comme la nouvelle aristocratie grecque d'importation: des Cantacuzène, des Rosetti, remplaçait dans beaucoup de domaines les anciennes familles, comme des Voévodes pauvres ne faisaient que passer sur un trône dénué de prestige, pendant que Miron Costin et son frère appelaient de tous leurs vœux une autonomie sous la domination polonaise, Brâncoveanu était souvent le vrai maître des deux principautés. Son influence s'étendait aussi sur la Transylvanie, où il faillit être prince et qu'il traversa en vainqueur (1691) pour y imposer, avec les Turcs et les Tatars, le règne éphémère d'Eméric Tököly, client du Sultan. Dans un autre sens et sous une autre forme, il rappelait Michel-le-Brave et Etienne-le-Grand.

L'interprétation littéraire de ce règne brillant se trouve dans une œuvre dont il ne nous est malheureusement parvenu que des fragments; elle est due à l'oncle même du prince, le Grand-Stolnic Constantin Cantacuzène, dont la sœur avait été la mère de Brâncoveanu. Cet autre petit-fils de Radu Serban et descendant des empereurs byzantins, qui n'oubliait guère sa glorieuse généalogie, avait fait des études à Constantinople, puis, cas très rare encore, à Venise et à Padoue, où il s'initia à la civilisation latine de la Renaissance. Mêlé à toutes les affaires de la principauté, conseiller respecté d'un neveu qu'il réussit plus tard à renverser, il ne trouva pas trop de loisirs pour donner la forme écrite à une pensée large et fière. Dans son *Histoire des Roumains,* dont la conception est plus vaste que celle de l'ouvrage de Miron Costin, car il comprenait aussi les congénères des Balcans et comptait exposer dans son ensemble unitaire le passé de la race entière, le Cantacuzène fit preuve d'une érudition critique que le Grand-Logothète moldave n'avait pas possédée; il sut classer et discuter avec sagacité les témoignages des sources intérieures et extérieures, des chartes de donation, des chants populaires, dont il appréciait l'importance. Plus d'une fois sa voix s'éleva, éloquente, pour combattre ces étrangers qui, sans connaître le passé d'une nation, s'empressaient de condamner, avec autant de sévérité que d'injustice son état actuel.

Lorsque Brâncoveanu eut fini ses jours d'une manière si tragique, le fils de cet historien, Etienne, fut élu par le parti vainqueur et confirmé par les Turcs. Deux années plus tard cependant, le nouveau prince succombait à une sentence portée par le cruel Grand-Vizir Dschine-Al, ennemi déclaré des chrétiens, contre cet autre ami des Impériaux allemands, contre cet autre « traître » des intérêts ottomans, et l'auteur de l'*Histoire des Roumains* partagea ce sort. C'était comme si la fatalité avait voulu marquer d'un trait de sang que la fin de l'absolutisme royal des princes indigènes devait être aussi celle de cette civilisation roumaine, sûre de son unité et fière de ses origines, qui s'était développée dans le calme prospère d'un long règne.

CHAPITRE X

Décadence phanariote sur le Danube
Développement de la civilisation roumaine
en Transylvanie

DÉCADENCE DES PRINCIPAUTÉS SOUS LE RÉGIME DES OCCUPATIONS ÉTRANGÈRES. — Déjà, cependant, ce territoire carpatho-danubien qui avait déterminé la formation de la race, était en proie à la convoitise des grands Etats chrétiens du voisinage, après que la levée du siège de Vienne, la série des succès remportés par le génie militaire d'Eugène de Savoie, l'envahissement de la

Transylvanie, qui devait rester aux Impériaux, en 1699, et celle du Banat, annexé un peu plus tard, en 1718, eurent prouvé que la force offensive turque était définitivement brisée.

Au cours des guerres entre l'Empire ottoman, d'un côté, et, de l'autre, la Pologne et la Moscovie, pour la possession de l'Ukraine cosaque, où un prince moldave, Duca, devint Hetman en 1681, la principauté septentrionale avait subi les douleurs et les misères que provoque fatalement le passage des armées étrangères: le Sultan Mohammed IV vint faire ses prières à Jassy, dans l'église d'Etienne-le-Grand, et il y eut dans le château de Suceava, où ce dernier avait arrêté jadis Jean-Albert, une garnison établie par Jean Sobieski. Dès 1683 les Polonais avaient envoyé de nouveau leurs avant-gardes dans la Moldavie, où fut établi, à la place de ce même Duca, qui avait été un des auxiliaires du Grand-Vizir, Etienne Petriceicu, abrité, après avoir trahi son suzerain à la bataille de Hotin, dans les Etats du Roi. Il y eut dans la Bessarabie méridionale des combats entre les Tatars et les Cosaques polonais, auxquels s'étaient réunis des chevaliers moldaves. Deux fois Jean III lui-même pénétra dans ce pays qu'il connaissait bien pour essayer de le réunir à sa Couronne et de gagner ainsi cette frontière du Danube et des Carpathes qui figurait dans le grand projet d'Etienne Báthory. Il prit la place du vieux Cantemir, à côté duquel il avait combattu sous les drapeaux polonais, et dans le modeste château des Voévodes il récita ironiquement des vers populaires moldaves pour bafouer le prince fuyard (1686).

Ayant perdu une grande partie de ses troupes dans le désert du Boudschak, où il alla chercher ses ennemis, il ne revint en Moldavie qu'en 1691 pour se saisir des couvents fortifiés et des anciennes forteresses dans la région des montagnes. Après son départ, il y eut, pendant une dizaine d'années, à côté de la Moldavie tributaire du Sultan, qu'appuyaient les Turcs et les hordes des Tatars durs pour les malheureux habitants, une Moldavie royale, dans la Bucovine et les régions voisines, où des officiers polonais avaient le commandement des soldats, roumains en partie.

La Valachie, défendue par une situation plus favorable, mais aussi par l'intelligence politique supérieure de Şerban Cantacuzène, fut épargnée d'abord. Par de longues négociations ce prince, qui avait opposé un refus poli aux prétentions des Polonais sous Sobieski et sous son successeur, tout en demandant le concours des jeunes Tzars de Moscou pour chasser les Tatars bessarabiens, réussit à empêcher l'entrée des soldats du général Veterani. Ils ne purent cependant pas être retenus plus longtemps lorsque la possession de la plaine valaque devint indispensable pour les opérations des armées impériales qui occupaient la Transylvanie. Brâncoveanu, qui avait désiré maintenir en dehors de toute aventure la situation traditionnelle du pays — car, s'il rendit des services aux Allemands, irritant ainsi les agents français à Constantinople, il le fit seulement pour les retenir loin de ses frontières, — dut subir l'humiliation et les dégâts causés par les troupes du général Heissler, qui s'y logèrent pendant tout un hiver. Il avait fallu recourir aux Tatars, piètres alliés, pour amener leur première retraite; au commencement, il paraissait bien que les Impériaux voulaient établir sur le trône princier de Bucarest leur client, colonel dans les rangs de leur armée, Constantin Balaceanu, vassal de Léopold Ier. Ce gendre de Şerban Cantacuzène fut tué quelques mois plus tard, lorsque, ainsi qu'il a été déjà dit, son rival pénétra en Transylvanie avec une nombreuse armée turco-tatare et contribua à la victoire de Zârnesti, près de Brasov, Heissler lui-même étant devenu le prisonnier du Voévode. Jus-

qu'à la conclusion de la paix, pendant une vingtaine
d'années, la Valachie, malgré les troubles provoqués
en Transylvanie, par le fils de la femme de Tököly,
François, héritier des Rákoczy, qui, d'intelligence avec
les Turcs, avait relevé le drapeau de l'indépendance
nationale, n'eut à souffrir que des incessantes exigences des maîtres ottomans qui réclamaient des provisions, du bétail, des auxiliaires, de l'argent. Brâncoveanu était toujours à sa place lorsqu'il s'agissait de
rendre les honneurs au Vizir, au Khan des Tatars, à
la personne impériale du Sultan lui-même.

Plus tard il eut à supporter une grande partie des
charges qui retombèrent sur les pays roumains au moment où Charles XII, vaincu à Pultava, vint se réfugier,
en 1709, sur le territoire de la forteresse turque de Bender, dans le village moldave de Varnita. Toute une petite armée l'entourait, ayant à sa tête les officiers et les
dignitaires qui avaient accompagné le roi dans sa
grande aventure orientale; les Polonais, restés fidèles à
sa cause, demandèrent des quartiers dans la principauté, et le souverain que Charles vainqueur avait imposé à la nation, Stanislas Leszczynski, vint trouver
son protecteur dans la modeste demeure de cet exil.
Les Cosaques du Hetman Mazeppa, qui mourut en
Moldavie et fut enterré dans l'église de Saint-Georges à
Galatz, établirent leurs tentes sur cette terre de Bessarabie; des émissaires de toutes les nations, des aven-
riers, des intrigants, des espions affluèrent à Varnita.
Il fallut que le Trésor princier et les malheureux
paysans de la Moldavie prissent le soin d'entretenir
tout ce monde exigeant, dont on admirait la vaillance,
tout en gémissant sous le poids des impôts et des réqui-
sitions.

De ce séjour du Roi de Suède en Moldavie devait ré-
sulter bientôt, en 1711, une guerre entre Russes et

Turcs, dans laquelle Brâncoveanu voulut garder une neutralité attentive, d'autant plus que le Tsar avait accordé sa faveur à Thomas Cantacuzène, qui, avec les allures d'un prétendant, vint assiéger la forteresse turque de Braila. Quant au jeune et inexpérimenté Démétrius Cantemir, il s'était déclaré résolument pour la cause des chrétiens, sans pouvoir leur fournir cependant les provisions promises, car la sécheresse et les sauterelles avaient détruit deux récoltes moldaves successives. Pierre-le-Grand ne put arriver au Danube avant que le Grand-Vizir eût passé le fleuve au gué d'Issaccea; ce qui suivit, ce fut, dans ces régions qui avaient déjà vu périr l'armée polonaise de Sobieski, une retraite longue et désastreuse, avant et après la conclusion de la paix du Pruth qui sauva les restes de l'armée moscovite. Pour le Tzar et ses soldats, les souffrances finirent lorsqu'ils touchèrent la terre amie de Pologne; elles n'avaient fait que commencer pour la Moldavie, qui fut, par un « fetva » ou décret religieux du moufti, livrée aux Turcs et aux Tatars, avec permission de tout détruire et exterminer. Des régions entières en restèrent complètement désertes une dizaine d'année plus tard.

La nouvelle guerre qui éclata entre l'Empereur d'Allemagne et les Infidèles, après l'invasion des Turcs dans la Morée vénitienne, amena le retour de ses soldats dans les deux principautés. Déjà un étranger, un Grec, Nicolas Maurocordato, qui se targuait de descendre par les femmes d'Alexandre-le-Bon, régnait à Bucarest, après la destitution du Cantacuzène Etienne. Les boïars, qui ne voulaient pas de lui, de même que n'en avaient pas voulu auparavant les Moldaves, chez lesquels il avait fait sa première apparition princière, étaient disposés à accepter la domination chrétienne des Impériaux comme une délivrance; tout un parti allemand s'était formé pour appeler les soldats de Charles VI. Quelques centaines de cavaliers suffirent pour enlever dans sa Capitale ce prince abandonné par les siens; mais, lorsqu'on essaya du même jeu en Moldavie, où régnait quelqu'un qui, Roumain lui-même, avait de profondes attaches dans le pays, Michel Racovita, apparenté aux Cantacuzène, les envahisseurs furent battus par les Tatars appelés au secours, et un monument en ruines rappelle encore la place, sur la hauteur de Cetatuia, au-dessus de Jassy, où fut exécuté comme « chef de bande » leur capitaine. Les Allemands s'étaient rendus maîtres des monastères situés dans les Carpathes; une expédition des Moldaves et des Tatars réussit à les déloger; en outre, elle pénétra en Transylvanie jusqu'à Bistritz, cruelle pour les Hongroïs et les Saxons, mais, d'après l'ordre exprès du Voévode, pleine d'une fraternelle pitié pour les Roumains de ces contrées où Etienne-le-Grand et Pierre Rares avaient été jadis les maîtres.

L'Olténie, conquise, avait été confiée au fils de Serban, Georges Cantacuzène, qui, ayant espéré devenir Prince, ne fut qu'un simple Ban; lorsque la paix de Passarowitz reconnut la domination impériale sur les cinq districts, le prince de Valachie resta seulement administrateur du territoire s'étendant de l'Olt au Milcov. Dans la nouvelle « Valachie Autrichienne » commença alors un régime où le manque d'intelligence politique s'alliait à l'avidité la plus éhontée. On toucha à tous les privilèges et à tous les droits: ceux de l'évêque, auquel on donna un autre supérieur, le Serbe de Belgrade, et un concurrent catholique, pris parmi les Bulgares catéchisés par les Franciscains; ceux des couvents, dont l'autonomie fut attaquée en même temps que les relations traditionnelles avec les Lieux Saints de l'Orient; ceux des boïars, qui devaient se soumettre à la moindre injonction des officiers allemands qui, de fait, conduisaient, au nom du Ban incapable, les affaires administratives à Craïova. Quant au peuple, on l'employait sans ménagement à tous les travaux publics, des routes, des ponts, des casernes; en même temps qu'on faisait cet appel incessant à ses forces, la défense de faire du commerce avec les Turcs et même avec leurs frères de la « Valachie turque », la dépréciation et l'interdiction de la monnaie ottomane, atteignaient les sources mêmes de ses revenus. Lorsqu'une nouvelle guerre, malheureuse pour les Autrichiens, mit fin à ce régime d'extorsion sans vergogne et d'envahissement maladroit, personne ne regretta ces maîtres chrétiens, « libérateurs » et « civilisateurs », qui ne laissèrent d'autres traces de leur passage que des formes d'organisation administrative et de fiscalité, à la mode du XVIIIe siècle, que s'empressèrent d'adpoter les princes de la Valachie réunie dans un seul corps par le traité de Belgrade.

Pendant ces hostilités qui durèrent trois ans, la noblesse valaque ne résista pas seulement aux offres, aux promesses et aux menaces des Autrichiens, qui ne rencontrèrent pas même les restes de l'ancien parti favorable à leur domination, mais elle s'empressa d'accourir sous les drapeaux du jeune Constantin, fils de Nicolas Maurocordato, qui en arriva ainsi à se former une vraie petite armée pour soutenir les efforts victorieux des Turcs. Si les Autrichiens avaient occupé certains points importants de la région montagneuse, ils ne purent guère renouveler leurs exploits de jadis.

En Moldavie, en vit réapparaître les Russes, alliés des Impériaux de l'Occident. Une campagne en Crimée, destinée à soumettre les Tatars, avait échoué; le général Münnich essaya de se refaire sur cette principauté, aux richesses intactes, qu'il croyait prête à renouveler l'aventure, aux suites si douloureuses, de 1711. Après la victoire de Stauceni, il occupa Jassy, que les

Russes administrèrent par le moyen des boïars pendant quelques mois, imposant une forte contribution aux habitants et leur promettant des clauses d'union, de beaucoup inférieures à celles de jadis, qui avaient prévu, non seulement l'autonomie entière d'un pays complété par les raïas turques, mais aussi le maintien d'une dynastie indigène.

La paix de Belgrade donna au pays une tranquillité relative qui dura près de trente années, car c'est seulement en 1768 qu'une nouvelle guerre entre Russes et Turcs rappela les soldats russes dans les vallées moldaves et les plaines de la Valachie. Il y eut cependant, entre-temps, une émotion causée par les troubles incessants entre les sujets du Khan et les Tatars de la décadence en continuelle discorde, qui soumirent la Moldavie à une dévastation fondamentale.

Pendant cinq ans, les Russes de Roumientzov et de Patiomkine séjournèrent dans les deux Principautés; on espérait même réunir ces contrées dans un « royaume dace », qui aurait été confié au favori disgrâcié de la puissante Impératrice. On s'imagine bien ce que dut leur coûter cette espérance de former, fût-ce même dans ces conditions, qui n'étaient pas, sans doute, les meilleures, un Etat uni et indépendant. Lorsque le traité de Keutschuk-Kaïnardschi, en 1774, accorda à la Tzarine d'intervenir pour le maintien des droits traditionnels dont devaient jouir les Roumains du Danube et que le premier consul, aux attitudes dominatrices, parut à Jassy et à Bucarest, il fallait pourvoir avant tout à ces mesures de restauration qui étaient absolument nécessaires pour assurer l'existence économique des Principautés. Par des exemptions de tribut, des privilèges de colonisation on arriva tant bien que mal à les ramener en quelque sorte dans leur état antérieur, lorsque la coalition entre Catherine et Joseph II, par le partage immédiat de l'Empire ottoman, ramena les hostilités, auxquelles les Autrichiens participèrent aussi.

Déjà, ces derniers s'étaient arrangés pour avoir, sans participer à la guerre de 1769-1774, au moins une large partie de la Moldavie. Par un traité secret avec la Porte, qui s'était laissé amener même à leur payer des subsides, ils avaient obtenu en 1771 la promesse de compensations en deçà des Carpathes. Comme la campagne russe de 1774 finit à l'improviste par un traité favorable aux intérêts de la Russie, Marie-Thérèse, très bien servie par son ambassadeur à Constantinople, Thugut, et par son chancellier, Kaunitz, s'empressa de s'assurer la possession immédiate du territoire qu'elle convoitait. Ce système n'était pas nouveau, car une vingtaine d'années auparavant on avait gagné sur la Moldavie, par un simple « avancement des aigles », tout le district montagneux, du côté des Szekler, que Joseph II déclarait, après son inspection personnelle, être équivalent à deux comtés. On avait parlé alors d'anciennes frontières violées par l'insatiable avidité des mauvais vosins roumans que dominaient les pauvres Phanariotes. Cette fois on invoqua la nécessité d'avoir une route militaire entre la Hongrie et la Galicie que, sans plus de droits, on venait de s'annexer aux dépens de la Pologne, sans compter qu'il fallait un « cordon », étendu sur une centaine de lieues de largeur, pour défendre les Etats héréditaires de l'Impératrice-Reine contre la peste endémique en Turquie. Lesdites aigles, que n'arrêta aucune opposition de la part des Russes en retraite, étaient arrivées à Roman, lorsque des négociations furent ouvertes à Constantinople. L'indignation turque fut rapidement étouffée par des présents, assez médiocres, mais distribués à propos. La convention de Palamutca annexa donc à l'Autriche Suceava, l'ancienne Capitale moldave, les beaux monastères des environs, avec Putna où repose Etienne-le-Grand, Radauti, la première nécropole des princes et la résidence d'un évêque, les vastes territoires des paysans libres du Câmpulung Moldave et du Câmpulung Russe, le gué du Pruth à Cernauti et toute la bande de territoire qui s'étend au Nord du Pruth jusqu'à la rivière du Ceremus (Czeremosz), alors qu'à l'Est la frontière touchait à la forêt de Hotin. Pour faire oublier le passé, on s'empressa de trouver à ce territoire un nouveau nom, celui de Bucovine, emprunté aux forêts de hêtres, et, par des colonisations de Ruthènes galiciens, de Magyars de Transylvanie, d'Allemands, de lui donner aussi un caractère ethnique nouveau.

En 1788, les Russes retardèrent l'invasion de la Moldavie orientale, où l'ancien consul Lachcarev, un Géorgien, allait être associé aux boïars du Divan indigène pour l'administration de la province. Les Autrichiens, qui avaient mis tout en branle par leurs intrigues, se présentèrent, eux-mêmes, sensiblement après que la Russie eut déclaré la guerre; dans leur zèle d'avoir pour eux les deux provinces, ils s'attaquèrent à Hotin et se saisirent, d'après le système pratiqué déjà en 1716, de la personne du prince, le Phanariote Alexandre Ypsilanti, qui les attendait, du reste, depuis longtemps et avec la plus grande impatience. On ne leur abandonna pas cependant la Moldavie entière, car les Russes passèrent la frontière en juin 1788, et alors les premiers occupants durent se borner à conserver ces districts qui avaient été compris jadis dans le projet d'une Bucovine plus large, de Dorohoiu à Roman et à Néamt; le siège d'une seconde administration étrangère fut établi à Roman, où commandait le prince de Cobourg, généralissime des Impériaux, alors que Patiomkine, l'ancien amant de Catherine, donnait de brillantes fêtes à Jassy. Il fallut, en automne, une coopéra-

tion énergique des Russes, auxquels revient le principal mérite de la victoire de Râmnicu-Sarat pour que
l'armée autrichienne, qui avait redouté jusqu'à ce moment les bandes hardies organisées par le courage du
prince de Valachie Nicolas Maurogéni (Mavrogheni),
un Grec des îles, pût se saisir de Bucarest, où elle fit
une entrée tardive et gênée. Ce fut par cette voie, qui
était celle d'un triomphe partagé et dans lequel le drapeau des Habsbourg n'avait pas eu la part principale,
que les conquérants arrivèrent à Craiova, tandis que
dans le Banat de Temeschvar Joseph II en personne
prenait la fuite devant les armées victorieuses du
Grand Vizir Youssouff.

Il fallut les troubles provoqués dans toute l'Europe
par la Révolution française pour que les Autrichiens
lâchassent une proie dont ils paraissaient désormais
être sûrs. Une médiation prussienne et hollandaise
amena, en août 1791, la conclusion de la paix de Sis-
tova, qui laissait les territoires occupés dans le statu
quo avant la guerre. Au même moment, un armistice
était signé avec les Russes à Galatz, et le 9 janvier de
l'année suivante la paix de Jassy rendait à elle la Moldavie complètement épuisée.

Pendant la Révolution, la Principauté eut bientôt des
hôtes polonais révolutionnaires, que les Russes paraissaient disposés à soutenir, des agitateurs qui répan-
daient les projets les plus bizarres et, lorsque Napoléon, devenu maître de l'Europe, se mit à régler selon
ses goûts et ses intérêts les anciennes frontières, la
Moldavie et la Valachie ne purent pas se soustraire au
sort qui atteignait le pays voisin.

En 1806, comme le Sultan, violant la convention de
1802, qui assurait aux princes roumains un règne sep-
tennaire, venait de déposer Constantin Ypsilanti, fils
d'Alexandre, et Alexandre Mourousi, comme suspects
de sympathies pour la Russie, cette dernière puissance,

qui s'était entendue à Tilsit avec le dictateur, n'hésita pas à occuper la Moldavie à titre de gage, mais avec la résolution ferme d'en faire, avec la Finlande, une compensation pour l'expansion effrénée de l'Empire français. Il en résulta, dès 1807, une guerre avec les Turcs, qui la conduisirent, du reste, d'une manière très molle; et, tout en agitant l'ancienne idée de la Dacie, unie sous le Grand-Duc Constantin ou sous l'archiduc autrichien Jean, avec la Transylvanie au besoin, on décréta l'annexion, reconnue solennellement au Sénat français par Napoléon, des deux Principautés à la Russie.

Pendant trois ans, le Tzar Alexandre put croire que rien ne serait changé à cette situation. Après les scènes d'amitié de l'entrevue d'Erfurth et le nouveau projet d'un partage de la Turquie, il fallut le conflit entre les deux Empereurs et la campagne de Russie en 1812 pour épargner au territoire roumain une perte plus étendue que celle de cette région entre le Pruth et le Dniester à laquelle on attribua le titre de Bessarabie. Le Grand Vizir avait risqué une offensive, qui fut arrêtée net par le général Marcov; toute son armée devint prisonnière, et, bien que le Sultan Mahmoud s'obstinât à garder les places du Danube inférieur, il fallut bien, puisqu'Andréossy, l'émissaire de Napoléon, tardait encore, conclure, le 28 mai 1812, le traité de Bucarest.

Ainsi qu'on le voit, pendant une bonne moitié du XVIIIe siècle, les Roumains durent subir l'invasion étrangère, un régime qui était presque celui de l'annexion, des contributions extraordinaires, des charges insupportables, tous les maux que peuvent produire l'oppression et l'insécurité. Finalement, leur territoire se trouva diminué de la Moldavie septentrionale, devenue autrichienne, et de la Moldavie orientale, devenue russe; de l'ancienne principauté d'Etienne-le-Grand, s'étendant de Halicz au Danube et des Carpathes au Dniester, il ne restait qu'un tronçon. Quant à la Valachie, ce fut un simple hasard si l'Autriche ne conserva pas la Petite Valachie, qui contenait les districts les plus ardemment convoités et le plus souvent dominés par les rois de Hongrie du moyen âge.

SITUATION DES PRINCES. — Ce siècle, qui aurait pu contenir deux ou trois grands règnes comme celui d'Etienne, compta des dizaines d'administrations passagères, de trois ans, si les circonstances étaient favorables aux simples fermiers du Sultan, de deux ans, ou le plus souvent même d'une seule année. L'instabilité était absolue, car les princes étaient soumis au moindre caprice des personnes influentes qui décidaient à la Cour corrompue de Constantinople; on ne pensait qu'à augmenter le nombre des contribuables en ouvrant largement les portes à tous les étrangers, qui étaient, comme nous l'avons dit, en ce qui concerne les artisans et les marchands, des clients du Trésor particulier du Voévode, et en empêchant de force les émigrations des paysans exaspérés, à perfectionner la machine fiscale et à rendre plus élastiques les termes déjà fixés pour la levée des impôts, afin d'être en mesure d'entretenir à la Porte ces bonnes dispositions dont tout dépendait. Si des princes « éclairés » pensaient aux préceptes de la « philosophie » occidentale, s'ils étaient particulièrement friands des compliments qu'on pouvait leur faire dans les livres de voyage et dans les gazettes de France, si des « réformes » leur apparaissaient comme le principal but d'un règne digne d'être inscrit dans les annales de l'histoire, on voyait bien que leur préoccupation capitale restait la même : se maintenir contre des concurrents qui étaient souvent leurs propres parents, leurs cousins, leurs frères.

Les protecteurs constantinopolitains étaient le seul appui réel de ces potentats que les boïars n'avaient ni élus ni acclamés et que personne ne devait regretter à leur départ. La plupart furent des Grecs, bien qu'ils eussent commencé par établir dans les chroniques officielles leur descendance des anciens princes, ainsi que l'avait fait Nicolas Maurocordato. On les appelait Phanariotes, parce qu'ils venaient de Phanar, quartier général de l'aristocratie grecque à Constantinople, où ils avaient leurs « palais » médiocres, où ils abritaient leurs désillusions et leur misère. Il y eut aussi des Roumains d'origine, tels que les Racovita, de vieille souche moldave, les Callimachi, qui avaient échangé 'pour le nom de l'ancien poète hellénique celui de Calmasul, le « kalmouk », porté par leur ancêtre, simple officier au service de la Pologne, les Ghica, établis en Moldavie dès le commencement du XVIIᵉ siècle; mais ils avaient tous le cachet grec, plutôt le cachet byzantin. En outre, ce n'était pas en leur qualité de Roumains ou d'étrangers roumanisés qu'ils obtenaient le trône de Bucarest et celui de Jassy, mais bien comme fonctionnaires turcs, imbus de cet esprit politique commun qui confondait Grecs et Turcs dans les mêmes concupiscences et les mêmes ambitions, malgré la différence du sang et de la religion. Les attaques incessantes des voisins de l'Est et de l'Ouest avaient rempli d'appréhension l'âme, naturellement soupçonneuse, des dignitaires de l'Empire ottoman; une longue expérience leur avait démontré que les Voévodes indigènes, reflétant dans leur action les sentiments de toute la classe dominante, préféraient le régime chrétien, quel qu'il fût, à l'oppression turque; après la trahison d'un Petriceicu, d'un Grégoire Ghica Iᵉʳ, d'un Brâncoveanu, d'un Étienne Cantacuzène, ils ne pouvaient espérer une attitude loyale de la part de ces Phanariotes, simples instruments de la Porte, sans aucune relation réelle avec le passé des pays roumains et avec les traditions qui s'y rattachaient. Sans compter que seuls ces bureaucrates, élevés pour les fonctions délicates de la diplomatie, dont ils étaient arrivés, par une longue pratique ou par l'exemple seul de leurs pères, à connaître tous les rouages, auraient été capables de noter tout ce qui concernait les intérêts turcs dans les changements qui se passaient au-delà des frontières.

A l'ancienne autonomie des princes indigènes avait donc succédé un véritable interrègne, où la conduite des affaires fut confiée à des lieutenants nommés par la Porte dans les mêmes conditions que n'importe quels autres fonctionnaires de l'Empire: on les destituait, on les emprisonnait, on envoyait prendre leur tête, comme ce fut le cas pour Grégoire Alexandre Ghica, assassiné à Jassy en 1777, et pour Handscherli, massacré à Bucarest une vingtaine d'années plus tard, on les décapitait en place publique (ce fut le sort du jeune Grégoire Callimachi en 1768); ou bien on leur faisait grâce et alors on les rétablissait, on les faisait passer d'une principauté à l'autre (Constantin Mauro-cordato régna à onze reprises dans les deux Capitales roumaines), sans plus de façons que pour de simples pachas, auxquels ils étaient même inférieurs; si en effet ces derniers avaient trois *tougs*, ou trois queues de cheval, les lieutenants n'en avaient que deux. Ils observaient strictement les cérémonies au caractère impérial; jamais on ne vit un prince aller à pied, visiter un boïar, paraître dans la rue sans un cortège qui voulait rivaliser avec celui des Sultans; cependant leur situation tomba à un tel degré d'avilissement que les plus intelligents et les plus actifs des Grecs dédaignèrent de prendre possession de ces trônes roumains dont ils disposaient cependant à leur gré. Se contentant du simple titre d'agents de leurs créatures, de Kapoukéchaïas, ils faisaient, comme ce Stavarakis que le Vizir fit pendre au beau milieu de ses intrigues, à Bucarest et à Jassy, la pluie et le beau temps, s'enrichissaient plus que ces princes ambitieux et nuls qu'ils commanditaient, sans partager leurs soucis et leurs dangers. Les fils de Grégoire Ghica II, ceux de Michel Racovita végétèrent dans ces humiliantes conditions.

Plus tard, il fallut faire aussi la cour au consul russe, au consul autrichien, établi en 1782, dans la personne du marchand ragusan Raicevich, auteur d'une excellente description des Principautés; quant au consul de France c'était un simple agent, sans mission commerciale bien définie, et celui de Prusse n'était qu'un maître de langues muni d'un bérat diplomatique et sans importance. Ces représentants des Puissances chrétiennes ne perdaient aucune occasion d'afficher leurs prétentions et d'exercer leur influence. Tel de ces Voévodes phanariotes, comme Alexandre Jean Maurocordato, qui devait fournir par sa fuite en Russie un des motifs de la guerre en 1786, représentait même, beaucoup plus que la suzeraineté de la Porte, cette protection russe envahissante, qui employait les Grecs pour révolutionner l'Orient et préparer la fin de l'Empire turc.

Situation des boïars et du peuple. — Ces créatures de Constantinople n'aimaient guère les boïars indigènes; ceux-ci, de leur côté, quoique ne les aimant pas davantage, essayèrent bien rarement d'intriguer contre ceux qui jouissaient de la faveur ottomane et jamais ils ne se révoltèrent, laissant le soin des émeutes au bas peuple qu'aurait irrité la faveur de tel agent grec au service de la Cour. Ils avaient emprunté même aux maîtres une conception de l'Etat dans laquelle comptaient seuls les pauvres, les masses des contribuables, la fidèle « raïa », toujours soumise, de l'Empereur païen, alors qu'il fallait user de la dernière sévérité envers les nobles, les grands propriétaires fonciers, chefs obéis de leurs serfs qui, du reste, s'étant fait exempter du payement des impôts, ne se préoccupaient guère de nourrir le Trésor princier. Déjà Nicolas Maurocordato avait pris envers ses boïars moldaves une attitude sans exemple: il les fit enfermer pour le moindre soupçon; feignant de voir dans le Métropolite une espèce de moufti obligé de prononcer des sentences politiques contre les personnes désagréables au gouvernement, il lui demanda une condamnation capitale contre ces traîtres; un peu plus tard, en Valachie, il fit exécuter de hauts dignitaires sous l'accusation d'avoir entretenu des relations avec les Allemands. Si les successeurs phanariotes de Nicolas eurent une conduite plus circonspecte, s'ils évitèrent d'entrer ouvertement en conflit avec l'aristocratie indigène, s'ils s'allièrent même par intérêt avec les grandes familles du pays, ils ne virent jamais dans ces seigneurs roumains que des rivaux qui auraient profité de la première occasion favorable pour se faire rendre le droit de régner qu'avait usurpé l'étranger.

Au milieu des conflits internationaux, ces boïars eurent en fait une attitude qui montre bien leur intention d'introniser un nouveau régime d'autonomie sous une protection chrétienne, dans lequel ils auraient joué le rôle de maîtres. Si Serban Cantacuzène avait négocié avec les Empereurs en son propre nom et pour assurer l'avenir à sa dynastie, conservant à la noblesse, qu'il n'avait pas consultée, ses seuls droits traditionnels; si, à l'égard des Russes, Démétrius Cantemir avait agi de même, malgré l'énergique opposition de certains nobles à ce projet, lorsque Münnich arriva en 1739 à Jassy, les « libérateurs » ne trouvèrent plus devant eux le prince lui-même, car Grégoire Ghica II, resté fidèle au Sultan, avait quitté sa place, mais bien l'aristocratie seule, avec le clergé supérieur, qui représentaient le pays. Tout en acceptant de supporter les lourdes charges dont le général russe accablait le pays, ils demandèrent en échange que le Voévode, s'il ne revenait pas dans sa Capitale, fût déclaré déchu et que toute l'engeance des Grecs, sauf les marchands, fût pour toujours chassée du pays; l'administration future de la principauté, la conduite des armées moldaves qu'on aurait créées était réservée à la classe dominante roumaine.

Lorsque les troupes de Catherine II entrèrent pour la première fois dans la Capitale de la Moldavie, pour occuper aussi, par un coup de surprise, Bucarest, elles apportaient, non pas le drapeau d'une conquête politique, mais celui d'une résurrection chrétienne, orthodoxe, slave et grecque, par la Russie et pour la Russie. Dès le début, on s'adressa aux boïars, et les Cantacuzène de Valachie, Pârvu et Michel, avaient fait tout leur possible pour préparer l'intervention russe. On ne parlait que de la « foi chrétienne » et du « joug des mahométans », idée qui animait bien réellement les soldats de l'invasion autant que leurs chefs. Cette fois encore, les Russes ne furent pas reçus par l'autorité princière; Grégoire Ghica III, celui qui devait être plus tard la victime de la vengeance turque, se laissa prendre par l'avant-garde des chrétiens et mener à Pétersbourg pour en revenir comme client de l'Impératrice. Quant à l'aristocratie indigène et aux chefs religieux du pays, on connaît leurs sentiments par toute une longue série de mémoires que leurs députés allèrent présenter à Catherine II d'abord, puis aux diplomates réunis, en 1771, au Congrès de Focsani et à Roumientzov, le commandant suprême des armées impériales. Ils voulaient d'abord la réunion de leur pays aux provinces de la Russie, mais sous la condition, énoncée par les Moldaves aussi bien que par les Valaques, que les affaires fussent confiées à un Comité aristocratique » de douze boïars, que tous les fonctionnaires et les officiers fussent élus pour un bref espace de temps et pris parmi cette classe et par elle-même, les droits souvrains seuls devant être exercés par le général russe établi dans la Capitale du pays (1).

On parlait déjà de l'intention qu'avaient les jeunes gens de cette aristocratie roumaine de voyager au loin pour leur instruction; on voulait établir dans le pays même, à côté de ces écoles grecques qui, souvent réformées, restèrent dans les deux Principautés le seul centre important de culture hellénique, des « Académies de sciences, d'art et de langues ». On sent l'influence des précepteurs étrangers, venus soit d'Allemagne, comme Dosithée Obradovitch, le créateur de la littérature serbe moderne, soit surtout de France, pour enseigner la langue qui dominait alors l'Europe entière et ouvrait le plus large accès à la philosophie politique moderne. Les princes phanariotes, qui devaient se servir du français dans leurs relations internationales, employaient des secrétaires français comme Linchoult et comme Mille, ou italiens comme Nagni, qui, tout en remplissant leurs devoirs officiels, contribuaient à introduire dans la société l'esprit occidental. Déjà les livres français étaient lus avec avidité par les lettrés de ce monde qui, sous une apparence toute orientale, toute constantinopolitaine, et plutôt turque, gardait cependant une propension marquée pour les idées de l'Occident. Leurs lectures étaient peu variées; c'étaient des romans d'aventures et des traités sur les mystères de la franc-maçonnerie, des livres de sciences exactes à côté des fantaisies pastorales de Florian et des poésies de Racine et de Voltaire — on s'empressait de pasticher en grec ce dernier, — c'étaient surtout les journaux en langue française, venus de Hollande aussi bien que de Paris. L'évêque de Râmnic,

____

(1) V. notre *Histoire des relations russo-roumaines*, p. 163 et suiv.

Césaire, un des principaux représentants de la culture religieuse à cette époque, faisait venir pour son usage personnel l'*Encyclopédie*, dépôt de toutes les hérésies pernicieuses à une âme orthodoxe; un peu plus tard, l'évêque moldave de Hotin, Amphiloque, qui avait connu l'Italie et parlait l'italien et le français probablement aussi, donnait la première Arithmétique et la première Géographie qui eussent été publiées en roumain, et peut-être fût-il aussi le traducteur des Voyages de l'abbé de La Porte, qui avaient été d'abord imprimés en russe. La typographie métropolitaine de Jassy donna une version roumaine du roman français *Critile et Andronius*. La première *Histoire de la Moldavie et de la Valachie*, par Carra, le futur conventionnel, qui n'était à ce moment que l'ancien précepteur, fort mécontent, des enfants de Grégoire Ghica III, parut, contenant des critiques injustes plutôt qu'une information exacte et sincère, à Neufchâtel, en 1782, presqu'au même moment que l'opuscule de Raicevich, les *Osservazioni*. Il y avait déjà à Jassy et à Bucarest tout un monde de lecteurs assidus des produits occidentaux apportés par la poste d'Autriche et que distribuaient les agents de cette puissance. L'Académie moldave avait été réformée dans un sens moderne, et on y faisait des leçons de latin et même de français. Des satires véhémentes s'élevaient pour critiquer les vices de la classe dominante et pour demander des « vertus », comme celles que pratiquait et prêchait Robespierre aux détenteurs d'un pouvoir « tyrannique ». Des Grecs des Principautés allaient fournir, non seulement des témoins de la Révolution française, comme ce Constantin Stamati qui avait espéré pouvoir être consul de France à Bucarest, mais aussi des hérauts au mouvement révolutionnaire de la Grèce renaissante, car Rhigas, l'auteur de la « Marseillaise » hellénique, avait débuté dans l'antichambre de tel boïar dont il était heureux d'être devenu le secrétaire. On allait entendre dans les cafés des capitales roumaines les accents téméraires de la *Carmagnole*.

Ce fut alors que les Russes et les Autrichiens envahirent de nouveau les Principautés, où ils rencontrèrent tout un parti de boïars qui étaient habitués à parler des origines romaines, de la liberté nécessaire au développement des peuples, de « l'Etat chrétien grand et puissant » qu'il aurait fallu créer sur le Danube dans l'intérêt même de l'Europe. Il s'agissait maintenant de « nation roumaine », qui demandait le respect de ses droits naturels, et non seulement des privilèges de classe que le passé historique lui avait légués. On voulait la restitution de la ligne du Danube, occupée par les forteresses turques, le payement du seul tribut de 300 « bourses », à 500 piastres, par le moyen des ambassadeurs chrétiens à Constantinople, la liberté du commerce pour les produits d'un pays qui tendait à échanger l'élevage, comme principale source de revenus, contre l'agriculture, sur un sol nouveau, d'une richesse extraordinaire. On avait désiré jadis, en 1770, la protection commune de la Russie, de l'Autriche et de la Prusse; on s'arrêtait à ce moment à celle des deux Puissances impériales seules qui participaient à la nouvelle guerre. Mais il fallait aussi qu'un prince élu selon la coutume, qu'on avait rétablie plus récemment pour l'élection d'Alexandre, fils de Scarlate Ghica, disposât d'une armée nationale dont la mission aurait été de défendre la neutralité roumaine (1).

Pendant la guerre de 1806-1812, Constantin Hypsilanti, qui ne manquait certainement pas d'initiative, après avoir été rétabli sur son trône de Bucarest par les Russes, qui lui confièrent même pour quelques

____

(1) *Convorbiri Literare*, année 1901, p. 1126 et suiv.

mois l'administration des deux Principautés, créa une armée nationale, où il y avait cependant aussi des Serbes, des Arnautes, des Transylvains; il rêva d'être roi de la Dacie et même de la Serbie révoltée contre les Turcs. Sa mère appartenait à la famille Vacarescu, étant proche parente du poète Jean, et l'on peut voir dans ses intentions l'influence des projets formés par les boïars indigènes en 1791.

DÉCADENCE DE LA CIVILISATION NATIONALE DANS LES PRINCIPAUTÉS AU XVIII° SIÈCLE. — Malgré ces preuves éclatantes d'une nouvelle conscience nationale, ce n'était ni le prince, ni les boïars qui pouvaient continuer et développer la civilisation roumaine, alors en pleine décadence dans les deux Principautés. Le premier, toujours en mal d'argent et toujours menacé par des intrigues, n'avait ni les moyens, ni le loisir nécessaire pour élever des monastères ou des palais d'un nouveau style, dans lequel seraient entrés des éléments empruntés aux courants d'art de l'Occident; on n'eut que deux seules fondations princières de quelque importance: Pantelimon, près de Bucarest, et Frumoasa, au bas de la colline de Cetatuia, à Jassy, toutes deux dues à la piété libérale de Grégoire Ghica II. Si Nicolas Maurocordato confia la mission d'écrire la chronique de son règne à Nicolas Costin, fils de Miron, puis au secrétaire Axintie, s'il fit rédiger une chronique valaque correspondante par le Vornic Radu Popescu, déjà auteur de Mémoires personnels, s'il ordonna de rassembler en un corps de récits toute la tradition historique de ces pays, dont il avait appris la langue pour mieux connaître — ainsi qu'il le déclare lui-même — leur passé, ce prince, qui écrivit des traités de morale en grec, ne put pas donner une impulsion durable à ce genre, qui devait se perdre bientôt dans l'aridité croissante d'une vie politique nulle, dont les passions avaient disparu. Nicolas Costin, qui essaya aussi de donner un large exposé des temps anciens de sa race, n'était qu'un pédant lourd et incapable de faire une œuvre originale avec les connaissances que lui avaient infiltrées les Jésuites polonais de Jassy. Quant à ses continuateurs, membres de la classe des boïars, on ne reconnaîtrait guère dans leur maigre exposition historique cet esprit de progrès politique que nous venons de constater.

La chronique se mourait, et aucun autre genre de littérature nationale ne venait la remplacer. Il y eut bien tout un afflux de traductions imprimées dans les typographies épiscopales et métropolitaines; elles prospéraient, mais ne concernaient que la théologie et étaient destinées surtout à la lecture des moines, et même des membres du clergé séculier, encore très peu cultivé. Toute une école de traducteurs se forma dans le grand couvent de Neamt, sous l'influence d'un étranger, d'un Russe, revenu du Mont Athos, Païsius. Mais on ne trouve que rarement, dans quelques préfaces lourdes, confuses et naïves, l'expression des idées qui devaient renouveler la société roumaine. Un noble, qui connaissait, non seulement les langues orientales, mais aussi le français, l'italien, auquel il emprunta des néologismes qu'il mêle aux néologismes turcs, Jean (Jenachita) Vacarescu, auteur d'une Histoire des empereurs ottomans imitée de l'Orient, s'avisa d'écrire une Grammaire de la langue roumaine et donna des vers, moins pour faire œuvre poétique que pour montrer l'application des règles de la prosodie. Mais pour rendre la vie à l'âme roumaine, il eût fallu des écrits animés d'une inspiration nouvelle.

On ne pouvait même pas penser à une littérature bourgeoise, la classe moyenne étant composée en grande partie d'étrangers, surtout de nouveaux arri-

vants, Grecs, Serbes, Bulgares, envoyés par l'Orient.
Ces artisans, ces marchands enrichis ont inscrit leurs
noms seulement sur les frontispices des quelques églises bâties par eux. Cependant certains petits boïars
sortis de ce milieu chantaient dans des vers prosaï-
ques l'épopée, plutôt burlesque, du « Grand conquérant » Maurogéni ou déploraient, comme l'Anonyme
qui signe « Le Roumain zélé » (*Zilot Românul*), les
malheurs du temps.

Quant aux paysans, on venait à peine de leur rendre cette liberté que leur refusaient certains de leurs
propriétaires, les confondant avec les troupeaux de
leurs Tziganes esclaves. En 1746, on promit, en Valachie, la liberté aux serfs fugitifs qui auraient regagné
leurs foyers; ils ne devraient désormais que la dîme
et six jours de travail par an. Bientôt, un acte solennel
arraché par le même prince Constantin Maurocordato
aux boïars reconnaissait que ces paysans avaient été
« asservis par une mauvaise coutume » ; en payant dix
piastres ils pouvaient se racheter. Enfin une troisième
mesure, prise par le jeune Maurocordato en Moldavie
décréta que la terre appartenait de fait aux paysans
qui en ont hérité, tout en reconnaissant que la défense
de quitter la glèbe faisait partie du droit usuel. Il fut
désormais interdit d'employer, pour les désigner, un
autre terme que celui de villageois; des règlements
fixèrent à vingt-quatre et même à douze jours par an
la quotité du travail dû par ce villageois, astreint à la
dîme, dont étaient exemptés, du reste, ses jardins de
légumes et les vergers qu'il avait plantés. Il faut ajouter que c'était une mesure fiscale, destinée à arracher
au boïar *son* paysan pour le rattacher de nouveau directement à l'Etat.

La poésie populaire chantait bien l'héroïsme du haï-
douc, du paysan en rupture de ban envers le boïar
aussi bien qu'envers le fisc, qui faisait œuvre « démo-

cratique » dans la forêt contre ses oppresseurs, mais pour que cette classe pût accomplir une œuvre solide de civilisation, il aurait fallu que de son sein même eût pu sortir une sorte de « bourgeoisie rurale », une classe de chefs selon l'esprit. Or, ce développement nouveau ne devait pas se réaliser avant plus d'un siècle, et tout d'abord en Transylvanie.

Les Roumains de Transylvanie et la maison d'Autriche. — Dès la fin du XVIIe siècle, les Roumains de cette province, sur laquelle pesait de plus en plus lourdement la tyrannie, non seulement politique et sociale, mais aussi religieuse et confessionnelle, des princes magyars et de leur aristocratie calviniste, virent arriver les Autrichiens qui se présentaient comme les fondateurs d'un nouvel ordre de choses. Le dernier prince qui régna réellement, Michel Apaffy, que les Turcs avaient tiré d'un coin obscur du pays des Szekler pour lui confier cette province vassale, avait conclu une convention avec le duc de Lorraine, commandant des troupes allemandes, par laquelle, de fait, il abdiquait le pouvoir. Même avant que le traité de Carlowitz eût reconnu la possession de la Maison d'Autriche en Transylvanie, on s'occupa de donner de nouvelles bases à cette domination chrétienne qui venait se substituer aux traditions hongroises du moyen âge et à l'exploitation ottomane.

Or, les Magyars n'acceptaient guère volontiers cette domination allemande et catholique qui menaçait la suprématie de leur nation et de leur classe. Les Saxons eux-mêmes étaient mal disposés, car ils craignaient pour ces libertés que les princes autonomes avaient respectées jusqu'alors; en outre, ils détestaient la soldatesque brutale des envahisseurs et redoutaient des charges fiscales supérieures à celles du passé. Le troisième élément qui constituait la population du pays, celui des Szekler, était absolument déchu; ses membres étant devenus presque les serfs des quelques familles nobles qui s'étaient établies au milieu des villages jadis libres. Pour imposer en même temps l'autorité de l'Empereur, le système compliqué du fonctionnarisme autrichien et l'Eglise catholique, que les Jésuites apportaient dans leur bagage, il fallait donc l'appui de la majorité, jusqu'ici négligée et méprisée, de la population transylvaine: des Roumains.

On commença par proclamer l'« Union de l'Eglise valaque » qui représentait dans les seules formes légales la vie de la nation, avec le Saint-Siège; on promit aux prêtres qui reconnaîtraient le dogme occidental en sacrifiant les quatre points de divergence, de les assimiler comme situation matérielle au clergé catholique; puis on s'adressa à l'évêque lui-même. Il avait dépendu jusqu'alors, comme tous ses prédécesseurs, du Métropolite de Târgoviste et du prince de Valachie, ainsi qu'avait dû le reconnaître Apaffy aussi, au cours des difficultés provoquées par la déposition de Sabbas; c'est d'au-delà des monts que lui venaient non seulement sa consécration, mais aussi des conseils de direction contre le calvinisme envahissant, des revenus, car la Métropole roumaine de Transylvanie possédait par la grâce des Voévodes des biens-fonds dans la principauté voisine, des ornements d'église, qu'on demandait, du reste, depuis quelque temps, aussi à Moscou, et des livres, de ces beaux livres qui sortaient des presses valaques. Celui qui tenait alors la crosse était un homme timide et soumis, Théophile: dès le mois de mars 1697, réunissant quelques protopopes à la mode calviniste qui administraient, en vrais chorévêques, les districts de son diocèse, il leur fit admettre facilement de se convertir au catholicisme, à condition de maintenir les rites qui se rattachaient à toutes les traditions du passé: les anciennes icônes, la liturgie archaïque, le vieux style roumain de l'Ecriture, les fêtes qu'avaient célébrées les ancêtres. En même temps, et surtout, on voulait l'égalité avec les autres nations: « que les Unis ne soient plus considérés comme tolérés », qu'ils soient « avancés et admis dans toutes sortes d'emplois; que leurs fils soient reçus sans distinction dans les écoles latines des catholiques et dans les fondations scolaires ». (1)

Cette décision fut confirmée dans un nouveau synode convoqué par le successeur de Théophile, Athanase, qui était allé, selon la coutume, se faire consacrer par le Métropolitain valaque. Préoccupé seulement de se maintenir contre les attaques des Jésuites, il était disposé à toutes les concessions, même à celle de rompre des liens, si profitables pour ses revenus, avec le siège de Târgoviste. Il y eut bien une résistance, dans les régions où le calvinisme s'était enraciné et dans la Transylvanie méridionale, qui avait pour centre Brasov, avec son faubourg roumain des Schei, et où l'influence du riche et puissant Brâncoveanu était la plus forte. L'autorité militaire et la persécution religieuse s'associèrent pour briser les efforts des récalcitrants; un de leurs chefs, Job Tirca, qui se réfugia plus tard en Moldavie, devint le superintendant calviniste pour les Roumains du prétendant François Rákoczy. Mais un voyage à Vienne fut imposé au pauvre jeune Métropolite, qui ne comprenait nullement la responsabilité historique du moment: sa rudesse naïve fut, sous l'influence jésuite, amenée rapidement à résipiscence: il reconnut l'évêque catholique comme son supérieur, il admit le contrôle et la surveillance d'un « théologien » de la milice de Jésus, qui, avec le simple titre

____

(1) Voyez notre *Histoire des Roumains de Transylvanie et de Hongrie*, II, chapitre I.

d'acolythe, allait être de fait le chef et le maître; admettant que la première consécration, accomplie par des schismatiques, n'est pas valable, il déclare renoncer désormais à tout rapport avec le Valaque et son Métropolitain. Pour l'en récompenser, la Cour le créa conseiller impérial, lui fit don d'une belle chaîne d'or portant le portrait de l'Empereur et l'installa avec une solennité extraordinaire dans cette résidence de Fehérvár dont son successeur allait être bientôt chassé pour ne pas porter ombrage au représentant de l'Eglise catholique romaine (1701).

Selon le désir des protopopes, cette même Cour avait dû cependant promettre, au moment où elle confirmait Athanase, de reconnaître tout Roumain uni à la confession de l'Empereur comme membre à titre égal de la communauté politique transylvaine, comme « fils de la patrie ». Mais, alors que les concessions faites par les Roumains étaient affichées à grands fracas, pour raffermir de la sorte la position des Impériaux en Transylvanie, cette reconnaissance fut tenue dans le plus strict secret pour qu'ensuite, « découverte » par les Roumains eux-mêmes, elle fût inscrite sous le second successeur d'Athanase sur le drapeau des luttes pour le droit.

De leur côté, les fonctionnaires travaillaient à détruire tout le passé de la nation. On brisa violemment avec Brâncoveanu, dont le Métropolitain et son tuteur, le Patriarche de Jérusalem, avaient lancé l'anathème contre l'apostat et le transfuge; on lui enjoignit brutalement de ne plus se mêler aux affaires d'un pays qui avait un autre souverain. « Pourquoi ce prince, qui est un homme comme il faut, répondait-on à l'ambassadeur anglais revenant de Constantinople, s'occupe-t-il des décisions que prend l'Empereur dans son propre pays en ce qui concerne des questions religieuses, alors que l'Empire n'a jamais demandé au prince de Valachie comment il procède pour les affaires de même nature dans sa propre principauté? »

A la mort d'Athanase, le vicariat de l'église valaque fut confié à des Jésuites étrangers; on pensa même à choisir parmi ces conseillers, hongrois et allemands, le successeur de l'évêque défunt. On finit bien par élire un Roumain, qui avait fait de brillantes études à Rome, Jean Giurgiu de Patac, mais il ne fut plus un « Métropolite », fût-ce seulement pour les siens, ni même un évêque de Fehérvar, où l'on devait élever sur les ruines de l'Eglise de Michel-le-Brave la forteresse impériale de Karlsburg: par une bulle de nouvelle fondation, le Pape, qui feignait d'ignorer tout le passé, créait, en 1721, un évêque uni à Fagaras.

Lorsque la succession de ce nouveau siège fut ouverte, les électeurs s'arrêtèrent, après une longue vacance, sur la personne d'un simple écolier, qui avait cependant dépassé depuis longtemps l'âge des études, Jean Innocent Micu, « baron Klein », par la grâce de l'Empereur. On croyait trouver en lui un docile instrument pour disposer des Valaques domptés par l'acte d'Union et dépouillés cependant d'une récompense si solennellement promise; il n'en fut pas ainsi, pourtant. Ce nouveau chef de l'Eglise roumaine devait être non seulement tout ce que lui inspirait son tempérament fougueux et tenace, mais aussi le représentant de ces paysans de Transylvanie qui, comme leurs congénères des Principautés, n'oubliaient pas, au milieu des pires épreuves et de l'humiliation la plus profonde, leur droit humain et national. Si l'aristocratie roumaine n'avait pu rien conserver de ses attaches avec la race qui l'avait produite; si, tout en rendant des services à la cause commune, les quelques fonctionnaires du même sang n'avaient qu'une action fatalement restreinte; si le clergé séculier ne se distinguait ni par les lumières, ni par la moralité nécessaires pour diriger un mouvement de cette importance; si enfin, les couvents roumains, anciens centres de la civilisation traditionnelle, avaient été violemment désaffectés et évacués, toute la résistance se concentra dans la classe rurale, nombreuse et vaillante. D'autant plus devait-elle entrer en lice pour sa liberté que, au lieu d'améliorer sa situation, les « nations » constitutionnelles faisaient tout leur possible, de concert le plus souvent avec le groupe des nobles magyars qui formaient le « gouvernement » de Transylvanie, pour l'aggraver. Les villes saxonnes voyaient déjà dans l'établissement d'un régime allemand une occasion unique pour transformer en serfs, comme dans les provinces de l'héritage autrichien, ces masses paysannes sur lesquelles elles avaient seulement des droits précisément spécifiés dans les vieux privilèges. Dans la liberté des Serbes, établis sur la frontière méridionale du royaume de Hongrie, avec leurs chefs religieux et nationaux, — l'archevêque-patriarche à leur tête, — avec les officiers de leur armée purement nationale, les Roumains avaient des coreligionnaires, dont la situation était infiniment supérieure: il suffisait donc de revenir à l'ancienne foi, accepter les évêques orthodoxes serbes et peut-être d'entrer dans les rangs de l'armée impériale, ainsi que le firent plus tard, vers 1760, les Grenzer, les *Graniceri* de Bistritz, de Nasaud (Naszód) et de Caransebes (Karansebes), pour participer aux mêmes privilèges, qui confondaient la religion et la nature des services prêtés à l'Etat avec la nationalité elle-même. Déjà au moment où Micu commença son activité, des évêques serbes traversaient à cheval les régions à l'Ouest de la Transylvanie, distribuant au milieu des soldats leurs bénédictions; à Brasov, on préférait tel prélat slave en quête de subsides et de contributions volontaires à la propre personne du pasteur officiel de la « religion roumaine ».

La première déclaration de Jean-Innocent, faite en 1735, montra bien la manière dont il entendait servir un peuple dont il se considérait, d'après l'ancienne tradition, comme le chef unique. « Nous sommes, disait-il, les maîtres héréditaires dans ce pays des rois dès l'époque de Trajan, bien avant que la nation saxonne fût entrée en Transylvanie, et nous y avons jusqu'aujourd'hui des domaines entiers et des villages qui nous appartiennent en propre. Nous avons été écrasés par des charges de toute espèce et par des misères millénaires de la part de ceux qui ont été plus puissants que nous ». Il fallait donc satisfaire, non seulement à la promesse formelle de Léopold Ier, mais aussi aux exigences de la proportion numérique, de la valeur d'une race de bons laboureurs et de vaillants soldats et au droit historique, en reconnaissant aux Roumains la qualité d'une nation constitutionnelle.

Micu renouvela sans cesse, pendant dix ans, ses réclamations. A Vienne, au moment d'une guerre difficile contre Frédéric II, on craignait d'indisposer les magyars, dont la fierté atavique, l'organisation puissante et les prétentions hardies constituaient un danger permanent pour la domination impériale en Transylvanie. Les pétitions de l'évêque « valaque » furent donc renvoyées au gouvernement de la province; à la Diète, elles furent accueillies par des mouvements d'indignation et des huées. « On nous traite pis que des Juifs , s'écria le prélat indigné; est-ce donc tout ce qu'on peut faire pour une nation de 500.000 âmes et qui a toujours donné des preuves de sa fidélité absolue? » Il fit venir les paysans à ses synodes de prêtres et, fort de leurs bruyantes approbations, il refit le chemin de Vienne. Menacé d'être arrêté, il partit enfin furtivement pour Rome; son départ donna le signal de la jacquerie contre la « nouvelle loi » et ses représentants, laïcs et ecclésiastiques.

Son successeur, Pierre-Paul Aaron, un ascète, que Micu avait anathématisé lorsqu'il remplissait les fonctions de vicaire, ne fut donc reconnu que par un nombre très restreint de fidèles. Les autres acclamaient des agitateurs serbes et, ne trouvant pas d'appui chez les Phanariotes des deux Principautés, ils s'adressaient, et non sans résultat, à la Russie. Bientôt il y eut une vraie révolte, dont le chef fut un simple moine, Sophronius, vrai « roi » roumain de la Transylvanie occidentale. La Cour dut céder; elle trouva le moyen d'éluder les difficultés en accordant aux partisans de cet apôtre de la violence un évêque serbe qui était déjà en possession du siège de Budé (1762). Deux autres prélats allaient lui succéder jusqu'à l'interrègne de vingt ans qui précéda l'élection, en 1810, du Roumain Basile Moga.

Mais le peuple ne voulut pas non plus de ce Serbe, et les qualités supérieures des chefs de leur race qui étaient les évêques de Fagaras, transportés déjà dans un village quelconque, à Blaj (Blasendorf, Bálázsfalva), ne leur gagnèrent pas davantage les cœurs. La classe paysanne, préoccupée en même temps du problème social, était en pleine ébullition, surtout dans les régions montagneuses qui avaient vu tous les gestes d'énergie de la race, depuis les combats anciens de Décébale jusqu'à la jacquerie du moine Sophronius. Les serfs du domaine impérial, des mines d'or, se soulevèrent contre l'exercice abusif des droits féodaux, sous la conduite de Nicolas Ursu Horea, qui prétendait avoir une mission secrète de Joseph II, et de ses compagnons, Closca et Crisan. Tout en pillant les châteaux et en massacrant les nobles, comme les insurgés de France en 1360, ils en arrivèrent à demander que le pays restât entre les mains seules de ses vrais fils et défenseurs. La milice impériale n'intervint que bien tard pour mettre fin à l'anarchie. Trahi par leurs compatriotes, les chefs du mouvement furent pris dans leur refuge; l'un d'entre eux se suicida en prison, les deux autres, dont Horea, subirent le supplice affreux de la roue, à la place même où, trois cents ans auparavant, un prince de leur race entrait en triomphateur, après avoir défait les défenseurs magyars et saxons de la Transylvanie (1784-1785).

Mais déjà les efforts des Roumains de cette province pour arriver à une vie nationale avaient pris une autre voie, qui était sans doute meilleure. Il ne s'agissait plus de s'assurer un appui dans l'administration autrichienne, de vaincre l'obstination des ennemis séculaires, de terroriser les représentants d'un passé qui ne voulait pas encore capituler devant la nouvelle nécessité des choses. Il ne s'agissait pas même de poser comme but de la lutte, qui devait être aussi longue par ses fatigues et ses souffrances que féconde dans ses derniers résultats, la reconnaissance des Roumains comme nation constitutionnelle dans la province qu'ils partageaient avec les Magyars, les Saxons et les Szekler. On s'aperçut enfin qu'il fallait avant tout donner à un peuple résolu à secouer enfin de si anciennes et si fortes entraves cette arme invincible: la conscience fière et aggressive de son droit et de ses traditions.

Déjà l'évêque martyr avait parlé de l'origine romaine, de l'ancêtre Trajan, de la noblesse de sa race et de sa persistance ininterrompue sur la terre de son héritage. L'inspiration lui en était venue des études classiques qu'il avait faites dans les collèges de Jésuites; mais les chroniques moldaves et valaques, qui donnaient un sens actuel à ces notions scolastiques et littéraires, avaient trouvé leur chemin jusque dans les cellules des jeunes moines qui se formaient dans les écoles fondées par Micu et surtout par son successeur

Aaron. Lorsque les disciples de ces séminaires et de ces collèges purent chercher à Vienne et à Rome elle-même la source de leurs connaissances, ils ne firent que se fortifier dans une croyance qui devait être à travers toutes les misères, l'essence même de leur vie. Dans cette Rome, où le grand prélat était mort désespéré, ses disciples des établissements de Blaj venaient de reprendre l'œuvre abandonnée par ses mains affaiblies. C'était une de ces transmissions mystérieuses que la justice trouve toujours pour sauver sa cause.

Presque au même moment, un parent de Micu, le jeune Stoe, en religion moine Samuel, Georges Sincai de Sinca, fils d'un de ces boïars de Fagaras qui ne gardaient dans leur pauvreté et leur abandon que la gloire vaine des anciens titres, enfin un troisième rejeton de cette même classe rurale, Pierre Maior, se formèrent dans les établissements ecclésiastiques des Etats autrichiens et de la ville pontificale; ils ne devaient pas trouver seulement une discipline monastique; leur esprit indépendant de paysans combatifs voulut s'approprier les moyens de continuer une lutte, dont, tout jeunes et isolés qu'ils étaient, ils sentaient devoir être les chefs. En 1783-1784, ils étaient de retour; ils avaient abandonné le froc et vécurent d'emplois secondaires; prêtres ou protopopes, directeurs scolaires dans les nouveaux établissements de culture germanique fondés par Joseph II, correcteurs à la typographie en caractères cyrilliques de l'Université de Bude, ils restèrent tous trois jusqu'au bout des chevaliers errants de leur idéal national.

Ces coryphées de l'école transylvaine consacrèrent à la défense de leur race des grammaires en lettres latines, des dictionnaires étymologiques, des chroniques, qui sont, comme celles de Micu et surtout comme le grand recueil de sources, rédigé en latin et en roumain par Sincai, des plaidoyers pour la noble origine, la gloire guerrière et le droit inattaquable des Roumains, sans aucune différence de province. Certains de ces ouvrages, comme celui de Maior sur l'*Origine des Roumains en Dacie*, put être répandu par l'impression; les autres circulèrent en manuscrit. Mais, si l'on veut mesurer l'étendue et la grandeur de leur influence, il faut penser à tout l'enseignement scolaire qui fut dominé par les mêmes idées dans les écoles de Blaj; ces écoles, en plein développement, créèrent l'esprit même des nouvelles générations, au moment où la grande Révolution ouvrait à tous les peuples des perspectives nouvelles.

Pendant cette grande commotion européenne, qui atteignit les Magyars aussi, séduits par l'idée de refaire dans une forme républicaine leur ancien Etat national, il y eut parmi les Roumains un mouvement semblable. Dans la classe cultivée ne manquaient pas les « philosophes », gagnés par l'esprit nouveau: il faut comprendre dans leur groupe, non seulement des professeurs et des écrivains laïcs, comme le médecin Molnar, fameux oculiste, et comme ce Budai-Deleanu, qui fut, plus tard, sur les traces de Voltaire, l'auteur d'un poème héroï-comique consacré aux exploits imaginaires des Tziganes sous Vlad Tepes de sanglante mémoire, mais aussi tous ces membres du clergé uni qui participaient au mouvement littéraire et scolaire et dont les chefs avaient si rapidement jeté leur froc aux orties. Les jeunes gens qui, avec des subsides de l'Eglise et sous la protection de la Couronne, faisaient pendant les guerres de la République et de l'Empire leurs études aux Universités de l'Occident, n'en furent pas moins imprégnés; entre autres, ce Georges Lazar, fils d'un serf du pays de l'Olt, qui, après avoir suivi les cours de philosophie et de mathématiques à Vienne, négligeant, bien qu'on l'eût destiné à être évêque, sa spécialité théologique, devait être à Bucarest le grand innovateur qui donna un nouvel essor moderne à la conscience roumaine.

Il avait été question de fonder un journal, et on eut au moins à Bude une bibliothèque de calendriers et de brochures, dont chaque page contenait une réminiscence du passé romain et une indication vers la liberté future. Puis, au moment même où commençait le long conflit entre la Révolution et les Puissances monarchiques de l'ancien régime, un fonctionnaire autrichien, imbu des idées philosophiques, Joseph Mehes (Mehessy), rédigea pour les deux évêques de la nation, le Serbe orthodoxe, qui n'osa pas refuser sa signature, et le somptueux chef de l'Eglise unie, Jean Bob, une pétition de droits au nom de la nation roumaine, — non de la « nation » dans l'ancien sens du mot, car, malgré les efforts de tout un siècle, on avait constamment refusé de la reconnaître, mais bien de la nation par la grâce de Dieu, par la réalité des choses, par son propre droit naturel, telle qu'elle était proclamée à ce moment, pour tous les peuples, par les révolutionnaires de Paris. Par ce « *Supplex libellus* », qui provoqua une violente indignation parmi leurs compatriotes privilégiés, les citoyens roumains de Transylvanie, traités trop longtemps de « Valaques tolérés », demandaient que leur liberté, de souche romaine, fût admise par l'Empereur, comme facteur légal du présent; que ce million de contribuables jouît de tous les droits des Magyars, des Saxons, des Szekler, ces « citoyens » parlant une autre langue dans la patrie commune; que des comités roumains, pareils aux nouveaux départements de la France et portant des noms étrangers au passé fussent constitués; enfin qu'une Assemblée nationale choisît des délégués pour représenter désormais les Roumains à Vienne. Malgré les protestations furieuses de la diète de Transylvanie, qui n'était « révolutionnaire » que pour arracher de nouveaux privilèges à la Couronne, on persista énergiquement dans l'idée de l' « Assemblée nationale roumaine », comprenant aussi les militaires et les nobles, ainsi que le clergé inférieur et le peuple, et de nouvelles demandes furent adressées à Léopold II qui, tout en ne voulant rien innover, ne pouvait rien refuser.

Bientôt cependant l'attention du monde politique autrichien fut complètement absorbée par les guerres d'Occident, qui paraissaient devoir amener, sous les rudes coups des généraux de la Révolution et de Napoléon, la fin de la Monarchie des Habsbourg, chassée de l'Allemagne et menacée même dans la possession de ses provinces héréditaires. L'activité intellectuelle des Roumains de Transylvanie fut immobilisée et rabaissée dans ces nouvelles écoles qui s'ouvraient dans tous les coins de la province, demandant des livres que toute une génération s'occupa à compiler. Pour permettre au grand mouvement d'idées provoqué par les écrits des humbles et hardis coryphées de l' « Ecole transylvaine » de développer leurs fécondes conséquences, il fallait un milieu national disposant de moyens supérieurs à ceux de l'évêché de Blaj ou du siège orthodoxe rival, établi enfin à Sibiiu, nouvelle Capitale de la bureaucratie.

CHAPITRE XI

Renaissance roumaine au XIXe siècle
avant l'union des Principautés

Révolutions et réformes dans les principautés: l'hétairie grecque et le mouvement national. — Le terrain pour une grande action nationale dans les Principautés était déjà préparé. Il y eut des « philosophes » non seulement parmi les princes, qui imitaient les souverains réformateurs de l'Occident, et parmi les boïars, portés, dans le bouillonnement de leur esprit vivace, à lancer des critiques qui atteignaient même les bases de leurs propres privilèges, non seulement parmi les écrivains, comme Constantin Conachi, créateur en Moldavie de la nouvelle poésie roumaine, qui ne se borna pas à reproduire la lyrique amoureuse de l'Occident, ni à travestir Pope dans ses déclarations sur « l'Homme », ou comme les fils de Jean Vacarescu, Alexandre et Nicolas, et son petit-fils, ayant étudié à Pise, Iancu, mais aussi parmi les membres du clergé supérieur. Alors que, dans le vieux cloître de Neamt, on continuait strictement la tradition du « staret » Païsius, le Métropolite Jacob Stamati réformait les écoles de Jassy, Amphiloque de Hotin rédigeait des livres d'école d'après les nouveaux systèmes, Benjamin Costachi, fils de grand boïar, se préparait à être le Métropolite d'une renaissance religieuse profondément influencée par l'esprit national, et dans Hilarion, le sarcastique évêque d'Arges, un voltairien en soutane, les événements révolutionnaires

de 1821 devaient trouver un initiateur et un infatigable conseiller.

L'action des secrétaires princiers, parmi lesquels un
Français, Hauterive, écrivit, un peu avant 1789, une
des meilleures descriptions qu'on ait de la Moldavie,
avait beaucoup diminué, et les réfugiés de la Révolution devaient être, pauvres émigrés se cherchant un
abri, inférieurs à leurs prédécesseurs, les anciens précepteurs français, qui avaient été animés de convic-
tions profondes et poussés par un zèle contagieux.
Mais les représentants de l'aristocratie étaient les élèves de ces derniers et surtout les lecteurs exclusifs
des livres français de propagande réformatrice. Bientôt le livre grec de Vienne, de Leipzig, consacré à cette
même propagande, le journal grec d'Autriche, publié
par les disciples de Rhigas (le plus répandu porte le
titre de « Mercure Savant » (*Logios Hermès*), les incitations orales des membres des sociétés secrètes, qui,
après l'œuvre tyrannique du Congrès de Vienne,
s'étaient formées en Russie surtout, vinrent contri-
buer au mécontement général, aux aspirations vers un
avenir meilleur, aux tendaces de bouleversement.

Les Grecs, qui croyaient bien connaître la psycho-
logie docile et résignée de leurs nourriciers, les « Valaques », s'imaginèrent pouvoir employer pour leurs
propres buts nationaux cet état d'esprit. Ils donnèrent à l'Académie de Jassy et surtout à celle de Bucarest un caractère absolument hellénique; ils flattè-
rent l'aristocratie, qui préférait dans la conversation
l'élégance du grec ancien et même celle, moins évidente, du grec vulgaire, et ils promettaient de faire
de cette Capitale valaque la « nouvelle Athènes » de
l'hellénisme, étendu jusqu'aux Carpathes. On ne peut
pas dire qu'ils échouèrent complètement. Jamais le
cachet grec n'avait été plus profond et plus net
qu'après 1812, lorsque Jean Georges Karatzsa (Cara-

gea), prince de Valachie, et Scarlate ou « Charles » Callimachi, prince de Moldavie, patrons d'établissements scolaires dont ils auraient voulu faire des Universités de science et de philosophie, compilateurs de code qui ne parurent même pas dans la langue, négligée plutôt que méprimée, des indigènes, se présentèrent comme les chefs politiques d'une nation qui cherche sa propre voie; mais ce n'était pas la nation roumaine.

Si des boïars, comme Grégoire Brâncoveanu, auteur d'une compilation philosophique en grec, un des esprits les plus éclairés de l'Orient entier; si des prélats, comme le nouveau Métropolite de Valachie, Denis Lupu, qui cependant avait reçu une éducation grecque et était le partisan zélé d'une collaboration gréco-roumaine patronnée par la Russie pour le rétablissement de l'Empire byzantin, montraient déjà l'intention d'ajouter à cette culture d'importation le renouveau timide d'une civilisation traditionnelle roumaine, leur instinct national, leur large libéralité n'auraient pas suffi pour remplacer par le « roumanisme » l'hellénisme envahissant que ces membres de la société privilégiée ne voulaient pas contrecarrer dans son action.

Il fallait l'âme nouvelle d'un homme du peuple, s'adressant aux âmes nouvelles des gens appartenant à la même condition sociale, et aux jeunes boïars eux-mêmes, seulement s'ils consentaient à se confondre avec la conscience de leur nation. Cet homme fut Georges Lazar, que sa province d'origine avait contraint, à force d'humiliations et d'injustices, à s'expatrier.

Malgré ses études à Vienne, il était resté absolument paysan dans sa foi profonde, dans les principes qui dirigèrent sa vie, dans sa vénération pour la science, seule capable de féconder la vie humaine, dans la naïveté et l'énergie d'un langage dont le style touffu ne permet pas toujours de reconnaître aujourd'hui la verve prophétique. Déjà avant lui, Georges Asachi, fils d'un prêtre étranger venu de Galicie et d'une Roumaine, avait fondé, après des années passées dans les écoles de Vienne et dans les milieux poétiques et artistiques de l'Italie, un enseignement des sciences exactes en roumain, à Jassy; il avait gagné l'approbation chaleureuse du Métropolite Benjamin et de ce boïar éclairé, capable encore des plus belles actions au profit de son peuple, qui devait être plus tard l'égoïste prince Michel Sturdza. L'école d'ingénieurs d'Asachi, nécessaire pour les délimitations dont l'ère était venue par la promulgation des nouveaux codes, eut des disciples zélés, mais elle ne provoqua pas dans la Capitale moldave l'enthousiasme général qui accueillit à Bucarest, dès les premières leçons, l'œuvre scolaire de Georges Lazar, bornée cependant par le contrat avec les éphores des écoles aux seules mathématiques élémentaires. L'Académie grecque vit partir bon nombre de ses élèves, qui préféraient écouter dans les pauvres cellules abandonnées du couvent de Saint-Sabbas cette prédication populaire, grave et solennelle, lourde de souffrances et cependant animée par l'essor invincible des espérances les plus légitimes.

Le nouvel esprit s'était formé, et il devait dominer et féconder toute une école. Ce qui se passa désormais dans l'ordre politique et social — et ceci s'applique à la Transylvanie elle-même qui en ressentit bientôt le contre-coup, aussi bien qu'aux Principautés, — ne fut qu'un concours bien venu ou qu'une résistance dont l'opiniâtreté ne pouvait constituer jamais un empêchement durable. Cet esprit fut le fait essentiel, le grand facteur de changements, la source de toute consolation pour les maux inévitables et de tous les espoirs pendant un siècle entier.

Si l'école grecque, tout en étant maintenue par la Cour et la plupart des boïars, plus ou moins mâtinés de Grecs, fut réellement vaincue dans cette concurrence avec la modeste école roumaine presque sans appui; si la littérature hellénique, jusqu'alors si florissante dans les Principautés, devait s'arrêter brusquement dans son développement, l'invasion, au printemps de l'année 1821, des « hétairistes » (membres de l'Hétairie, de la « Société des amis », fondée à Odessa), à Jassy, puis à Bucarest, parut enrayer le mouvement. Alexandre Hypsilanti, connu dans le pays comme fils d'un prince-régnant, se présenta, non seulement comme chef d'une armée libératrice qui allait se former dans les Principautés mêmes, premier berceau de la rénovation byzantine, mais aussi comme mandataire du Tzar Alexandre, dans le service duquel il venait de perdre un bras. Ses assurances sous ce rapport amenèrent le Métropolite Benjamin à bénir en grande pompe aux Trois Hiérarques le drapeau, portant le phénix renaissant de ses cendres, de l'Empire grec ressuscité. Mais le Tzar avait des engagements comme membre de la Sainte Alliance, et les insurgés en furent réduits à leurs propres moyens. A Constantinople, on massacrait leurs complices; en Morée, on faisait marcher les troupes contre les premiers rassemblements des rebelles; en Moldavie et en Valachie, on écrasa les bandes d'Hypsilanti à Dragasani, près de l'Olt, à Sculeni, sur la rive du Pruth; les derniers défenseurs de la cause révolutionnaire, l'Arnaute d'origine roumaine, de Vlacholivadi, Jordachi (le Géorgakis des Grecs), et ses camarades, furent détruits entre les murs du couvent de Secu.

Jordachi s'était entendu, quelques années auparavant, à Vienne, avec un jeune Valaque de l'Olténie, au district de Gorj, fils d'un paysan mais élevé dans la maison d'un boïar de Craiova, dont il venait défendre les intérêts privés contre la chicane de ces légistes autrichiens, qu'il maudissait. Ce Théodore (Tudor pour les siens), originaire de Vladimir, d'où son nom de Vladimirescu, avait été aussi un des officiers des pandours indigènes que les Russes avaient employés dans leur dernière guerre contre les Turcs. Comme il avait pris part à des raids en Serbie, il y avait connu l'armée rustique de Carageorges, qui, tout en combattant sans relâche, représentait en même temps l' « Assemblée du peuple », d'un peuple qui, ayant rompu avec son « Empereur » païen, n'entendait plus avoir d'autre maître que ceux qu'il se choisirait au milieu des guerriers. Tudor s'enrôla par un serment secret dans l'armée future de l'Hétairie. Mais, quand l'heure de l'action fut venue, il se rendit compte, avec son instinct populaire, qu'il s'agissait d'une cause qui n'était guère la sienne. Au dernier moment, avant la levée des drapeaux, averti par le consul russe, le Grec Pinis, un des chefs de la conspiration, il avait quitté Bucarest, emportant l'étendard bleu à l'aigle valaque sous lequel devait s'assembler, avec une étonnante rapidité, son armée de pandours. Il occupa les monastères fortifiés, comme l'avait fait jadis, contre le prince grec Léon, Mathieu Basarab, dont il reprenait, à la paysanne, la tradition. Le vieux prince Alexandre Sutu (Soutzo) venait de mourir à Bucarest, et Tudor n'avait devant lui que les représentants sans autorité de l'interrègne. Bientôt on le vit arriver à Bucarest, où il fit son entrée à cheval, portant le bonnet au fond de drap blanc que s'étaient jusque là réservé les princes; les siens acclamaient le « Domnul Tudor », le « prince Tudor »; parmi les quelques boïars qui étaient restés dans la Capitale et qu'il faisait surveiller de près, il y en avait qui auraient été disposés à reconnaître momentanément cette dictature d'un caractère si inattendu et plein de menaces. Il leur parla ainsi qu'aux

Grecs, sans pouvoir les rattacher solidement à cette cause nouvelle qu'il appelait, d'après l'exemple des Serbes, la « cause du peuple ». A la fin d'une de ses entrevues avec cette noblesse dont la partie roumaine chancelait, alors que l'autre ne faisait qu'attendre Hypsilanti, il s'écria, dit-on, de son air farouche: « Je ne plains pas ma propre personne, car je n'ai jamais rêvé de régner dans ce pays, je plains le pays lui-même et les boïars, qui ne prévoient pas ce qui les attend. »

Le prince grec était déjà à Târgoviste. Il eut une entrevue avec celui qu'il qualifiait de rebelle insolent. Des explications ne firent qu'envenimer la querelle. Lorsqu'on lui demanda de quel droit il se réclamait pour agir selon sa propre volonté, Tudor répondit: « Du droit que me donne, dans mon pays, mon épée ».

Mais déjà les Turcs passaient le Danube, négligeant de répondre même à ses offres de fidélité. S'étant retiré aux pieds des collines, vers l'Olténie protectrice, le chef du mouvement roumain souleva de nouveau, par ses mesures d'implacable discipline, le mécontentement des capitaines pillards, parmi lesquels les Bulgares, Makédonski et Prodan, anciens auxiliaires de Carageorges. Ils eurent la hardiesse de lui faire des remontrances et même, ainsi que Basta l'avait fait à l'égard de Michel-le-Brave, de l'arrêter. Les pandours, agités contre un chef trop dur, acclamèrent les deux « gospodars » balcaniques, qui mettaient, à la merci de leurs appétits, le pays entier, ce pays que Tudor avait si strictement épargné, parce qu'il l'aimait profondément. Ces bandes, désormais sans drapeau, allèrent périr pour le phénix byzantin à Dragasani, pendant que Tudor lui-même, après un emprisonnement de quelques jours, était assassiné de nuit, pendant une promenade, par deux officiers d'Hypsilanti. Cette nouvelle répandit la consternation parmi les multitudes.

Un prêtre de village l'exprima dans ces termes touchants: « Et nous apprîmes avec un serrement de cœur que Tudor avait été trahi par deux de ses capitaines et qu'il avait été tué nuitamment, et nous pleurâmes. Et nous nous rendîmes avec le père Hilarion au monastère, dans le but d'y célébrer un service divin pour son âme. Et tout le monde pleurait aussi, et le père Hilarion se frappait la poitrine, et il offrait au peuple la croix. Et nous ressentîmes tous une tristesse profonde. ».

Les Turcs rétablirent l'ancien ordre de choses, mais sans rappeler à Jassy et à Bucarest ces Grecs qui s'étaient montrés si dangereux. De vieux boïars indigènes, plutôt incultes, les remplacèrent: Jean Sturdza en Moldavie, Grégoire Ghica en Valachie.

Ces princes, d'une intelligence modeste et d'une médiocre énergie, ne manquaient pas cependant d'un sentiment élevé de leur propre dignité et de celle de leur pays; on le vit bien à l'entrée des troupes russes à Jassy en 1828, lorsque Sturdza refusa la garde d'honneur qu'on lui offrait, en déclarant « Dieu est là pour me garder »; mais ils étaient empêchés dans leur désir de faire le bien par l'insécurité continuelle de leur situation. La Russie, qui avait rompu dès 1821 avec la Porte, parce que celle-ci avait destitué et fait pendre le Patriarche œcuménique, occupant en même temps, à l'encontre des traités, les Principautés, ne voulut pas les reconnaître, et il fallut que le Sultan consentît à la conclusion d'une nouvelle convention, celle d'Akkerman (octobre 1827), conformément à laquelle les princes roumains devaient régner pendant un terme de sept années. Un peu plus tard, cependant, en 1828, lorsqu'on pouvait croire que la tranquillité était enfin solidement garantie, les complications de la question grecque, qui passionnait l'Europe entière, le hasard de la bataille navale de Navarin amenèrent l'occupation des Principautés par les armées du nouveau Tzar; le « général de brigade « Nicolas Ier. Les souffrances de la guerre ravivèrent les profondes blessures qu'avaient faites au pays la révolte grecque; lorsque l'avance rapide des armées russes sur Constantinople amena, par une médiation prussienne, la conclusion du traité d'Andrinople, qui fixait le règne viager des « Hospodars » et restituait aux Principautés le territoire des anciennes forteresses turques, elles eurent encore à subir une occupation de cinq ans jusqu'à l'établissement d'un nouvel ordre légal.

AGITATIONS CONSTITUTIONNELLES: LE RÈGLEMENT ORGANIQUE. — Régner dans de pareilles conditions ne pouvait pas signifier grand chose. Ces pauvres princes qui végétaient, toujours en butte aux intrigues, sur des trônes que ne défendait encore aucune force militaire, ne se signalèrent donc ni par des bâtisses, ni par des établissements. Ils n'étaient qu'une forme passagère, recouvrant un développement national, basé sur la nouvelle civilisation moderne, qui est le seul phénomène intéressant désormais.

L'activité même, l'agitation nerveuse des boïars ne peut pas tromper un observateur attentif. Ces chefs aristocratiques d'un pays de villages se soumettaient seulement à l'influence des idées occidentales, qui, en les galvanisant, leur faisaient affirmer des volontés, des espérances qui n'étaient pas cependant, dans ce qu'elles avaient de plus vivant et de plus efficace, le produit même de leur intelligence. Le lendemain de l'invasion d'Hypsilanti, ils se mirent, dans leurs refuges de Transylvanie, de Bucovine, où cependant ils n'eurent qu'un contact tout à fait accidentel avec leurs frères en pleine transformation, en Bessarabie même, à rédiger des mémoires comme ceux dont ils lisaient le contenu dans les journaux français et allemands.

Les grands boïars voulaient une oligarchie organisée, l'ancien Conseil de douze ou de dix membres, le « décemvirat ». Les Moldaves demandèrent même à la Porte que le pays ne fût pas gêné dans ses difficultés actuelles par la nomination d'un prince dont l'entretien serait fort coûteux. Sturdza et Ghica réussirent à obtenir le trône par le concours des petits boïars, qui, de leur côté, s'étaient prononcés pour un régime de plus large oligarchie, composé de tous les détenteurs de dignités, de tous les porteurs de titres honorifiques. Dans ce sens, le Vornic Iordachi Draghici rédigea en 1822 une Constitution moldave, dont l'adoption par le prince Sturdza, son protecteur et son ami, fut empêchée seulement par les représentations du consul de Russie. Il demandait une « Assemblée générale », composée de délégués de la magistrature et des nobles de tous les rangs et dont les décisions seraient soumises seulement au prince, élu par l'aristocratie entière; l'administration était réservée à ce dernier, mais l'Assemblée aurait aussi le contrôle des finances. Même après que ce projet eût été enseveli dans les archives du consulat, l'effervescence continua: on voulait à tout prix une Constitution, une vraie Constitution, comme celles pour lesquelles en Occident conspiraient les *carbonari*, s'élevaient les barricades et se renversaient les trônes de la légitimité.

Lorsque les Russes pensèrent donc, en 1829, à donner une nouvelle forme moderne aux Principautés, dont ils étaient depuis un demi-siècle les protecteurs attitrés et les arbitres naturels, ils demandèrent aux principaux boïars d'élaborer cette loi fondamentale, qui, pour éviter un terme désagréable aux oreilles des diplomates de la Sainte Alliance, fut intitulée d'une manière plus simple: « Règlement Organique ». Conachi, le poète, le fin Grec de Bucarest Vellaras, et d'autres y travaillèrent longuement, avec un vrai zèle patriotique et dans cet esprit éclairé qui était aussi celui du gouverneur général russe ou « Président des Divans exécutifs », ce voltairien égalitaire et passionné de liberté que fut le général-comte Paul Kisselev; les secrétaires de la Commission furent Asachi, le lettré moldave, et un jeune boïar valaque, d'une activité infatigable et d'une grande distinction d'intelligence, Barbu Stirbei (Stirbey). On eut enfin la séparation des pouvoirs, le Conseil des ministres, une bureaucratie à la française, des finances organisées, une fiscalité toute nouvelle, des communes et cette armée nationale, cette « milice » qu'on avait si longtemps désirée. Il n'y eut désormais plus d'autres boïars que les fonctionnaires. Comme dans le projet de 1822, le prince était élu, mais par une « Assemblée générale », composée de 150 membres, et pris seulement parmi les grands boïars. L' « Assemblée Nationale » ordinaire contenait des délégués boïars élus par des boïars. Elle avait le droit de présenter des doléances contre le prince à Pétersbourg aussi bien qu'à Stamboul, et ce prince lui-même, qui pouvait être « destitué pour cause de délits », si le protecteur et le suzerain étaient d'accord là-dessus, avait le droit d'accuser l'Assemblée devant ce tribunal suprême étranger, et même de la dissoudre.

L'oligarchie était satisfaite: une belle forme moderne harmonieuse recouvrait l'ancienne bâtisse du moyen âge, qu'on s'était bien gardé d'entamer. La bourgeoisie qui, en Valachie, avait déjà un caractère national, par la fusion rapide des éléments chrétiens, n'exerçait aucune influence; en Moldavie, la grande invasion des Juifs de Galicie au XVIIIe siècle et dans les premières années du XIXe l'avait étouffée dans son germe. Quant au paysan, il n'avait pas même le droit d'administrer sa commune, il n'était pas admis à voter pour l'Assemblée qu'on appelait, comme en dérision,

« nationale ». S'il n'était plus légalement l'ancien
serf, il l'était resté de fait, et les journées de travail
pour le maître, d'une proportion si modérée en apparence, contenaient en réalité presque autant de semaines. En réalité cet arrangement aboutissait à opposer continuellement le prince aux boïars, dont les
chefs rêvaient du trône, même lorsqu'ils avaient les
dehors chevaleresques d'un Câmpineanu, et il profi-
tait surtout au consul de Russie, qui était le plus souvent un simple aventurier allemand ou polonais, avide,
ambitieux et acariâtre, aussi mal élevé que possible.
Entre boïars, on ne pouvait jamais s'entendre et le
« hospodar », ancien boïar, devait rentrer, malgré son
privilège viager, dans les rangs de sa classe. Des quatre princes de cette époque du Règlement Organique,
pas un ne finit ses jours sur le trône: Alexandre Ghica
fut destitué; son successeur en Valachie, Georges Bibescu, renversé par une révolution; le troisième prince
valaque, Barbu Stirbei, fut renversé pendant la guerre
de Crimée, de même que son voisin moldave, Grégoire
Ghica IV, dont le prédécesseur Michel Sturdza, avait
été contraint de démissionner. Sans doute de nouvelles
routes furent ouvertes, des travaux d'édilité exécutés,
des écoles construites, telle « l'Académie » fondée
par Sturdza à Jassy, en opposition à l'école bucares-
toise de Saint-Sabbas. Mais l'ancienne classe dominante avait fourni la preuve de son impuissance à
rien faire en dehors de ces intrigues dont l'art raffiné
avait passé de Byzance au Phanar et du Phanar dans
les Capitales danubiennes.

LITTÉRATURE ROUMAINE DANS LES PRINCIPAUTÉS. —
La vie de la nation se trouvait de fait ailleurs. Lazar,
complètement brisé, agonisant, avait quitté, après les
troubles de 1821, Bucarest, en bénissant l'avenir du
pays dont il venait de relever, par sa foi sincère, l'es-

prit abattu et humilié. Mais, en allant mourir chez lui, entre les siens, près de l'église de ses ancêtres paysans, il laissait des disciples, dont certains furent envoyés en Occident, à Pise, à Paris, pour y faire des études avant d'être employés dans un enseignement qui devait progresser rapidement. L'élève favori de Lazar avait été Jean Eliad (Héliade). Né dans les rangs du peuple des villes, il ne devait pas quitter sa patrie avant 1848, c'est-à-dire avant un âge de maturité avancée; il resta donc pendant toute sa jeunesse au milieu des seules réalités de sa race. Eliad, plus tard, lorsqu'il crut pouvoir faire croire au public qu'il descendait du prince Radu, fondateur putatif de la Valachie, se fit nommer aussi Radulescu. Jusqu'au bout, dans son enseignement, dans ses ouvrages de philologie, comme sa célèbre grammaire de 1829, dans son journal, paru cette même année, le *Curierul Românesc*, dans ses traductions, en prose et en vers, du français, et dans sa littérature originale, il conserva l'esprit du terroir, cet esprit fait d'humour populaire, de touchante poésie, de forte logique implacable, et aussi de passion et de rancune. De jeunes officiers, nés dans les rangs de la très petite noblesse de province, comme Basile Cârlova, ou parmi les commensaux de l'aristocratie, comme Grégoire Alexandrescu, furent ses collaborateurs littéraires; ils ont été les premiers poètes modernes de la nation. Si Cârlova n'eut pas le temps de développer le talent élégiaque qu'il avait fait valoir en chantant les « Ruines de Târgoviste », Alexandrescu, lyrique assez médiocre dans ses chants d'amour, trouva, dans les qualités fondamentales de l'âme roumaine qui avait produit toute une littérature satirique, pleine d'à-propos et de malice, la saveur particulière de ses fables, dignes d'être placées à côté de celle de La Fontaine, qu'il dépassa quant à leur portée politique actuelle, à l'influence qu'elles exercèrent sur le développement même de la société; toute la mesquinerie orgueilleuse, toute la morgue méprisante d'une époque où les parvenus venaient doubler de leur nombre et de leur élan ambitieux l'ancienne noblesse défaillante, vit dans ses apologues, d'une forme si châtiée, qu'en dépit des incertitudes du style elle est déjà classique.

La Transylvanie s'empressa d'envoyer des collaborateurs qui, d'origine paysanne comme Lazar, n'avaient pas trouvé plus que lui une occupation correspondant à leur tendance dans ce milieu restreint où chaque progrès des Roumains devait être regardé avec une extrême défiance par le régime autrichien, mesquin et soupçonneux, en attendant, après 1867, la brutale tyrannie du régime magyar. La nouvelle école du Règlement Organique fut donc fondée en Valachie, un peu contre l'exclusivisme d'Eliad, par ces Transylvains, parmi lesquels Auguste Trébonius Laurian fut un philologue et historien de mérite, et son prédécesseur, Jean Maiorescu, un des principaux facteurs de l'éducation morale du pays. Grand adversaire des influences étrangères insuffisamment assimilées, des formes vides — les « masques sans cerveau » dont il parle dans un écrit polémique —, Maiorescu condamne sévèrement cette classe aristocratique, incapable de se renouveler, et ses piètres remplaçants, qui arrivaient au pouvoir et à l'influence, non par le labeur et l'économie bourgeoise, mais par la faveur et l'intrigue d'une bureaucratie sans direction et sans concurrence. Le bon esprit paysan de sa province osa s'élever, au risque de briser une carrière de travail dévoué et de sacrifices incessants, contre l'insolence des maîtres.

Mais déjà on commençait à envoyer à l'étranger les jeunes gens de bonnes familles qui finissaient à Bucarest leurs études sous la direction de précepteurs tels,

par exemple, que ce professeur français, Vaillant, qui
eut une part si large dans le développement de l'enseignement public roumain. Les frères et cousins Golescu furent placés en Suisse; ils descendaient de Constantin, le premier boïar qui eût laissé un récit de
voyages à l'étranger, avec de douloureuses considéra-
tions sur l'état de sa patrie et surtout du paysan, et de
Radu, grammairien et géographe; d'autres allèrent à
Paris, où ils furent aussitôt gagnés par cet esprit de
la Révolution qui attendait ses revanches sous le régime des Bourbon de la branche aînée et même sous
celui de la royauté bourgeoise de Louis-Philippe. Cet
esprit était d'autant plus sympathique à leurs jeunes
âmes, qu'il représentait en Valachie et en Moldavie
une opposition naturelle contre ces tendances de la
Russie Tzariste d'arriver par l'annexion des Principautés à dominer dans le Bosphore et à résoudre définitivement la question d'Orient. Un nouveau facteur
occidental s'ajoutait ainsi, vers 1848, à ceux dont on
était arrivé à s'assimiler tout ce qui, étant réalisable
dans les conditions données par la réalité, pouvait
hâter le développement de cette civilisation roumaine
dont la source devait rester en elle-même, dans la société qu'elle reflétait.

A ce moment, l'initiative avait passé à la Moldavie.
Là, c'est Asachi qui avait dirigé le mouvement. Fondateur d'un théâtre roumain qui, avant l'année 1821,
précéda les représentations données à Bucarest par
la « Société Philarmonique » des jeunes boïars, jour-
naliste qui, sous la même impulsion russe qu'Eliad,
publia, la même année que ce rival, son *Abeille Roumaine*, organisateur des écoles nationales qui devaient aboutir à leur point culminant avec l' « Académie » de Michel Sturdza, il avait un talent subtil de
la forme, un sens raffiné de l'art qui manquèrent toujours à Eliad. Mais l'âme roumaine ne transparaît

pas dans ses écrits, influencés surtout par la littérature italienne, classique et romantique, qu'il connaissait à la perfecton; ses vers, beaux, mais froids, ne font vibrer les cœurs que lorsqu'ils touchent à la grande origine romaine ou aux espérances patriotiqes de la nation. Quand à Constantin Negruzzi, plus jeune que lui, conteur discret, dans le genre de Prosper Mérimée, poète qu'inspire l'œuvre romantique du Russe Pouchkine, un des maîtres de la prose roumaine naissante, il n'est qu'un des meilleurs produits de l'influence étrangère qui menaçait de transformer la littérature nouvelle en une collection d'imitations plus ou moins heureuses.

Vers 1840, lorsque Negruzzi était déjà arrivé à la maturité, une nouvelle génération apparut. Son principal représentant comme poète est Basile Alecsandri. Esprit extraordinairement vivace, d'une spontanéité créatrice jusqu'alors sans exemple dans le pays, sympathique par les allures élégantes de son style, ce fils d'un riche boïar de création récente pouvait tirer des notations originales de la poésie populaire, ballades et complaintes, ou du passé roumain qui avait conquis Negruzzi aussi dans ses nouvelles historiques; il pouvait émailler de noms paysans et de coutumes villageoises son vers fluide, brillant, mais facile et froid; il ne descendit cependant jamais dans ces profondeurs où se révèlent les qualités essentielles d'un peuple. Un autre maître de la langue poétique, Démètre Bolintineanu, dont le père était originaire du Pinde, fut, à son heure, encore plus adoré par une société légère, qui cherchait trop souvent des distractions dans ce qui forme la raison même de vivre d'une nation; mais son vers finit par n'être plus qu'un verbiage sonore, un gazouillis dépourvu de sens.

Le contemporain et l'ami d'Alecsandri, Michel Kogalniceanu, revint presqu'à la même époque de l'Occident, où il avait étudié à Lunéville, puis en Allemagne; tout en gardant une fraîcheur d'enthousiasme, une curiosité toujours alerte, une puissance de vibrer à toute idée supérieure, à tout sentiment noble, qui sont bien des qualités latines, il dut à la nature de ses occupations spéciales de ne pas tomber dans l'imitation superficielle, scintillante et stérile. Il fit une profonde étude des anciennes chroniques, qu'il publia, après les avoir utilisées pour son Histoire des Roumains, parue en français, à Berlin, dans sa grande collection de sources; il se familiarisa avec les anciens diplômes, qu'il édita dans son *Archiva Româneasca;* il acquit laborieusement cette connaissance de la vie roumaine dans toutes les classes et dans toutes les provinces qui se manifeste dans la direction même de sa revue *Dacia Literara;* il entretint un contact ininterrompu avec la réalité sociale de son époque, comme officier, comme avocat, puis comme agriculteur et industriel; enfin il fut parmi les hommes politiques de l'époque celui qui eut une vue plus large et découvrit mieux le chemin qui devait conduire au seul avenir possible pour sa nation.

Les deux courants dans la vie nouvelle de cette jeunesse: celui qui copiait servilement l'Occident et celui qui cherchait une orientation dans les traditions du pays et dans les qualités de la race, se rencontrèrent pendant les événements de 1848.

Tentatives révolutionnaires et propagande roumaine a l'étranger. — La révolution de février précipita le retour en Valachie des étudiants roumains, les frères Démètre et Jean Bratianu, Constantin A. Rosetti, etc.; puis survinrent des agitations secrètes, un attentat contre le prince Bibescu, romantique distingué, mais sans énergie. En même temps

Eliad, qui poursuivait un idéal mystique de liberté humaine selon la Bible et des avantages personnels pour son insatiable ambition, se réunit à un des Golescu, à quelques jeunes officiers et à un prêtre de village, pour proclamer à Islaz, sur le Danube, en Olténie, la Révolution. Il se dirigeait, suivant l'exemple de Tudor, sur Bucarest, lorsqu'il apprit que le prince avait abdiqué au moment où on lisait à la foule la proclamation révolutionnaire. Un gouvernement provisoire, composé des chefs de ces deux mouvements, parfaitement distincts dans leur origine et dans leur caractère, conserva le pouvoir du mois de juin au mois de septembre, non sans être entré en conflit avec les commandants de la milice ni sans avoir cédé, à une heure de panique, le terrain aux boïars. L'intervention ottomane, exigée par la Puissance protectrice, qui avait déjà fait entrer ses troupes en Moldavie, amena l'établissement d'une Lieutenance Princière et, après une échauffourée entre les troupes du Sultan et les pompiers de Bucarest, venus à leur rencontre pour leur rendre les honneurs, les lieutenants furent chassés et les chefs du mouvement escortés au-delà des frontières. L'influence russe, qu'on avait voulu écarter, revint plus menaçante; et la convention russo-turque de Balta-Liman, fixant une période d'occupation par les forces militaires des deux Empires, bornait à sept ans la durée du règne des nouveaux princes, Grégoire Ghica en Moldavie et Stirbei en Valachie.

En même temps, les Roumains de Transylvanie s'étaient constitués en nation, d'après les traditions, interrompues depuis cinquante ans, du *Supplex Libellus*. Alors que les Magyars, connaissant la nature passive des Saxons loyaux à leur Empereur, faisaient tous leurs efforts pour faire voter par la diète du pays la réunion de cette province transylvaine au royaume

de Hongrie — on criait: « l'Union ou la mort! » — la
jeunesse roumaine des écoles et ses nouveaux professeurs, Siméon Barnut et Timothée Cipariu, le futur
philologue, ainsi que les fonctionnaires des chancelleries d'Etat, se réunirent sans avoir pris l'avis d'un
clergé qui, sous l'évêque Lemény, avait laissé son
Eglise, pour organiser à Blaj une protestation solennelle. Le dimanche après Pâques, il y eut donc dans
la plaine des Târnave, près de la ville épiscopale des
« unis », une assemblée préparatoire des paysans;
puis, le 3 mai, eut lieu une autre assemblée, d'un caractère tout à fait extraordinaire: des milliers de laboureurs et de bergers vinrent pour écouter les discours de ses chefs, les prêtres et les professeurs. L'é-
glise de Blaj dut capituler devant le caractère grandiose du mouvement, et l'évêque sortit à la rencontre
de celui qui, après la mort de Moga, avait été élu
comme évêque des orthodoxes, André Saguna, fils
d'un marchand de Macédoine établi dans la Monarchie autrichienne. Il y avait aussi, parmi les organi-
sateurs, le rédacteur du premier journal roumain qui
parut pour les Roumains de Transylvanie, la « Feuille
pour l'intelligence, le cœur et la littérature » (depuis
1838); c'était Georges Barit, lui aussi fils de paysan,
de même que Barnut, Cipariu et les autres ordonna-
teurs de la grande manifestation nationale. Dans ces
paysans qui acclamèrent la nouvelle nation roumaine
« autonome et partie intégrante de la Transylvanie
sur les bases d'une liberté égale » tous les facteurs
de la vie religieuse, scolaire et littéraire, saluèrent
la plus puissante garantie d'un avenir national. En
même temps, des mouvements dans la même direction
se produisaient dans le Banat serbe où les Roumains
demandaient maintenant la séparation nationale et
une organisation particulière, aussi bien religieuse
que politique.

Les Magyars répondirent par le vote du 29 mai, qui réunissait la Transylvanie à la Hongrie. D'abord respectueux envers la personne de l'Empereur Ferdinand, ils devaient en arriver à se détacher des Habsbourg sous le jeune François-Joseph, qui succéda après l'abdication de son oncle et proclamèrent la République. Les Roumains, où l'on ne voulait voir que des « individus à droits égaux », faisant partie de la nation politique magyare, répondirent par des représentations à la Cour, par les démonstrations violentes des « Grenzer », par des réunions à Blaj et, enfin, quand les Impériaux eurent pris des mesures militaires contre les Hongrois révoltés, ils organisèrent une insurrection; le général même qui commandait au nom de l'Empereur en Transylvanie le leur avait, du reste, conseillé.

Si Saguna, homme d'une puissante intelligence organisatrice et d'un prestige unique, à la Cour aussi bien qu'au milieu de ses fidèles, se déclara ouvertement pour la cause impériale et s'il accepta même de passer les Carpathes, avec un délégué saxon, pour demander l'intervention en Transylvanie des Russes du général Lüders, il s'arrêta là sans vouloir mêler son autorité d'évêque aux efforts héroïques des bandes roumanes formées, là où avaient combattu jadis Sophronius et Horea, sous la conduite d'un jeune avocat, natif de ces montagnes, Avram Iancu.

Quant aux « intellectuels », aux professeurs venus de Valachie, aux écrivains et aux prêtres, à tous ces fils de paysans qu'avait soutenu si difficilement pendant leurs longues années d'étude le travail des mains rudes, ils ne voulurent rien risquer. Le « roi des montagnes » n'en fut pas découragé: avec les « tribuns », ses officiers, avec la multitude, où figuraient aussi des femmes, il combattit, disposant de simples canons en bois de cerisier, jusqu'au bout, c'est-à-dire aussi loin que le drapeau des Habsbourg flotta sur la Transylvanie entière.

Ces lourds sacrifices ne furent pas récompensés à leur juste valeur. Avram Iancu, qui ne voulut jamais recevoir une grâce personnelle, en perdit la raison; il mourut fou de désespoir. Saguna lui-même, qui avait cru pouvoir créer l'unité roumaine en Autriche, avec un Voévode, un Congrès national et l'Empereur comme Grand-Duc, ne fut pas toujours respecté par les autorités militaires et civiles de la province. Il fallut de longs efforts pour obtenir le rétablissement de l'ancienne Métropole; celui qui fut reconnu comme successeur des archevêques de Fehérvár, fut l' « uni », Alexandre Sterca Sulut (entre 1853 et 1855). Saguna, dont on avait poussé à bout la patience, ne devait pas même être écouté lorsqu'il demanda au moins la création d'une seule Eglise orthodoxe roumaine dans les Etats de l'Empereur, réunissant dans la même forme hiérarchique la Transylvanie elle-même, avec le Banat et les comtés extérieurs, et la Bucovine. Vienne devait satisfaire plutôt l'ambition exagérée d'Eugène Hacman, évêque de cette Bucovine, dont on fit plus tard, en lui donnant un suffragant à Zara, un autre Métropolite roumain.

En décembre 1863, le siège de Sibiiu fut élevé enfin à la dignité archiépiscopale. La « Métropole des Roumains gréco-orientaux de Transylvanie et de Hongrie » devint (1868), grâce à son chef, une fondation purement populaire; le « Statut Organique » décida que le principe de l'élection par le peuple dominerait à tous les degrés de la hiérarchie religieuse et de l'organisation scolaire qui se confondait avec elle. Une autonomie plénière pour chacun de ces degrés permettait la décentralisation absolue qui contribuait aussi au caractère démocratique de cette Eglise, vraie citadelle nationale. Un congrès formé de 90 membres élus par la nation devait se réunir annuellement pour prendre toutes les décisions relatives à l'administration ecclésiastique et scolaire. L'Etat hongrois créé par le pacte dualiste de 1867, se réserva cependant dès le début le contrôle des débats et certains moyens d'immixtion dans l'activité des synodes. Quant à l'Eglise unie, dès 1873, le peuple fut admis aux discussions concernant l'enseignement et les finances; pour le reste, on était astreint aux règles catholiques. Saguna, qui était déjà regardé avec défiance et même avec inimitié par une nouvelle génération animée de sentiments plutôt laïcs, pouvait mourir en paix: son œuvre avait été accomplie, et c'était une grande œuvre.

Union des principautés. — Ces progrès avaient pu s'accomplir en Transylvanie, parce qu'ils avaient pour fondement la masse même du peuple rural. Ce peuple, on l'avait ignoré en Valachie, lorsqu'il s'était agi de préparer la grande révolution transformatrice qui finit dans des circonstances si mesquines. Une Commission de la propriété s'était réunie en effet à Bucarest sous la présidence de l'agronome moldave Jean Ionescu, dont la compétence était généralement reconnue. Pour la première fois après les grandes assemblées populaires qui acclamaient les princes nouveaux et prenaient des mesures pour le rétablissement des bonnes coutumes, des paysans siégèrent, et en nombre égal, auprès de leurs anciens camarades sous le drapeau, les boïars. De très beaux discours, d'une simplicité romaine, furent prononcés par les représentants de ces campagnards, qui ne demandaient que le droit d'*acheter* les terres dont on les avait dépouillés; quant au paiement, ils savaient bien — et le disaient d'une manière magnifique — que tout l'or du pays venait du seul travail de leurs mains.

au cours des générations. Mais, comme les discussions menaçaient d'introduire la discorde entre les classes associées pour l'œuvre révolutionnaire, on ferma les portes de la salle sans avoir pris aucune décision.

En Moldavie, il n'y avait pas eu de révolution. Kogalniceanu, le chef de la jeunesse, ne voulait que la stricte exécution du Règlement. En mars 1848, on faisait des discours sur ce sujet, lorsque Michel Sturdza mit fin aux débats par l'intervention de son fils, à la tête de la police. Les prétendus fauteurs de troubles furent exilés dans les monastères de la montagne, et ils quittèrent bientôt le pays.

On les vit à Blaj, le 3 mai suivant, à l'exception de ceux qui s'étaient réfugiés en Bucovine, dans la maison hospitalière du vieux boïar Eudoxé Hurmuzaki. Les exilés de passage en Transylvanie joignirent leurs applaudissements à ceux des paysans qui proclamaient la nation roumaine autonome, pendant que leurs camarades de Bucovine soutenaient les efforts de ces fils du vieux Hurmuzaki (un homonyme fut le principal historien des Roumains d'Autriche) qui étaient devenus les chefs du mouvement national dans cette province, où ils firent paraître, avec un programme pan-roumain, le journal *Bucovina*, avec la collaboration de leurs hôtes. Peu de temps après, à côté des exilés valaques: Eliad, le noble esprit qui fut Nicolas Balcescu, historien de Michel-le-Brave, les Bratianu, Rosetti, il y eut aussi des Moldaves qui, avec la même énergie, professaient, dans les assemblées, dans les revues et les journaux, ainsi que dans les cabinets des diplomates, ce credo de la jeunesse roumaine et révolutionnaire dont le premier article était l'Union des Principautés.

Mais la différence initiale demeura entre les Valaques de Bucarest et les Moldaves de Jassy. Les premiers ne rêvaient que de révolutions politiques, sauf Balcescu, qui exposa dans une brochure en français la question agraire dans les pays roumains; les autres étaient passionnés surtout de nationalité; ils voulaient résoudre la question sociale pour établir ensuite, par l'Union nécessaire, par l'Indépendance qui devait en être la conséquence naturelle, non pas une plate-forme pour des rivalités plus ou moins factices de personnes ou des querelles de partis, mais bien une vie nationale énergique et consciente, capable d'élaborer de nouvelles formes de civilisation en absorbant des éléments d'influence étrangère. L'esprit de Kogalniceanu les dominait tous, et cet esprit, conforme à une tradition millénaire, était le seul d'où pouvait dériver une politique réelle.

La guerre de Crimée éclata. Dès le premier moment, les Roumains exilés sentirent l'importance que pouvait avoir pour leur nation ce conflit, longuement attendu, d'une part entre la France et l'Angleterre, vers lesquels se tournaient depuis bientôt trente ans tous les patriotes qui rêvaient d'un avenir meilleur, et d'autre part la Puissance protectrice qui ne voulait pas abdiquer ses droits garantis par les traités. Certains voulurent combattre dans les rangs des alliés, et ils se présentèrent même dans le camp turc, où des intrigues, surtout des intrigues autrichiennes, les empêchèrent de participer à la lutte.

Ces alliés auraient voulu chasser des Principautés les Russes, qui, à la suite du conflit avec la Porte, étaient rentrés en Moldavie dès le mois de juin 1853. Mais l'Autriche, dans l'espoir que ces provinces avidement convoitées depuis presque deux siècles pourraient enfin lui revenir, s'empressa de les occuper jusqu'à la conclusion de la paix; un traité formel avec le Sultan l'y autorisa. Il n'y eut donc pas de contact plus intime entre les Anglo-Français qui combattirent devant Sébastopol et les Roumains, qui en attendaient leur délivrance et leur Union.

Dès 1855 on négociait la paix avec la Russie vaincue; l'Angleterre et la France soulevèrent, dans les conférence de Vienne, la question de l'Union; si, plus tard, la diplomatie anglaise, retenue par la considération de ses propres traditions, qui tenaient au maintien de l'intégrité ottomane, et par celle d'intérêts de commerce permanents, plus ou moins bien interprétés, alla jusqu'à se rallier à l'opposition des Turcs et surtout des Autrichiens, Napoléon III refusa d'écouter ses diplomates, fatigués de s'user dans une lutte qui paraissait vaine: il voulait constituer sur le Danube une nationalité forte, nécessaire comme forme politique de la latinité orientale et aussi comme barrière opposée à l'expansion russe vers Constantinople. C'est pourquoi la Bessarabie méridionale, c'est-à-dire les districts de Cahul, Bolgrad et Ismaël, et même les bouches du Danube, qui passèrent ensuite à la Turquie, avaient été réunies à la Principauté moldave.

C'est aussi à l'influence de l'Empereur plébiscitaire qu'il faut attribuer la décision finale du Congrès de recourir à une consultation des Roumains eux-mêmes pour connaître leur vœux. Les princes nommés en 1849 étaient déjà partis; des « caïmacans », ou lieutenants princiers, devaient réunir des assemblées, auxquelles, pour complaire à la Porte, on avait donné le nom turc de Divans, *Divans ad hoc.* Le gouverneur de Valachie fut l'ancien prince Alexandre Ghica, presque favorable à l'Union, alors qu'en Moldavie, Théodore Bals, vieux boïar incapable, avait eu pour successeur un Grec, l'intrigant Nicolas Vogoridès, fils du bey de Samos qui avait été lui-même caïmacam moldave en 1821, et mari de la fille unique de Conachi le Poète.

Vogoridès qui espérait devenir prince, et qui invo-

quait à toute occasion le grand nom indigène de son
beau-père, employa les manœuvres de la falsification
la plus éhontée pour empêcher le triomphe électoral
du parti de l'Union. Pas un dixième des électeurs les
plus indépendants ne furent admis à voter. L'assemblée issue de cette opération, digne des pires traditions du Levant, aurait demandé sans doute le maintien de la séparation politique. On s'adressa alors à
Napoléon III. La femme même de Vogoridès avait
fourni aux adversaires de son mari la preuve patente
des intrigues du caïmacam avec les ministres turcs et
avec l'Autriche, dont le consul, continuellement combattu par Place, consul de France, remuait ciel et
terre pour arriver à ses fins. Le représentant de l'Empereur à Constantinople reçut donc l'ordre de baisser
pavillon, si le Grand-Vizir s'obstinait à reconnaître la
légalité des élections moldaves. Ce moyen suprême
réussit; les listes électorales elles-mêmes furent an-
nulées. En échange, Napoléon, qui alla s'entendre personnellement à Osborne avec la Reine Victoria, avait
consenti à ne voir, dans cette Roumanie qu'il désirait qu'une simple: « union des rapports militaires,
financiers et judiciaires » des deux Principautés. Il
espérait établir en Moldavie un de ses meilleurs lieutenants, le général Pélissier.

Les nouvelles Assemblées étaient animées du même
esprit, nettement unioniste. Mais la différence entre
les vues des Valaques et celles des Moldaves persistait. Tandis qu'à Bucarest les discours reflétaient
avant tout des préoccupations libérales, les représentants moldaves, après avoir voté, le 19 octobre 1857,
les points du programme commun: Union des Principautés, autonomie, prince étranger, neutralité garantie par les Grandes Puissances, comme celle de la Bel-
gique, et gouvernement parlementaire, s'occupèrent
de la question des paysans, qui étaient représentés

18

par certains des leurs, gens énergiques et de bon sens, ne voulant que l'ordre et la liberté.

Sur la base de ces vœux, solennellement exprimés, la Conférence de Paris rédigea, en août 1858, cette « Convention » qui, remplaçant le « Règlement Organique », devait être la nouvelle Constitution octroyée par les Puissances Garantes aux « Principautés Unies ». Elle décrétait qu'il y aurait deux princes, deux capitales, deux ministères, deux assemblées; mais, pour affirmer cette « Union » restreinte sur laquelle on s'était entendu, on formait une Assemblée législative de composition mixte, siégeant à Focsani, sur la limite entre les deux territoires, une Cour de Cassation commune, et la possibilité existait de réunir les deux armées pour une œuvre de défense nationale.

Or, il faut l'affirmer encore une fois, ce qui détermine la vie d'un peuple ce ne sont pas les conditions que peuvent lui créer les circonstances extérieures, mais bien tout ce qu'il est capable de faire entrer lui-même, par sa conscience, son labeur et son courage, dans ces formes, toujours capables d'une plus large interprétation. On le vit bien encore en cette occasion. En 1858, des assemblées furent élues qui devaient donner à chacune des Principautés Unies un chef séparé. Déjà les candidatures particularistes se présentaient: d'abord les anciens princes, Michel Sturdza, plus son fils Grégoire, d'un côté, Bibescu, Stirbei, sinon aussi Alexandre Ghica, de l'autre; ensuite les chefs de la Révolution, de l'émigration, du nouveau mouvement de la jeunesse; Alecsandri fut même parmi les concurrents, si Kogalniceanu refusa d'y être.

Mais la nécessité des choses, la logique du développement national en décidaient autrement. Il y avait parmi les unionistes roumains un personnage particulièrement sympathique, malgré ses défauts, et

même à cause de la manière franche dont il les présentait. Bon compagnon de plaisir et de lutte, ce fils
de boïar, d'une famille qui avait compté deux rebelles, dont l'un avait été exécuté pour des aspirations
au trône, avait fait ses études en France, pour être ensuite officier dans l'armée de Vogoridès, qui, le
croyant indissolublement lié à sa cause, lui donna un
avancement rapide, jusqu'au grade de colonel. Mais,
chargé d'administrer le département de Covurluiu,
dont Galatz est la résidence, le colonel Alexandre
Cuza refusa de tremper dans les élections falsifiées,
et sa démission, énergiquement motivée, fit du bruit.
Chef de l'armée moldave, il avait un moyen d'action
auquel ne pouvait être égalé aucun autre. Cependant
tous ceux qui étaient incapables de reconnaître la
force supérieure qui intervient parfois pour diriger
les actions des hommes bien au-dessus de leurs propres intentions, durent être fort étonnés lorsque, le
lendemain même de son inscription comme candidat,
il fut élu prince à l'unanimité, le 17 janvier 1859. Ils
auraient été encore plus surpris si on leur avait dit
que ce nouveau prince moldave, inconnu à Bucarest,
pourrait vaincre toutes les puissantes candidatures
qui s'y disputaient la victoire. Cependant le 24 janvier (*ancien style*) il était proclamé avec la même unanimité dans cette autre Assemblée électorale.

Sans hésiter plus longtemps, Cuza accepta. Un conflit était imminent entre la France, qui soutenait le
chef unique des Principautés, et l'Autriche, qui l'aurait volontiers chassé; d'autre part, cette même Autriche pouvait craindre une alliance des pays danubiens avec l'Italie irrédentiste et les exilés magyars
soutenus par le Ministère de Turin; elle se résigna
donc au « fait accompli », que la Sardaigne allait
bientôt imiter. Quant à la Turquie, elle n'osa pas intervenir; plus tard, lorsque le Prince de Roumanie se

rendit à Constantinople pour rendre hommage à un suzerain qu'il n'avait pas encore honoré de sa visite, on consentit à reconnaître l'Union, mais seulement dans la personne de celui qui l'avait réalisée. En janvier 1862, il n'y avait plus qu'une seule Roumanie: les Ministères, les Capitales, les Assemblées s'étaient confondus.

CHAPITRE XII

Renaissance roumaine au XIXᵉ siècle par l'idée nationale militante après l'Union des Principautés

RÉFORMES SOCIALES SOUS LE PRINCE CUZA. — Le règne de Cuza dura peu; il succomba en février 1866 sous les coups d'une conspiration militaire ourdie par les libéraux et par certains conservateurs, également mécontents d'un « tyran » qui osait mépriser les formes constitutionnelles ou plutôt « conventionnelles » pour atteindre le fond même de sa mission. Pour bien comprendre son rôle, il faut se rappeler que, dans les intentions des électeurs, aussi bien que dans la conscience de l'élu, il n'était que provisoire: on avait confié le pouvoir à un noble indigène, d'une énergie et d'une franchise qu'on savait sans égales, uniquement pour accomplir le programme dérivant des Divans de 1858.

Il y avait des milliers de paysans non propriétaires, obligés de fournir aux boïars, pour l'usage de la terre, un service personnel qu'ils abhorraient, surtout à cause de son caractère arbitraire. Un cinquième du territoire, donné jadis par les pieux fondateurs à leurs couvents, avait été soumis ensuite, « dédiés », pour empêcher les usurpations, aux Lieux Saints, aux grandes maisons religieuses de l'Athos, de Jérusalem, d'Alexandrie, etc.; les moines grecs qui, pour prix de leur protection, n'auraient dû se faire attribuer qu'une faible partie des revenus, s'en emparèrent abusivement. De même que celle de paysans, cette question des « couvents dédiés » traînait dès le commencement de l'ère du Règlement Organique, et Cuza devait la résoudre, de même qu'il s'était engagé à en finir avec l'opposition manifestée par la Porte à l'égard de l'acte même de l'Union.

Contre la Russie, qui soutenait les Grecs, et contre l'Angleterre, qui ne voulait pas abandonner les Turcs, Cuza expropria, « sécularisa » les biens des couvents, sommant les moines de présenter leurs prétentions à des dédommagements; comme ils tardaient, la Chambre leur offrit, en décembre 1863, une somme très importante. Les saints Pères espéraient gagner en traînant l'affaire en longueur et en invoquant toutes les autorités auxquelles ils croyaient pouvoir recourir. En 1867, une autre Chambre allait déclarer la question « close ».

Aussitôt avait commencé la discussion de la question rurale, dans une Assemblée composée de boïars implacables, non seulement à cause de leurs intérêts matériels, mais aussi parce qu'ils croyaient voir dans le prince un despote qui ne ménageait pas leurs susceptibilités, un ennemi des formules creuses du libéralisme, tel que l'avait formulé et pratiqué l'époque du Second Empire. On ne put pas s'entendre au moins pour reconnaître au paysan le droit de propriété sur ce tiers du bien-fonds ancestral que le Règlement Organique mettait à sa disposition, le reste devant être désormais la propriété absolue d'un maître qui était plutôt un usurpateur. Kogalniceanu, auquel Cuza avait confié l'exécution de ces mesures, conseilla un coup d'Etat encouragé aussi par l'exemple de la création du nouvel Empire français enraciné par le plébiscite. La loi rurale fut promulguée telle que l'avait proposée le prince; la grande propriété était créée ainsi, à côté du lopin accordé au paysan, et elle l'était sur des bases solides, alors qu'il aurait fallu des soins incessants pour faire valoir le champ de l'ancien serf. Ce ne fut pas la faute de Cuza si ces soins manquèrent sous un nouveau régime.

Les décrets princiers de 1864 avaient créé aussi un Sénat dont la moitié des membres fut nommée, le chef de l'Etat ayant aussi le droit de désigner le président de la Chambre et de prolonger le terme d'un budget.

Ce régime du Statut, dont le titre avait été emprunté au royaume d'Italie, fut confirmé par un pébliscite écrasant et par l'approbation ultérieure des Puissances; il exaspéra l'opposition, dans laquelle se réunissaient, ainsi que nous l'avons déjà dit, les grands propriétaires, incapables d'apprécier le bien qu'on leur avait fait, et les libéraux armés contre l' « usurpateur ». Elle provoqua d'abord une échauffourée de paysans pendant l'absence du prince à l'étranger, puis elle recourut à un complot militaire qui réussit. Quelques mois auparavant, Cuza, qui venait de provoquer de nouveaux mécontentements en adoptant ses bâtards, avait déclaré formellement qu'il était prêt à remettre, aussitôt son œuvre accomplie, le pouvoir qu'on lui avait confié et dont son âme forte et sincère n'avait jamais tiré vanité. On prétend qu'il avait désigné pour son successeur le duc de Leutchenberg, descendant des Beauharnais par son père, mais, par sa mère, la Grande-Duchesse Marie, petit-fils de Nicolas Ier, et les libéraux anti-russes avaient ajouté cet article à la longue liste de leurs récriminations.

CONQUÊTE DE L'INDÉPENDANCE SOUS CHARLES Iᵉʳ. — Après avoir élu d'abord Philippe de Flandre, dont la candidature avait été déjà posée, de Bruxelles, avant 1859, mais qui refusa cette fois, Bratianu le cadet et ses amis de la « Lieutenance Princière », après avoir pris l'avis de Napoléon III, qu'on avait réussi à tourner contre Cuza, s'arrêtèrent sur la personne du prince Charles de Hohenzollern-Sigmaringen, âgé de vingt-sept ans : il était le petit-fils d'Hortense de Beauharnais, fille adoptive de Napoléon Iᵉʳ ; par son père même il descendait d'une sœur du roi Murat. Il avait visité Paris, reçu comme un parent par un souverain qui tenait à avoir des vassaux sur le Rhin, et il avait espéré obtenir la main d'Anne Murat, amie de l'Impératrice. Mais son père, Charles-Antoine, avait été ministre du roi de Prusse, considéré comme chef de la famille par les représentants de cette branche souabe, et l'éducation du prince Charles avait été influencée par le nouvel esprit allemand que fanatisait les succès de Bismarck.

Avec ces traditions de famille et ces dispositions, le jeune prince, qui avait accepté volontiers et s'était rendu aussitôt en Roumanie, au risque de se faire arrêter et interner par les Autrichiens, à la veille de la guerre contre la Prusse, devait rencontrer bien des difficultés. Il satisfit Napoléon III en évitant pendant quelque temps tout contact avec la Russie, car ce fut seulement en 1869 qu'il fit visite au Tzar Alexandre II à Livadia ; puis un mariage projeté avec la Grande-Duchesse Marie fut abandonné, Charles Iᵉʳ ayant épousé bientôt Elisabeth de Wied, apparentée à la Maison d'Orange, mais qui avait passé des années à la Cour de Pétersbourg, où elle conservait des relations. Dans les Balcans, où le grand knèze serbe Michel, passionné de l'Yougoslavie de ses rêves, lui proposait une confédération balcanique capable de résister à tous ceux qui convoitaient la possession de Constantinople, en même temps que le prince du Monténégro courtisait le chef des Principautés et que le roi de Grèce cherchait à s'appuyer sur lui, il n'osa pas prendre une résolution. Cependant jamais la politique turque, séduite par l'idéal impossible d'un vrai Empire unitaire, pareil à celui de Napoléon, n'avait été si insolente: on avait imposé au fier Hohenzollern, non seulement le voyage à Constantinople, où l'on aurait voulu le traiter en haut fonctionnaire du Sultan, comme les Hospodars antérieurs à la guerre de Crimée, mais encore une convention formelle qui serrait plus étroitement les liens de la Principauté avec la Porte; elle reconnaissait en effet que la Roumanie était une « partie intégrante » de l'Empire, ce qu'elle n'avait jamais été; elle lui interdisait le droit, réclamé hautement par Cuza, de créer un Ordre et de battre monnaie, de recevoir des ministres étrangers et de conclure d'autres actes internationaux que de simples conventions de voisinage; les ministres du Sultan, dont les remontrances avaient été déjà rejetées avec indignation en 1865 par le prince indigène, malgré sa situation précaire, ne craignirent pas, à l'occasion de nouveaux troubles, de lui signifier qu'il devait prendre garde « à ce que pareille scène ne se renouvelât plus ».

En outre, le nouveau prince était à la merci des partis auxquels il devait le pouvoir, partis qui, après s'être coalisés pour mettre fin au règne de Cuza, se divisèrent de nouveau; des discordes acharnées éclatèrent en effet: entre les conservateurs de Démètre Ghica et de Lascar Catargi, les conservateurs progressistes de Manolachi Costachi et les libéraux, les « Rouges » révolutionnaires et republicains de Jean Bratianu, personnalité particulièrement active et très sympathique, et ceux du sévère, du « pur » mazinien Rosetti, sans que ces différences de conceptions politiques eussent abouti à des programmes en relation avec les besoins actuels, si nombreux et si profonds, du pays. Croyant que les « Rouges » étaient les plus puissants — et ils l'étaient de fait — par leur propagande incessante, par leur organisation solide et par la popularité du journal de Rosetti, « *Românul* » (le Roumain »); Charles Ier aurait préféré remettre entre leurs mains son sort et celui de la dynastie. Or les radicaux étaient décriés, non seulement à Pétersbourg, mais aussi à Paris, où tel d'entre eux avait été dénoncé jadis comme ayant trempé dans des complots contre l'Empereur. Il fallut sacrifier Bratianu, qui ne pardonna pas cette abandon au prince qu'il avait lui-même introduit dans le pays, et donner le pouvoir à Ghica, fils de Hospodar, homme très riche et très influent.

Quand les conservateurs furent les maîtres, Napoléon III leur indiqua Vienne comme appui. Ils n'hésitèrent pas à demander la protection autrichienne contre des adversaires intérieurs si forts et si remuants. Dès 1869, cette protection fut formellement obtenue, et le voyage de Charles Ier à Pesth et à Vienne fut présenté comme un acte glorieux pour ces deux pays et des publications spéciales le commémorèrent. La condition principale imposée au prince était, bien entendu, de « s'abstenir de toute immixtion dans les affaires de la Transylvanie », de cette Transylvanie où, après que Saguna eut rempli sa mission, les Roumains n'avaient plus de chef respecté, ni d'orientation permanente.

On alla si loin dans cette sujétion, déterminée par l'instabilité d'une vie politique que dominaient les partis d'intérêts personnels, qu'on accepta, en 1870, lorsqu'on craignait une invasion russe en Turquie, une collaboration, admise volontiers par l'Autriche, avec les Turcs, qui auraient même envoyé un Pacha pour commander les troupes roumaines. Une autre fois surgit un projet, de source germanique, qui voulait faire, dans une confédération ottomane pareille à l'Empire de Guillaume Ier, de la Turquie elle-même une Prusse et une simple Bavière de la Roumanie.

Les agitations des libéraux pendant la guerre franco-allemande, la proclamation ridicule d'une République à Ploïesti, avec un ancien officier démissionnaire à sa tête, les insultes faites au prince « prussien », surtout lorsque ses compatriotes furent empêchés par une émeute de célébrer avec exultation leur victoire sur la France généralement aimée, ne firent que rendre plus étroite cette dépendance de l'Autriche. Charles Ier aurait préféré une alliance avec l'Allemagne même; mais Bismarck, qui, dans le conflit avec l'entrepreneur de chemins de fer Stroussberg, n'hésita pas à imposer brutalement le respect des intérêts des actionnaires allemands, ne cessa jamais, tout en prodiguant au prince personnellement ses civilités insolemment obséquieuses, de mépriser cette Roumanie qui représentait pour lui seulement l'aventure orientale d'un parent du roi de Prusse. En 1874, malgré les protestations violentes d'une opposition qui comptait parmi ses membres Kogalniceanu, constamment disgrâcié, les lignes de chemins de fer furent raccordées avec celles de l'Autriche (en Moldavie, la compagnie Lemberg-Czernowitz-Jassy dut attendre longtemps encore son privilège), et en 1875, une convention commerciale que le gouvernement présenta comme la preuve que les droits roumains étaient reconnus en ce qui concernait la conclusion des traités, mit en fait le commerce de la Roumanie dans un état de vassalité envers la Puissance voisine. Il était déjà question d'entreprendre des travaux aux Portes-de-

Fer, avec la permission de la Turquie et sans avoir même demandé l'avis de cette Principauté riveraine, « partie intégrante de l'Empire ottoman ».

Dès 1873, des agitateurs autrichiens, venus de Dalmatie, travaillaient la Bosnie et l'Herzégovine, qu'il s'agissait d'annexer, d'après un projet présenté déjà en 1853; le voyage de François-Joseph à Cattaro, démonstration contre la Serbie irrédentiste du prince Milan, avait tout l'air d'un voyage solennel entrepris par l'Empereur catholique d'Orient pour se présenter à ses futurs sujets. Bientôt la révolution éclata dans les deux provinces slaves, et on se garda bien de la laisser s'éteindre. Quant à la responsabilité, on la rejetait, bien entendu, sur le « panslavisme », donc sur la Russie. En 1876, la Serbie intervint. Orientée vers l'Autriche, la Roumanie regardait naturellement cette guerre comme totalement étrangère à ses intérêts. Les conservateurs du parti Catargi et du général Florescu, son successeur, et même le nouveau gouvernement libéral de Jean Bratianu, formé en 1876, restaient fermement attachés à la politique du Traité de Paris et de la garantie des Puissances. Charles I⁰ʳ était d'avis que la question de Bosnie et d'Herzégovine ne pouvait être résolue que par leur annexion à l'Autriche-Hongrie. En même temps qu'on affirmait officiellement la volonté de persévérer dans cette « politique de neutralité et de respect des traités » et qu'on envoyait des émissaires à Londres pour demander l'appui de l'Angleterre, rivale en Orient de la Russie, on déclarait que rien ne rattachait la Roumanie latine à ces populations slaves d'au-delà du Danube dont on se bornait à déplorer les malheurs. Lorsque la Turquie se trouva acculée à ses plus grandes difficultés, l'intervention de la Russie devenant de plus en plus probable, Kogalniceanu, qui eut le courage de protester contre les horreurs turques en Bulgarie, se borna à demander aux suzerains la reconnaissance du nom de « Roumanie » et du droit de conclure des conventions, le thalweg du Danube pour frontière et la possession des îles du fleuve, donc du Delta aussi, qui avait été jadis incorporé par les diplomates de Paris à la Moldavie.

Un revirement se produisit cependant dans l'esprit du prince. Abreuvé d'humiliations, il venait d'être traité dans la Constitution ottomane du mois de décembre, de simple « chef de province privilégiée », ayant à recevoir des instructions pour sa participation à la guerre. Déjà un émissaire d'Ignatiev, le tout-puissant ministre de Russie à Constantinople, était venu à Bucarest pour négocier une convention secrète au cas où les troupes russes voudraient passer à travers la Principauté; mais, comme il ne présentait pas de pouvoirs au nom du gouvernement lui-même et comme il donnait une forme louche à la garantie, réclamée par Bratianu, qu'on ne toucherait pas, en détruisant les clauses de 1856, aux districts bessarabiens réincorporés à la Moldavie, on n'avait rien conclu avec M. de Nélidov. Cette fois-ci, grâce à l'intervention personnelle du grand-duc Nicolas, ami de la Roumanie, l'affaire prit un cours plus rapide. Au moment où l'opiniâtreté du Ministère turc rendait inévitable un conflit armé, la convention était signée par Kogalniceanu, revenu aux Affaires Etrangères (avril 1877). Peu de jours plus tard, et sans avoir attendu que la convention fût ratifiée par le Parlement roumain, les troupes du Tzar entraient dans le pays; une proclamation, de tous points pareille à celle de 1853, s'adressait, oubliant la présence d'un gouvernement, à la population des Principautés.

Il n'y avait pas cependant une entente nette et franche entre la puissante Russie, dont l'intention était de regagner son influence sur les bouches du Danube et

qui n'était guère disposée à s'arrêter devant les droits
d'un plus faible, et la Roumanie; celle-ci n'avait obtenu qu'une apparente garantie, car on lui promettait
seulement de défendre son intégrité territoriale, si
elle venait à être mise en danger — évidemment, il
est question d'un tiers — par le fait du passage des
armées russes. Le 10/22 mai déjà, les Chambres
roumaines s'empressèrent de proclamer l'Indépendance
du pays, afin qu'il pût participer, en tant qu'Etat de
plein droit aux complications qui devaient amener la
guerre. La diplomatie russe vit cependant de très
mauvais œil cette décision, dont elle avait aussitôt
saisi la signification. Lorsque la Roumanie indépendante, mais dont l'indépendance n'avait pas encore
été reconnue par l'Europe, offrit le concours de ses
troupes pour éviter, comme alliée, cette atteinte à son
territoire qu'elle pouvait redouter comme neutre, la
réponse de Gortschacov fut particulièrement dure: on
n'a pas besoin d'un pareil concours; mais, si l'on tient
à l'offrir, il ne peut pas être question d'une action
militaire séparée que le gouvernement roumain, oubliant la Dobrogea, bientôt occupée par les Russes,
aurait voulu entreprendre du côté de Vidin. Les entrevues, si amicales, du prince avec le Grand-Duc, avec
le Tzar Alexandre II, venu lui-même sur le Danube,
ne changèrent rien à cette situation de plus en plus
tendue.

L'Autriche était la première à s'en réjouir. En décembre 1876, Andrassy s'était fait fort de conserver à
la Roumanie son intégrité territoriale, si elle se bornait à retirer ses troupes en Olténie, maintenant le
contact avec les forces de la Monarchie. Il recomman-
dait de ne pas se jeter dans une aventure qui pourrait
avoir les pires conséquences. Démètre Ghica proposa,
en avril suivant, dans le Conseil de la Couronne,
« d'exiger que l'Autriche occupât, avec la permission

de l'Europe, la Roumanie, pour empêcher le passage de toute armée étrangère (!) », et, en juillet, Kogalniceanu allait à Vienne remplir une mission secrète. Andrassy avait été le premier à offrir aux Roumains « une partie de la Dobroudscha ».

Mais les Russes furent battus à Plevna, qu'Osman Pacha avait transformée en une citadelle formidable; ils étaient en danger d'être rejetés au-delà du Danube, où avaient paru déjà, répandant la panique au milieu de la population, les premiers fuyards. Les Roumains avaient dû répondre, dès le commencement, au bombardement turc de la rive gauche; ils avaient collaboré ensuite à la destruction des monitors turcs sur le Danube; après le passage des Russes à Zimnicea, ils avaient pris la garde du Danube et avaient même envoyé une garnison à Nicopolis. Maintenant, lorsque le Grand-Duc, désespéré, demandait au prince Charles « fusion, démonstration et, si possible, passage du Danube », au moins comme une « démonstration », on ne pouvait plus tarder; car une victoire des Turcs aurait signifié l'envahissement de la Roumanie rebelle, avec toutes ses conséquences.

Du reste, les Russes venaient d'admettre « l'individualité » de l'armée roumaine, commandée par son prince lui-même. Pour faciliter la coopération, le Tzar offrit le commandement général des forces opérant devant Plevna à Charles Ier, dont l'orgueil en fut naturellement très flatté. Quant à des garanties nouvelles, Bratianu s'était rendu au quartier-général russe, mais sans en rapporter autre chose que l'assurance formelle d'Alexandre II que la Roumanie n'aurait pas lieu de regretter ce qu'elle faisait.

Les Roumains participèrent glorieusement à la prise de la première redoute de Grivitza. Ils continuèrent à concourir à l'investissement de Plevna; Osman, contraint à capituler en octobre, s'adressa d'abord à un

colonel roumain. Mais, aussitôt que ce chapitre de la
guerre fut fermé, leur situation militaire était en l'air;
ils ne continuèrent pas leur concours à l'action principale, se bornant à poursuivre l'attaque contre Vidin,
dont la possession leur était absolument refusée par
l'Autriche. Les troupes roumaines s'y étaient immobi-
lisées, lorsque l'armée russe se dirigeait sur Andrinople et imposait au Sultan, en mars 1878, la paix de
San-Stefano.

Cette paix, à laquelle Charles Ier s'était vainement
efforcé de collaborer en facteur indépendant de la
guerre et de la victoire, créait la Grande Bulgarie,
jusqu'à l'Archipel, pour punir la Serbie d'avoir un
moment abandonné la partie; elle accordait des agran-
dissements à cette Serbie même, et surtout au Monténégro; mais, en ce qui concerne la Roumanie, on se
bornait à reconnaître son indépendance: aucun territoire ne lui était cédé; seulement, suivant l'exemple
donné jadis par la France à l'égard de l'Italie, la
Russie faisait abandonner par les Turcs la Dobrogea
pour qu'elle pût être échangée contre les trois districts de la Bessarabie que la Russie voulait avoir à
tout prix. On se réservait même le passage des troupes
russes par la Roumanie pendant des années.

Les protestations les plus indignées ne servirent à
rien. La résolution de l'Empereur, que la diplomatie
poussait en avant, était inébranlable. On offrait à Pétersbourg, tout au plus, des avantages plus grands
sur la rive droite, même l'élection de Charles Ier
comme prince de la Bulgarie nouvellement créée; il
fut question, à un moment donné, de renoncer à une
partie du territoire bessarabien. Mais l'opposition
s'était déjà emparée de cette question, et, malgré l'inclination du prince et de Kogalniceanu à s'entendre,
on ne put guère abandonner le point de vue de la plus
stricte intransigeance. La brutalité de Gortschacov

menaça même de désarmer les troupes roumaines; il s'attira cette réponse de Charles Ier que « ses troupes se feraient écraser, mais désarmer, non ».

Invoquant la protection des Puissances, Bratianu et Kogalniceanu s'adressèrent aux diplomates, réunis en juillet 1878 à Berlin pour procéder à la revision du traité. Il n'y trouvèrent aucun appui réel. « Nous croyions que vous vous étiez entendus avec vos alliés », fut la réponse de l'Autriche, qui attisait cependant le mécontentement des Roumains pour s'assurer une situation plus solide dans la Bosnie et l'Herzégovine, qu'elle « occupa »; dès la convention de Reichstadt en 1876, François-Joseph avait consenti, du reste, pour avoir ces provinces serbes, au retour des Russes sur le Danube inférieur. La Roumanie n'eut pas même une bonne frontière dans cette Dobrogea qui était alors un vrai désert, habité surtout par les restes misérables d'une population turco-tatare réfractaire à tout progrès; elle la fit occuper par ses soldats, au moment où, sans avoir rien signé, les organes administratifs roumains évacuaient la Bessarabie. On eut un conflit avec les Russes lorsqu'il s'agit de fixer la démarcation à l'Ouest de Silistrie, et la question d'Arab-Tabia, une des anciennes redoutes qui entouraient la ville, fut sur le point d'amener une échauffourée.

Le résultat de ces froissements fut brillant pour la politique autrichienne. Pendant des années, tout rapprochement avec la Russie devint impossible. Le gouvernement libéral de Jean Bratianu, qui garda le pouvoir pendant dix ans, n'était guère disposé à oublier l'humiliation infligée personnellement à son chef. En publiant, en allemand, ses Mémoires, qui forment un vrai réquisitoire contre la politique russe en Orient, Charles Ier avait rompu définitivement avec le Tzar. On murmura à Pétersbourg lorsque les Chambres offrirent au prince souverain la couronne royale en mars 1881, quand Alexandre II succomba à un attentat des nihilistes. L'idée d'une union personnelle avec la Bulgarie, lorsque le premier prince, Alexandre de Battenberg, détrôné par les agents russes, dut quitter définitivement la Principauté, fut empêchée par les mêmes agents; ils avaient travaillé patiemment à nourrir la jalousie et la haine des Bulgares contre ceux qui avaient abrité pendant des siècles les représentants de leur nationalité, de Mathieu Basarab, protecteur des insurgés de 1640, à Bratianu, qui s'était compromis envers l'Europe en fermant les yeux sur la formation des bandes de la liberté. On avait espéré même, en 1888, provoquer, sur la question de la Dobrogea un conflit entre les deux pays.

Chacun travaillait ainsi, selon ses moyens, pour l'Empereur de Vienne, étant donnée l'étroite alliance entre les Habsbourg et les Hohenzollern que venaient de conclure Bismarck et Andrassy. C'était simplement « travailler pour le roi de Prusse ». La question du Danube, que le traité de Paris avait soumise à une Commission riveraine et à une Commission européenne, fut rouverte par la diplomatie autrichienne. Le traité de Berlin avait attribué à cette dernière la mission de faciliter la navigation de Galatz aux embouchures. Dès 1881 cependant, l'Autriche se fit admettre, sur la proposition du délégué français Barrère, dans la Commission riveraine, dont les droits s'étendaient de Galatz à Orsova, bien que sur toute cette étendue, la Monarchie n'eût pas un seul pouce de terrain. Une conférence des Grandes Puissances, réunie à Londres, accepta cette nouvelle situation, tout en exemptant du contrôle européen le bras russe de Kilia et en étendant, d'autre côté, ce contrôle jusqu'à Braila. La Roumanie déclara ne pas pouvoir se soumettre à ces exigences; mais, quelques années plus tard, le roi Charles assistait, de pair avec son voisin serbe, à l'inauguration des travaux aux Portes-de-Fer que la Hongrie seule avait entrepris, se réservant abusivement le droit de pilotage dans les eaux roumaines.

Dès 1885, donc, lorsque l'Italie se fut réunie à la ligue de paix que devait être la Triple Alliance, Bratianu apporta, au nom du roi Charles, qui avait déjà fait parler dans ce sens un des chefs des jeunes conservateurs, des « junimistes » (membres de la société « Junimea »), Titus Maiorescu, pour préparer le terrain, l'adhésion secrète de la Roumanie. C'était plutôt un moyen de se défendre contre la Russie et, d'après une expérience récente, contre l'Autriche-Hongrie elle-même.

La question de la Transylvanie n'exista donc plus pendant trente ans pour le gouvernement roumain; elle servait tout au plus à agiter l'opinion publique au profit des partis d'opposition lorsqu'ils en étaient arrivés à leurs dernières ressources. La création d'un parti national roumain dans cette province et son action énergique n'eurent aucune influence sur l'attitude du Royaume, et il regarda avec indifférence toute une série de mesures destinées à détruire l'école confessionnelle des Roumains et même l'autonomie de l'Eglise orthodoxe qui signalèrent l'administration d'un Tréfort et d'un Apponyi. Un procès fut intenté, en 1891, aux chefs roumains, dont le grand crime avait été seulement d'avoir voulu présenter à l'Empereur, dans sa Capitale de Vienne, sous la forme d'un Mémorandum, les doléances de quatre millions de sujets fidèles, acte qui fut retourné, du reste, par la Chancellerie hongroise, sans que le pli eût été même ouvert; ce procès monstrueux entrepris pour jeter en prison des personnes tout-à-fait innocentes, n'amena aucune représentation de la part de la Roumanie alliée; elle se soumit même plus tard à l'humiliation de décorer le procureur qui avait soutenu l'accusation. Les Magyars en profitèrent pour mener énergiquement leur action dénationalisatrice: bientôt le parti national fut dissous, et un régime de terreur rendit presque impossible toute manifestation sincère de la presse roumaine; même lorsqu'ils eurent abandonné leur attitude de passivité électorale, qui avait été un moyen de protester contre le nouveau régime du dualisme, les Roumains de Hongrie ne furent représentés au Parlement, avec de très rares exceptions, que par des organes de leurs oppresseurs.

Rassurés par cette adhésion à la politique de l'Europe centrale, les partis purent continuer leurs luttes stériles; après la chute de Bratianu, le vrai organisateur du Royaume, le gouvernement tomba aux mains des « junimistes », élevés en Allemagne et promoteurs de la réunion à la Triplice, puis des anciens conservateurs de Catargi et d'Alexandre Lahovary; enfin, le nouveau chef des libéraux, Démètre A. Sturdza, un des survivants de la génération de l'Union et le créateur de l'Eglise roumaine autocéphale, mais le plus chaleureux défenseur, par crainte des Russes, de la politique allemande en Roumanie, prit le pouvoir pour quelques années. Entre sa politique et celle de son successeur, M. J.-J. Bratianu, d'un côté, et, de l'autre, celle des vieux conservateurs, des junimistes, ayant pour chefs l'intransigeant allié des Allemands, P.-P. Carp, junker transporté par le hasard sur les bords du Danube, et enfin celle de M. Take Ionescu, qui, auteur d'une brochure célèbre, destinée à défendre la Triple Alliance, devait former plus tard un parti conservateur-démocrate, destiné à se confondre, tout dernièrement, sous sa direction, avec le parti conservateur des Cantacuzène et de Nicolas Filipescu, il n'y eut jusqu'aux guerres balcaniques de 1912, aucune différence. Fidélité aux Puissances centrales à l'extérieur, et à l'intérieur opportunisme au profit de la classe dominante, tel fut le programme commun. Quant aux paysans, des législations draconiennes, assuraient le fruit de leur travail aux propriétaires, et, de temps en temps, sous la pression de leur mécontentement (révoltes en 1907, suivies d'une « réforme » des contrats agricoles) ils obtenaient des distributions de terres.

Renouveau national du peuple roumain. — Peu à peu cependant se produisit un changement profond, dont les dernières années virent les manifestations publiques et officielles, en même temps que s'affaiblissaient la classe dominante et que l'esprit d'initiative abandonnait le pouvoir suprême; de même qu'au XVIIIe siècle, où contre la Roumanie phanariote se dressa le drapeau national des moines de Transylvanie, fils de paysans, et de Tudor Vladimirescu, le paysan d'Olténie, on put assister au développement en Roumanie d'une civilisation originale et aux progrès naturels de la classe laborieuse.

A l'époque de Cuza, le mouvement littéraire était en pleine décadence; les journaux commençaient leur activité bruyante sur les ruines de la prose littéraire, sans qu'un seul de ces périodiques eût un caractère vraiment éducateur. Bien qu'il eût donné à la grande année de l'Union quelques-unes de ses poésies patriotiques, bien inférieures cependant à l'hymne fervent par lequel le Transylvain André Muraseanu salua l'année libératrice de 1848, hymne qui est resté comme la « Marseillaise roumaine », Basile Alecsandri n'était plus le représentant d'une jeunesse poussée au combat par la foi et l'enthousiasme; il dépensait son talent dans des pièces de théâtre, à l'intrigue d'emprunt, par lesquelles il servait souvent ses propres passions et celles de son groupe politique. Grégoire Alexandrescu s'était tu, terrassé par la paralysie, et Bolintineanu, ministre de Cuza, répandait, à la veille de la maladie de nerfs à laquelle il devait succomber, les derniers restes d'un talent qu'il n'avait su ni développer, ni conduire.

La littérature historique florissait, mais surtout en ce qui concerne la publication des sources, chroniques et documents. L'exemple de Kogalniceanu lui-même, désormais perdu pour les lettres, de Lauraian et de Balcescu, éditeurs, avant 1848, du « Magazin historique pour la Dacie », fut suivi par un émigré de Transylvanie, qui écrivit, en témoin oculaire, l'histoire des journées révolutionnaires de Plaj, Alexandre Papiu Ilarian, et surtout par cet infatigable travailleur, qui fut aussi un penseur profond et original, bien que parfois d'une inspiration bizarre, B. P. Hasdeu, originaire de Bessarabie et même ancien officier russe. Mais le trésor qu'ils mirent à la disposition des lettrés d'une nouvelle ère ne fut que très peu employé. Alors que les chroniques éditées par Kogalniceanu avaient créé le genre même de la nouvelle historique, il fallut que Hasdeu lui-même, doué d'un remarquable talent littéraire, employât pour des récits et des drames les révélations d'un monde archaïque. En fait de nouvelles et de romans, on n'aura que des scènes, d'un délicat travail littéraire dessinées par l'archéologue Alexandre Odobescu et les tableaux de mœurs naïvement présentés par un humble chantre d'église, Nicolas Filimon.

La nouvelle littérature s'annonçait sous des auspices encore plus mauvais: elle consistait dans un simple jeu de mots, empruntés pour la plupart aux néologismes français, plutôt inassimilables. Une réaction devait se produire: les junimistes commencèrent leur carrière par la publication d'une revue, les « Entretiens Littéraires » (*Convorbiri Literare*), qui, tout en exposant au ridicule ces travers de la poésie courante et en redressant les exagérations de la pensée contemporaine, n'aurait guère donné en échange que la critique impitoyable et sans horizons de Titus Maiorescu, ou des imitations du romantisme allemand, si, encore une fois, le fonds national, plein d'énergie naïve, ne se fût imposé aux compilateurs et aux pasticheurs.

Alecsandri et son contemporain Alexandre Russo, élève des écoles de Genève, avaient recueilli déjà ces poésies populaires que le premier remania artistement avant de les livrer au public; le succès de sa collaboration l'encouragea à composer de toutes pièces des ballades dont la succession devait donner une vraie histoire épique des Roumains. Si la *Transilvania*, revue de « l'Association pour la culture de la langue et de la littérature roumaines » au-delà des Carpathes, fondée en 1861 par Saguna lui-même, par son collègue de Blaj et par les chefs intellectuels de la nation, ne remplit pas sa promesse de répandre le trésor de ces chants transylvains, dont la partie lyrique est absolument supérieure, Hasdeu, qui avait fait de son journal *Traian*, de sa revue *Columna lui Traian* (Colonne de Trajan) un riche recueil de documents historiques et en même temps de folklore, attira continuellement l'attention sur cette inspiration toute nouvelle; des collaborateurs de tous les pays roumains s'empressèrent d'envoyer leur récolte. Les revues publiées par les élèves de Hasdeu, auquel on avait confié une chaire à la nouvelle Université de Bucarest (celle de Jassy, fondée aussi par Cuza, est un peu plus ancienne), comme Grégoire G. Tocilescu, suivirent la direction imposée par le maître. Une grande collection de chants populaires fut donné par G. Dem.

Teodorescu, à Bucarest même, et bientôt un professeur roumain de Brasov, André Bârseanu, associé au philologue tchèque Jarnk, publiait le premier recueil transylvain de morceaux populaires choisis.

Les *Convorbiri* des junimistes furent engagées aussi dans cette voie, et bientôt on en vit les résultats. Les pâles imitations germaniques disparurent, de même qu'avaient disparu les fades pastiches de la poésie française. Un ancien diacre de Jassy, rude esprit jovial, fils du paysan Jean Creanga, commença d'écrire, au milieu de tous ces « savants » aux grandes prétentions, ses contes d'une vérité populaire si frappante; un ouvrier typographe de Bucarest, Pierre Ispirescu, abonda dans ce même genre, sans avoir cependant la même énergie, le même humour rustique. Toute une littérature semblable suivit, attirant aux revues, aux calendriers, aux journaux, un public toujours plus étendu qui reconnaissait sa propre manière de penser et de sentir.

Alors apparurent les tableaux de la vie populaire, pareils à ceux qui ont créé à Bjoernsterne Bjoernson débutant, une si grande réputation. Il n'y avait aucune originalité dans la vie des classes supérieures; elles ne faisaient que répéter ses modèles parisiens; on se plongea donc dans l'étude des mœurs, simples et fortes du paysan. Par Jean Slavici, originaire de Hongrie, on eût pour la première fois le spectacle de la vie rurale au-delà des montagnes, et celle du paysan valaque trouva un interprète d'une finesse de touche extrême et d'un rare sens de la couleur dans Barbu Stefanescu Delavrancea, né dans un faubourg de Bucarest. Dans Georges Cosbuc, venu de Nasaud, en Transylvanie, l'âme pleine de rythmes populaires, la poésie roumaine trouva le pendant de ces nouvelles. Quant à la vie pleine de contrastes des centres urbains, c'est-à-dire de ces couches sociales où se conservaient même sous un aspect caricatural, dû au mélange avec les modes nouvelles, les coutumes du passé, elle eut un peintre immortel dans J. L. Caragiale, qui était issu d'une famille d'artistes dramatiques, et qui sut manier le fouet d'une impitoyable satire.

Outre cette inspiration populaire, une connaissance approfondie de la littérature allemande, l'initiation à la culture classique, la piété religieuse pour le passé, un sens supérieur de la musique, du langage, contribuèrent à former la poésie complexe de Michel Eminesur, d'une forme parfois si rustiquement claire, parfois capiteuse par tous les parfums rares qu'elle dégage. Le grand poète du pessimisme, si habile à exposer ses idées abstraites, ses aspirations à la paix suprême dans le renoncement au principe même de l'existence, n'en fut pas moins un des restaurateurs du fonds original de la nation, par le rythme qu'il adopta, par la propriété des termes et leur énergie concrète, par sa profonde familiarité avec tout ce qui vient du peuple, par le timbre populaire de son âme elle-même. Fils d'un petit propriétaire moldave et ayant passé ses premières années à la campagne, les vicissitudes de la jeunesse l'amenèrent à Cernauti, où il fut l'élève du rénovateur même de la vie roumaine dans cette province, le Transylvain Aaron Pumnul, soutenu par les Hurmuzaki, puis à Blaj, où il connut le milieu renfermé, tout plein de traditions, des chanoines de l'Eglise unie, mais aussi les élans d'un peuple robuste vers la liberté nationale, et il devait passer de longues années comme rédacteur d'une feuille de parti à Bucarest. L'unité roumaine, dans l'espace aussi bien que dans le temps, paraissait vouloir se manifester dans cette personnalité exceptionnelle, dont l'activité fut interrompue trop tôt par la folie et une mort tragique. Ses qualités se retrouvent dans celui qui fut le plus digne d'être son successeur, Alexandre Vlahuta.

Cette littérature, venant des profondeurs de la vie nationale elle-même, accéléra le développement de la nation. Elle trouva cependant des adversaires. Vers 1890, le culte de l'imitation prétentieuse réapparut, et il eut encore ses adeptes. Mais la revue *Samanatorul* « Le Semeur », qui parut à Bucarest, avec des collaborateurs appartenant à toutes les provinces roumaines, le culte du passé, le sentiment de la beauté qui se dégage du chant populaire, l'étude attentive des réalités nationales s'exprimèrent de nouveau et gagnèrent la victoire. Les nouvelles de M. Sadoveanu, de Sandu-Aldea (les fines esquisses psychologiques de J. Bratescu-Voinesti n'ont pas la même origine), la poésie si douce de tons et si riche en nuances de St. O. Iosif, les grands éclats de voix qui se mêlent aux scènes rurales attendries d'Octavien Goga, influencé dans la partie combattive de son œuvre par la lyrique magyare de Petöffy, appartiennent à ce mouvement de réaction, dont l'influence dure encore.

Les autres arts fournirent aussi leur part à cette grande œuvre de vérité. Une inspiration analogue domine dans la « symphonie roumaine » de Georges Enesco. Il en est de même de la peinture nouvelle: Eminescu et Cosbuc, mieux qu'Alecsandri, surfait et doucereux dans ses scènes populaires, se retrouvent dans les riches poèmes campagnards de Nicolas Grigorescu (mort plus récemment), dont les prés fleuris, les ruisseaux argentins, les lents chariots traînés par des bœufs classiques, les frêles pastourelles et les bergers aux clairs yeux noirs, donnent, sous un ciel bleu ou gris-perle, dans les nuages de poussière des grandes routes ou dans la transparence d'atmosphère des lisières de forêt, toute l'idylle rurale de ce peuple. C'est lui, ce peuple, qui est l'inspirateur de la civilisation moderne; il donna aussi à la nation les premiers de ses écrivains et de ses artistes: Enesco est le fils d'un fermier; Grigorescu avait commencé par fabriquer des icônes pour les églises de village. Non seulement par son labeur incessant, qui donne à la Roumanie agraire toutes ses richesses, mais aussi par d'autres manifestation, il a montré que l'avenir doit reposer sur ses robustes épaules; négligé, maltraité, pressuré par l'étranger et par les siens mêmes, ce peuple de paysans réussit, par son énergie invincible, à vaincre toutes les résistances, à maintenir la vitalité de la race.

La vie des Roumains de Transylvanie ne repose guère sur le clergé, qui ne s'est pas toujours rappelé la prédication de Saguna et n'a pas conservé assez fidèlement son héritage: maint évêque fut un fidèle serviteur du gouvernement, jusqu'au méprisable Basile Mangra, actuellement chef, à force d'humiliations et de trahisons au service du comte Tisza, de l'Eglise des Roumains orthodoxes. Elle ne compte pas sur le talent et les connaissances de la classe des intellectuels, qui, après avoir arraché aux prélats la conduite de la lutte pour le droit, se prêta trop souvent aux concessions et qui ne comprit pas toujours le seul rôle de protestation implacable que peuvent avoir ses représentants au Parlement des usurpateurs à Budapest: il y a eu parmi eux des opportunistes et de simples démagogues. Le vrai héroïsme ne se rencontre que dans les masses paysannes, qui, dans des élections faites à prix d'argent, sous le gourdin des agents et le fusil des gendarmes, n'hésitent pas à donner leur vote oral aux candidats du parti national. Elles supportent une charge plus lourde que les 300.000 frères qu'elles ont en Bucovine, pays d'Etat autrichien, car à la contribution que leur impose le Trésor, elles en ajoutent volontairement une autre destinée à entretenir toute l'organisation de l'Eglise et toute la vie scolaire; et elles ne s'en plaignent pas, toutes fières de vivre par elles-mêmes.

Le paysan roumain du royaume n'a pas été admis jusqu'à prendre part à la vraie vie politique: les quelques villageois qui figurent quelquefois dans la Chambre des Députés appartiennent au décor, et les électeurs du troisième Collège n'étaient guère laissés libres de manifester leurs sympathies réelles. L'état économique et social de la classe qui forme plus des trois quarts de la nation n'a pas inspiré de trop lourds soucis depuis le commencement de cette vie des partis qui distrait l'attention des administrateurs de leur mission principale pour la reporter sur des intrigues des rivaux. Cependant, les paysans ont fait des efforts louables pour profiter de l'école rurale organisée enfin depuis une vingtaine d'années, par les soins d'un ministre actif et sincèrement démocratique, le professeur Spiru Haret. Alors qu'on ne pensait pas même à leurs misères, ils réunirent leurs petites économies pour commencer, sous la conduite des maîtres d'écoles et des prêtes, ce grand mouvement de coopération rurale, qui est en train de transformer le pays.

En 1877, l'armée qui gagna l'indépendance était en grande partie une armée de paysans. Mais, bien qu'il s'agît de combattre l'ancien ennemi héréditaire, le « païen profane », il n'y eut pas un mouvement populaire qui prépara, qui imposa la guerre. En 1912, lorsque la Confédération balcanique attaqua la Turquie, la Roumanie était incertaine de la voie à suivre; le chef intellectuel des junimistes, qui se trouvait au pouvoir, ayant à ses côtés le chef du parti conservateur-démocrate qui existait encore, le critique et le philosophe Titus Maiorescu, se contenta de répéter la déclaration vaine de désintéressement faite en 1877 par la Roumanie. La politique de parti s'en mêla cependant aussitôt; à côté des abstentionnistes, il y avait les partisans d'une guerre immédiate avec la coalition entière. Le roi Charles, qui se rappelait son ancien rôle

au profit de la chrétienté de l'Orient, refusa d'obtem-
pérer aux sommations de cette opposition; mais l'Autriche, qui comptait sur un conflit entre Serbes et
Bulgares pour arracher aux premiers le fruit de leur
victoire, envoya à Bucarest, en automne encore, le
général Conrad de Hoetzendorf, chef de l'état-major
impérial. Lorsque l'armée bulgare attaqua traîtreusement ses camarades, il y avait à Bucarest des politi-
ciens qui, ne pensant qu'aux avantages possibles,
n'étaient pas décidés sur la direction que devaient
prendre l'intervention roumaine.

Or, si la Roumanie, soutenue par la France et la
Russie, put résister aux suggestions de l'Autriche,
aux conseils mêmes de l'Allemagne, elle le dut à l'esprit public formé par cette civilisation nationale dont
les tendances étaient dirigées, non vers une expansion
d'Etat vers les Balcans, mais vers la reconstitution de
l'Unité roumaine primordiale au-delà des Carpathes.
La campagne contre la Bulgarie, qui sauva certainement la Serbie et la Grèce d'un désastre, fut faite sans
haine aucune, et l'annexion de la Dobrogea méridionale avec Dobritsch-Bazargic et Balcic, ne fut qu'une
mesure de précaution contre les appétits de voisins
qui voulaient arracher au Royaume son droit à la
mer. Enfin l'enthousiasme populaire pour cette campagne était une preuve évidente de la vitalité paysanne en plein essor.

Lorsque la guerre générale éclata, en août 1914, à
la suite de la violence que l'Autriche voulait faire à
la Serbie par son « expédition de châtiment », les
hommes politiques roumains, retenus par tout leur
passé et influencés par la grande autorité d'un roi
fidèle aux « bonnes traditions », hésitèrent encore une
fois. Ils voyaient peut-être bien qu'il fallait faire une
autre politique, mais ce n'était pas la leur. Ce fut un
grand succès inattendu que la déclaration de neutra-

lité votée dans un Conseil de Couronne. Le roi Charles en mourut lentement (3 septembre 1915).

Les agitations qui commencèrent un peu plus tard
pour amener l'intervention de la Roumanie du côté
de l'Entente, agitations qui n'étaient pas exempts de
ce même esprit de parti, n'auraient pas réussi contre
tant d'intérêts coalisés en faveur de l'Allemagne, si
cette même conscience, à laquelle demanda conseil la
loyauté de Ferdinand I⁰ʳ, neveu et successeur de
Charles I⁰ʳ, n'avait imposé sa volonté à tous les partis,
sauf les débris des junkers junimistes et quelques ennemis personnels du tzarisme russe. La manière dont,
dans une lutte absolument inégale, les paysans roumains, auxquels on vient à peine d'accorder, par une
réforme constitutionnelle, un droit plus large à la
terre et celui du suffrage, combattirent et combattent
encore, l'enthousiasme avec lequel leurs frères de
Transylvanie et de Bucovine sont venus, quittant les
camps de prisonniers en Russie, se sacrifier à leurs
côtés, non moins que la révélation d'une âme « moldave » dans la Bessarabie russe, montrent, plus que
tout plaidoyer diplomatique, qu'il y a dans cet Orient
carpatho-danubien un peuple de presque 14.000.000,
millions d'âmes, d'une ancienne civilisation originale,
qui ne demande, en échange de ses souffrances millénaires, dont la civilisation du monde chrétien a profité,
que le respect dû à ses droits incontestables.

TABLEAU CHRONOLOGIQUE

des princes ayant régné

VALACHIE	MOLDAVIE
Séneslav, 1247-12…	
Ivanco, Iancu Tihomir (Tocomerius), 12..-ca. 1330.	
Basarab Ier, ca. 1330-ca 1340.	
Nicolas-Alexandre, ca. 1340-16 novembre 1364.	Dragos, ca. 1352-1353.
	Sasul, ca. 1360.
	Bogdan, ca. 1360-ca. 1364.
Vladislav, Vlaicu ou Laïco, 1364-ca. 1380.	Latcu, ca. 1364-ca 1372.
	Yourii (Iuga), Koriatovitsch, ca. 1372-décembre 1377.
Radu Ier, 138.-	
Dan Ier, ….-1386.	Etienne Ier, 1377-ca. 1378.
Mircea, l'Ancien, 1386-31 janvier 1418.	Pierre Ier, c. 1378-ca. 1393.
	Roman Ier, ca. 1393-ca. 1394.
Vlad Ier, 1394-1395.	Etienne Ier (ou IIe), 1394-1400.
	Iuga, 1399-1400.
Michel-Ier, 1418-1420.	Alexandre Ier, le Bon, 1400-1er janvier (?) 1432.
Dan II, 1420-juin 1431.	
Radu II, le Chauve, 1422-1427.	
Basarab II. Laïota, juin 1431.	Elie ou Ilias Ier, janvier (?) 1432-septembre 1434.
Alexandre Ier (Aldea), 1431-1435.	Etienne II, septembre 1434-27 août 1435.
Vlad II, Dracul ou Draculea, 1435-décembre 1446.	Elie avec Etienne II, 27 août 1435-29 mai 1443.
Dan III, ou Danciul, 1446-1447.	Etienne II, 29 mai 1443-juillet 1447.

<table>
<tr><td>

VALACHIE

VLADISLAV II, 1447-printemps de 1456.
</td><td>

MOLDAVIE

ROMAN II, juillet 1447-2 juillet 1448.

ALEXANDRE II, 2 juillet-août 1448.

PIERRE II, 1444 prétendant; août 1448-.... 1449.

ALEXANDRE II, ... 1449-octobre 1449.

BOGDAN II, octobre 1449-16 octobre 1451.

PIERRE III, Aaron, 16 octobre 1451-avril 1457.

ALEXANDRE II, 16 octobre 1451-printemps de 1455.
</td></tr>
<tr><td>

VLAD III, Tepes (« l'Empaleur »), printemps 1456-novembre 1462.

RADU III, le Beau, 1462-commencement de 1474.

BASARAB II, Laiota, 1473-novembre 1477 (+1480).

BASARAD III, le Jeune, 1477-1482.

MIRCEA II, 1481.

VLAD IV, le Moine, 1482-1495.

RADU IV, le Grand, 1495-mars 1508.

MIHNEA Ier, le Mauvais, 1508-1510 (+1510).

VLAD V, ou Vladut, 1510-23 janvier 1512.

BASARAB IV, Neagoe, 1512-septembre 1521.
</td><td>

ETIENNE III, le Grand, avril 1457-2 juillet 1504.

BOGDAN III (le Borgne), 2 juillet 1504-18 avril 1517.

ETIENNE IV, le Jeune (Stefanita), 18 avril 1517-14 janvier 1527.
</td></tr>
<tr><td>

THÉODOSE, 1521.

VLAD VI, Dragomir, 1521.

RADU V, Badica, 1521-janvier 1524.

RADU VI, d'Afumati, 1521-1 janvier 1529.
</td><td></td></tr>
</table>

<table>
<tr><th>VALACHIE</th><th>MOLDAVIE</th></tr>
</table>

VLADISLAV III, 1523-décembre 1525.

MOÏSE, 1529-août 1530.

VLAD VII, le Noyé, 1530-septembre 1532.

VLAD VIII, Vintila, 1532-1535.

RADU VII, Paisie, 1535-mars 1545.

PIERRE IV, Rares, janvier 1527-18 septembre 1538.

ETIENNE V, Lacusta (« Sauterelle »), septembre 1538-décembre 1540.

ALEXANDRE III, Cornea, décembre 1540-février 1541.

PIERRE IV, Rares, 19 février 1541-octobre 1546.

MIRCEA III, le Pâtre, mars 1545-février 1554.

ELIE ou ILIAS II, octobre 1546-mai 1551.

ETIENNE VI, Rares, mai 1551-septembre 1552.

JEAN Ier, Joldea, septembre 1552.

PIERRE Ier, ou Petrascu-le-Bon, février 1554-décembre 1557.

ALEXANDRE IV, Lapusneanu, septembre 1552-18 novembre 1561.

MIRCEA III, le Pâtre, janvier 1558-septembre 1559.

PIERRE II, septembre 1559-juin 1568.

JEAN II, Basilikos, le Despote, 18 novembre 1561-5 ou 6 novembre 1563.

ETIENNE VII, Tomsa, 8 ou 10 août 1563-mars 1564 (+mai 1564).

ALEXANDRE IV, Lapusneanu, octobre 1564-5 mai 1568.

ALEXANDRE II, juin 1568-25 juillet 1577.

BOGDAN IV, 5 mai 1568-février 1572.

VINTILA, mai 1574.

JEAN III, le Terrible (l'Arménien), février 1572-juin 1574.

PIERRE V, le Boîteux, juin 1574-23 novembre 1577.

VALACHIE	MOLDAVIE
Mihnea II, « le Turc », 25 juillet 1577-juillet 1583.	Jean IV, Potcoava (fer à cheval), 23 novembre-fin décembre 1577.
	Pierre V, le Boîteux, 1er janvier 1578 - 21 novembre 1579.
	Iancu Sasul (le Saxon), 21 novembre 1579-août 1582 (+ septembre).
Pierre Cercel (boucle d'oreilles), juillet 1583-avril 1585.	Pierre V (le Boîteux), 1582-29 août 1591.
Mihnea II, avril 1585-février 1591.	
Elie, mars 1591.	Aaron-le-Tyran, septembre 1591-juin 1592.
Radu VIII, mars 1591.	
Etienne-le-Sourd, mai 1591-juin 1592.	
Alexandre-le-Mauvais, juin 1592-septembre 1593.	Alexandre-le-Mauvais, juin 1592.
	Pierre VI, le Cosaque, août-24 octobre 1592.
Michel-le-Brave, septembre 1593-19 août 1601.	Aaron - le - Tyran, octobre 1592-3 mai 1595.
	Etienne VIII, Razvan, 3 mai 1595-août 1595.
Nicolas II, Petrascu, novembre 1599-septembre 1600.	Jérémie Movila (Moghila), août 1595-10 juillet 1606.
Siméon Movila, octobre 1600-juin 1601; juillet 1601-août 1602.	Michel-le-Brave, mai - septembre 1600.
Radu Serban, août 1602-décembre 1610; juin-septembre 1611.	Siméon Movila, 10 juillet 1606-24 septembre 1607.
Radu Mihnea, septembre 1601-mars 1602; mars-juin 1611; septembre 1611-août 1616.	Michel (Mihailas) Movila, 24 septembre - octobre 1607; novembre-16 ou 19 décembre 1607.
	Constantin Movila, octobre 1607-20 novembre 1611 (+ juillet 1612).

VALACHIE	MOLDAVIE
	ETIENNE IX, Tomsa, 20 novembre 1611-22 novembre 1615.
	ALEXANDRE V, Movila, 22 novembre 1615-2 août 1616.
GABRIEL MOVILA, août 1616.	RADU MIHNEA, août 1616-4 février 1619.
ALEXANDRE ELIE (Ilias), septembre 1616-juin 1618.	
GABRIEL MOVILA, juillet 1618-août 1620.	GASPARD GRATIANI, 4 février 1619-septembre 1620.
RADU MIHNEA, août 1620-août 1623.	ALEXANDRE VI, Ilias, septembre 1620-septembre 1621.
ALEXANDRE, dit l« l'Enfant » (Coconul), août 1623-novembre 1627.	ETIÉNNE IX, Tomsa, septembre 1621-août 1623.
	RADU MIHNEA, août 1623-23 janvier 1626.
ALEXANDRE (Elie) (Ilias), novembre 1627-automne 1629.	MIRON BARNOWSKI MOVILA, janvier 1626-juillet 1629.
LÉON, automne 1629-juillet 1632.	ALEXANDRE VII, Coconul (l'Enfant), juillet 1629-28 28 avril 1630.
	MOÏSE MOVILA, 28 avril 1630-novembre 1631.
RADU, juillet-novembre 1632.	ALEXANDRE VIII, novembre 1631-avril 1633.
MATHIEU BASARAB, juillet 1632-19 avril 1654.	MIRON BARNOWSKI, avril 1633-2 juillet 1633.
	MOÏSE MOVILA, 2 juillet 1633-avril 1634.
	BASILE LUPU, avril 1634-13 avril 1653; 8 mai-16 juillet 1653.
CONSTANTIN BASARAB, ou le Camus, avril 1654-mars 1658.	GEORGES Ier, Etienne, 13 avril-8 mai 1653; 16 juillet 1653-13 mars 1658.
MIHNEA III, ou MICHEL RADU, mars 1658-décembre 1659.	GEORGES II, Ghica, 13 mars 1658-novembre 1659.
GHICA ou GEORGES GHICA, décembre 1659 - septembre 1660.	CONSTANTIN BASARAB, fin novembre-1er décembre 1659; 31 janvier-février 1661.

VALACHIE	MOLDAVIE
GRÉGOIRE ou Grigorascu Ghica, septembre 1660-décembre 1664.	ETIENNE X (Stefanita), 1er décembre 1659 - 31 janvier 1661; février-29 septembre 1661.
	EUSTRATIUS DABIJA, septembre 1661 - 12 septembre 1665.
RADU LÉON, décembre 1664-mars 1669.	GEORGES III, Duca, septembre 1665-mai 1666.
	ELIE (Ilias) ALEXANDRE, mai 1666-novembre 1668.
ANTOINE DE POPESTI, ou Popescu, mars 1669-mars 1672.	GEORGES III, Duca, novembre 1668-16 août 1672.
GRÉGOIRE GHICA, mars 1672-novembre-décembre 1674.	ETIENNE XI, Petriceicu, 16 août 1672-octobre 1673; décembre 1673-commencement de 1674.
GEORGES DUCA, novembre-décembre 1674-novembre 1678.	DÉMÈTRE (Dimitrascu) CANTACUZÈNE, novembre 1673; 1674-septembre 1675.
	ANTOINE ROSETTI (Ruset), septembre 1675-novembre 1678.
SERBAN CANTACUZÈNE, novembre 1678-9 novembre 1688.	GEORGES III, Duca, novembre 1678-4 janvier 1684.
	ETIENNE XI, Petriceicu, 4 janvier 1684-mars 1684.
	DÉMÈTRE CANTACUZÈNE, mars 1684-25 juin 1685.
CONSTANTIN BRANCOVEANU, 9 novembre 1688-avril 1714.	CONSTANTIN CANTEMIR, 25 juin 1685-27 mars 1693.
	DÉMÈTRE CANTEMIR, 29 mars 1693-18 avril 1693.
	CONSTANTIN DUCA, mars 1693-18 décembre 1695.
	ANTIOCHUS CANTEMIR, 18 décembre 1695-14 septembre 1700.
	CONSTANTIN DUCA, 14 septembre 1700-26 juin 1703.
	MICHEL RACOVITA, 4 octobre 1703-13 février 1705.

VALACHIE

MOLDAVIE

ANTIOCHUS CANTEMIR, 13 février 1705-31 juillet 1707.

MICHEL RACOVITA, 31 juillet 1707-28 octobre 1709.

NICOLAS MAUROCORDATO, 6 novembre 1709-novembre 1710.

DÉMÈTRE CANTEMIR, novembre 1710-juin 1711.

Caïmacamie (Intérimat) du Vornic Lupu, août 1711.

Caïmacamie de Jean Maurocordato, 7 octobre-19 novembre 1711.

ETIENNE CANTACUZÈNE, avril 1714-décembre 1715.

NICOLAS MAUROCORDATO, 6 octobre-5 janvier 1716.

NICOLAS MAUROCORDATO, décembre 1715-14 novembre 1716.

JEAN MAUROCORDATO, 2 décembre 1716-23 février 1719.

MICHEL RACOVITA, 5 janvier 1716-octobre 1726.

NICOLAS MAUROCORDATO, 2 mars 1719-3 septembre 1730.

GRÉGOIRE II, Mathieu Ghica, octobre 1726-16 avril 1733.

CONSTANTIN MAUROCORDATO, septembre-octobre 1730.

MICHEL RACOVITA, octobre 1730-24 octobre 1731.

CONSTANTIN MAUROCORDATO, 24 octobre 1731-16 avril 1733.

GRÉGOIRE II, Ghica, 16 avril 1733-27 novembre 1735.

CONSTANTIN MAUROCORDATO, 16 avril 1733-26 novembre 1735.

CONSTANTIN MAUROCORDATO, 27 novembre 1735-septembre 1741.

GRÉGOIRE-MATHIEU GHICA, 27 novembre 1735-14 septembre 1739.

Occupation russe, 14 septembre-octobre 1739.

GRÉGOIRE II, Mathieu Ghica, 1739-septembre 1741.

VALACHIE	MOLDAVIE
MICHEL RACOVITA, septembre 1741-juillet 1744.	CONSTANTIN MAUROCORDATO, septembre 1741 - 29 juin 1743.
CONSTANTIN MAUROCORDATO, juillet 1744-avril 1748.	JEAN MAUROCORDATO, 29 juin 1743-mai 1747.
	GRÉGOIRE II, Mathieu Ghica, mai 1747-avril 1748.
GRÉGOIRE II, Ghica, avril 1748-6 septembre 1752.	CONSTANTIN MAUROCORDATO, avril 1748-31 août 1749.
	CONSTANTIN RACOVITA, 31 août 1749-3 juillet 1753.
MATHIEU GHICA, septembre 1752-juillet 1753.	MATHIEU GHICA, 3 juillet 1753-ca. 29 février 1756.
CONSTANTIN RACOVITA, juillet 1753-ca. 29 février 1756.	
CONSTANTIN MAUROCORDATO, ca. 29 février 1756-7 septembre 1758.	CONSTANTIN RACOVITA, ca. 29 février 1756-14 mars 1757.
	SCARLATE GHICA, 14 mars 1757-7 août 1758.
SCARLATE GHICA, 7 septembre 1758-11 juin 1761.	JEAN-THÉODORE CALLIMACHI, ou Calmasul, 7 août 1758-11 juin 1761.
CONSTANTIN MAUROCORDATO, 11 juin 1761-mars 1763.	GRÉGOIRE CALLIMACHI, 11 juin 1761-29 mars 1764.
CONSTANTIN RACOVITA, mars 1763-8 février 1764.	
ETIENNE RACOVITA, février 1764-septembre 1765.	GRÉGOIRE-ALEXANDRE GHICA, 29 mars 1764-3 février 1767.
SCARLATE GHICA, 7 septembre 1765-13 décembre 1766.	
ALEXANDRE GHICA, 13 décembre 1766-28 octobre 1768.	GRÉGOIRE CALLIMACHI, 3 février 1767-14 juin 1769 (+ 9 septembre 1769).
GRÉGOIRE III, Alexandre Ghica, 28 octobre 1768-novembre 1769.	CONSTANTIN MAUROCORDATO, 29 juin-23 novembre 1769.
EMMANUEL GIANI - ROSETTI, mai 1770-octobre 1771.	Occupation russe, 7 octobre 1769-10/21 juillet 1774 : paix de Keutschuk-Kainardschi.

VALACHIE

Occupation russe, novembre 1769-10/21 juillet 1774 : paix de Keutschuk-Kaïnardschi.

ALEXANDRE HYPSILANTI, septembre 1774-février 1782.

NICOLAS CARADGEA (Karatzas), février 1782-août 1783.

MICHEL SUTU (Soutzo), août 1783-avril 1786.

NICOLAS MAUROGÉNI (Mavrogheni) avril 1786-19 juin 1790.

Occupation autrichienne, 15 novembre 1789-4 août 1791 : paix de Sishtov.

MICHEL SUTU (Soutzo), nommé mars 1791-janvier 1793.

ALEXANDRE MOUROUSI, janvier 1793-août 1796.

ALEXANDRE HYPSILANTI, août 1796-décembre 1797.

CONSTANTIN HANDSCHELI, décembre 1791-1er mars 1799.

ALEXANDRE MOUROUSI, mars 1799-octobre 1801.

MICHEL SUTU (Soutzo), octobre 1801-juin 1802.

ALEXANDRE SUTU (Soutzo), juillet-1er septembre 1802.

CONSTANTIN HYPSILANTI, 1er septembre 1802-août 1806.

MOLDAVIE

GRÉGOIRE-ALEXANDRE GHICA, septembre 1774-10 octobre 1777.

CONSTANTIN MOUROUSI, octobre 1777-8 juin 1782.

ALEXANDRE MAUROCORDATO Ier, Délibey, 8 juin 1782-12 janvier 1785.

ALEXANDRE MAUROCORDATO II, Phiraris, 12 janvier 1785-14 décembre 1786.

ALEXANDRE HYPSILANTI, décembre 1786-19 avril 1788.

EMMANUEL GIANI-ROSETTI, mai-octobre 1788.

Occupation russe, octobre 1788-9 janvier 1792: paix de Jassy.

Occupation autrichienne, 1787-4 août 1791: paix de Sishtov.

ALEXANDRE MOUROUSI, mars 1792-janvier 1793.

MICHEL SUTU (Soutzo), janvier 1793-6 mai 1795.

ALEXANDRE CALLIMACHI, 6 mai 1795-mars 1799.

CONSTANTIN HYPSILANTI, 8 mars 1799-juillet 1801.

ALEXANDRE SUTU (Soutzo), juillet 1801-ca. 4 octobre 1802.

ALEXANDRE MOUROUSI, 4 octobre 1802-août 1806.

VALACHIE	MOLDAVIE
ALEXANDRE SUTU (Soutzo), août-13 octobre 1806.	SCARLATE CALLIMACHI, août-13 octobre 1806.
CONSTANTIN HYPSILANTI, octobre-novembre 1806.	ALEXANDRE HANDSCHERLI, 19 mars-4 août 1807.
Occupation russe, 25 décembre 1806-28 mai 1812: paix de Bucarest. Administration d'Hypsilanti sous le contrôle russe, 27 décembre 1806-31 mai 1807; 8-28 août 1807. Administration du général Prozorowski, août 1807-1ᵉʳ mars 1808. Administration des « Caïmacams » (Intérimaires), 1ᵉʳ mars 1808-18 septembre 1808. Administration d'un Comité de cinq membres, 18 septembre 1808 (depuis mars 1809, le général russe Engelhardt, vice-président du Divan)-28 mai 1812.	SCARLATE CALLIMACHI, 4 août-1807-13 juin 1810. Occupation russe, 29 novembre 1806-28 mai 1812.
JEAN-GEORGES CARAGEA (Karatzas) 8 septembre 1812-12 octobre 1818.	SCARLATE CALLIMACHI, 17 septembre 1812-juin 1819.
ALEXANDRE SUTU (Soutzo), 16 novembre 1818-18/19 janvier 1821.	MICHEL SUTU (Soutzo), juin 1819-mars 1821.
SCARLATE CALLIMACHI, février-juin 1821.	Domination grecque, mars 1821.
Révolution de Tudor Vladimirescu, 28 mars-27 mai 1821.	Caïmacamie présidée par le Métropolite, mars - avril 1821.
	Caïmacamie d'Etienne Vogoridès, nommé en février, installé en automne 1821-22 juillet 1822.
Occupation turque, 28 mai 1821-21 juin 1822.	Occupation turque, mai 1821-juillet 1822.
GRÉGOIRE IV (Ghica), 21 juin 1822-12 juillet 1828.	JEAN SANDU STURDZA, 21 juin 1822-5 mai 1828.

<table>
<tr><th>VALACHIE</th><th>MOLDAVIE</th></tr>
<tr><td>Occupation russe, 12 juillet 1828-avril 1834, à savoir: le général russe Paline, président du Divan, nommé le 22 février 1828-novembre 1829; le général Paul Kissélev, président du Divan, novembre 1829-avril 1834.</td><td>Occupation russe-1834. (Voy. Valachie.) .. ..</td></tr>
<tr><td>ALEXANDRE GHICA, avril 1834-7 octobre 1842.</td><td>MICHEL STURDZA, avril 1834-juin 1849.</td></tr>
<tr><td>GEORGES BIBESCU, 1er janvier 1843-25 juin 1848.</td><td></td></tr>
<tr><td>Gouvernement Provisoire, 26 juin-10 juillet 1848.</td><td></td></tr>
<tr><td>Caïmacamie, 10-12 juillet 1848</td><td></td></tr>
<tr><td>Gouvernement Provisoire, 12 juillet-9 août 1848.</td><td></td></tr>
<tr><td>Caïmacamie, 9 août-25 septembre 1848.</td><td></td></tr>
<tr><td>Caïmacamie de CONSTANTIN CANTACUZÈNE, 26 septembre 1848-juin 1849.</td><td></td></tr>
<tr><td>BARBU STIRBEIU (Stirbey), juin 1849-29 octobre 1853.</td><td>GRÉGOIRE-ALEXANDRE GHICA, juin 1849-26 septembre 1853.</td></tr>
<tr><td>Occupation russe, 29 octobre 1853-31 juillet 1854.</td><td>Occupation russe, 26 septembre 1853-16 septembre 1854.</td></tr>
<tr><td>BARBU STIRBEIU (Stirbey), avec les Autrichiens, 5 octobre 1854-25 juin 1856.</td><td>GRÉGOIRE-ALEXANDRE GHICA, 14 octobre 1854-26 juin 1856.</td></tr>
<tr><td>Caïmacamie d'ALEXANDRE GHICA, 4 juillet 1856-octobre 1858.</td><td>Caïmacamie de THÉODORE BALS et de NICOLAS VOGORIDÈS, 26 juin 1856-octobre 1858.</td></tr>
<tr><td>Caïmacamie de trois membres : JEAN MANU, EMMANUEL BALEANU et JEAN FILIPESCU, octobre 1858-5 février 1859 (24 janvier).</td><td>Caïmacamie de trois membres : ETIENNE CATARGIU, BASILE STURDZA, ANASTASE PANU, octobre 1858-17 janvier 1859.</td></tr>
<tr><td>ALEXANDRE-JEAN CUZA, 5 février-24 janvier 1859.</td><td>ALEXANDRE-JEAN CUZA, 17 (5 janvier) 1859.</td></tr>
</table>

PRINCIPAUTES UNIES, puis ROUMANIE

PRINCIPAUTE

ALEXANDRE JEAN Ier CUZA, 5 février (24 janvier) 1859- 11/23 février 1866.

Lieutenance Princière: N. GOLESCU, LASCAR CATARGI, N. HARA-LAMBIE, 11/23 février 1866-20 avril 1866.

CHARLES Ier DE HOHENZOLLERN-SIGMARINGEN, 20 avril 1866.

ROYAUME

CHARLES Ier, 26 mars 1881-10 octobre 1914.

FERDINAND Ier, 10 octobre 1914-.... *20 juillet 1927*

NOTES BIBLIOGRAPHIQUES

A-D. Xénopol. — *Histoire des Roumains de la Dacie Tra-
jane*, 2 vol., Paris 1896.
Les Roumains, histoire, état matériel et intellectuel,
Paris, s. a.
N. Jorga. — *Geschichte des Rumänischen Volkes im Rah-
men seiner Staatsbildungen*, 2 vol., Gotha 1905.
Breve Storia dei Rumeni, Bucarest 1911.
Emmanuel de Martonne. — *La Valachie*, Paris 1902.
O. Densussianu. — *Histoire de la langue roumaine*, I, Pa-
ris 1901; II, premier fascicule, 1914.
N. Jorga. — *Histoire des Roumains de Transylvanie et de
Hongrie*, 2 vol., Bucarest 1916.
Histoire des Roumains de Bucovine, Jassy 1917.
*L'importance de la région entre le Pruth et le Dnies-
ter pour l'histoire des Roumains et le folklore rou-
main*. (Dans le « Bulletin de la section historique
de l'Académie Roumaine », Bucarest 1913.)
*Boïars et razesi de Bucovine et de Bessarabie dans
les premiers temps après l'annexion* (ibid.).
Quelques documents roumains de Bessarabie (ibid.
1914.)
*Droits nationaux et politiques des Roumains dans la
Dobrogea*, Jassy 1917.
G. Weigand. — *Die Aromunen*, Leipzig 1895.
Die Sprache der Olympowalachen, Leipzig 1888.
Emile Picot. — *Les Roumains de Macédoine*, Paris 1875.
Chants populaires des Roumains de Serbie (dans le
« Recueil de textes et de traductions publié par
les professeurs de l'Ecole des langues orientales
vivantes »), Paris 1895.
J. Nistor. — *Die auswärtigen Handelsbeziehungen der
Moldau im XIV, XV, und XVI Jahrhundert*, Gotha
1911. (La seconde partie a paru sous le titre
Handel und Wandel in der Moldau, Czernowitz
1912; cf. *Das moldauische Zollwesen*, dans le
« Jahrbuch für Gesetzgebung, Verwaltung und
Volkswirtschaft », XXXVI, 1.)

(Nous avons traité, dans des ouvrages spéciaux,
écrits en roumain, l'histoire de l'Eglise roumaine,
2 volumes, l'histoire de l'Armée, dont le premier
volume seul a paru, l'histoire du Commerce roumain, I, Valenii-de-Munte, 1915.)

N. JORGA. — *Histoire des relations entre la France et les
Roumains*, Jassy 1917.

Histoire des relations russo-roumaines, Jassy 1917.

*Histoire des relations entre l'Angleterre et les Rou-
mains* (en préparation; la première partie a paru
dans les « Mélanges Bémont », Paris 1913.)

Relations des Roumains avec les Alliés (trad. franç.
par F. Lebrun), Jassy 1917.

Histoire des Etats balcaniques à l'époque moderne,
Bucarest 1914.

Relations entre les Serbes et les Roumains, Bucarest
1913 (cf. *Correspondance roumaine des Voévodes
de Cladovo*, dans le « Bulletin » cité; *La cloche
de Carageorges pour la chapelle de Topola*, Bucarest 1914, dans le même « Bulletin » et séparé-
ment.)

*Un acte roumain concernant le docteur Veron, ini-
tiateur de la culture bulgare contemporaine* (dans
le même « Bulletin », 1914.)

*Quelques mots sur les relations entre les Roumains
et le peuple turc*, Bucarest 1914.

*Deux traditions historiques dans les Balcans: celle
de l'Italie et celle des Roumains* (dans le même
« Bulletin », 1913).

La survivance byzantine dans les pays roumains,
Bucarest 1913.

*Notes d'un historien relatives aux événements des
Balcans*, Bucarest, 1913 (aussi dans le « Bulletin »
cité.)

*Basile Lupu, prince de Moldavie, comme successeur
des Empereurs d'Orient sous la tutelle du Patriar-
cat de Constantinople et de l'Eglise orthodoxe
(1640-1653)* (dans le « Bulletin » cité, 1914.)

Le Mont Athos et les pays roumains (même « Bulletin », 1914).

Fondations religieuses des princes roumains en Orient: Monastères des Météores en Thessalie (*ibid.*; sur les relations avec l'Epire, Constantinople et les îles de l'Archipel, voy. une étude spéciale dans la même année du « Bulletin ».)

Deux contributions à l'histoire ecclésiastique des Roumains (même « Bulletin », 1916.)

Quelques données nouvelles au sujet des relations entre les Principautés roumaines et l'Eglise constantinopolitaine dans la seconde moitié du XVIIe siècle (même « Bulletin », 1915.)

Relations des Roumains avec les Russes occidentaux et avec le territoire dit de l' « Ukraine » (même « Bulletin », 1916.)

Privilèges des Sangai (ouvriers employés aux salines) *de Targu-Ocna* (dans le même « Bulletin » 1915).

La politique vénitienne dans les eaux de la Mer Noire (même « Bulletin », 1914.)

Histoire des Juifs en Roumanie (*Ibid.*)

Arméniens et Roumains (même « Bulletin », 1913.)

Les éléments originaux de l'ancienne civilisation roumaine, Jassy 1911.

Scènes et histoires du passé roumain, Bucarest 1902.

A.-D. XÉNOPOL. — *Une énigme historique: les Roumains au moyen âge*, Paris 1885.

N. JORGA. — *Serbes, Bulgares et Roumains dans la Péninsule Balcanique au moyen âge* (dans le même « Bulletin », 1916.)

Conditions de politique générale dans lesquelles furent fondées les Eglises roumaines aux XIVe-XVe siècles (dans le même « Bulletin », 1913.)

Les Carpathes dans les combats entre Roumains et Hongrois (*ibid.*).

Phases psychologiques et livres représentatifs des Roumains (même « Bulletin », 1915.)

E. PICOT. — *Chronique de Moldavie*, par Grégoire Ouréki, Paris 1886 (nouvelle édition par J.-N. Popovici, avec annotations françaises, Bucarest 1911.)

M. KOGALNICEANU. — *Fragments tirés des chroniques moldaves et valaques pour servir à l'histoire de Pierre-le-Grand, Charles XII, etc.*, 2 vol., Jassy 1838, 1845.

N. JORGA. — *Développement de la question rurale en Roumanie*, Jassy 1917.

J. URSU. — *Die Auswärtige Politik des Peter Rares, Fürst von Moldau*, Vienne 1908.

J. SIRBU. — *Mateiu-Voda Basarabas auswärtige Beziehungen*, Leipzig 1899.

N. JORGA. — *L'activité culturelle du prince Constantin Brancoveanu* (« Bulletin » cité, 1915.)

     Lettres inédites de Tudor Vladimirescu (même « Bulletin », 1915.)

     Iordak l'Olympiote et Tudor Vladimirescu (même « Bulletin », 1916.)

Aus dem Leben Königs Karl von Rumänien (4 vol.; il y a aussi une traduction française publiée par le journal l' « Indépendance Roumaine », à Bucarest.)

Les documents concernant les relations extérieures des Roumains se trouvent dans les trente volumes de la grande collection Hurmuzaki. (« Documents concernant l'histoire des Roumains »), publiée par l'Académie Roumaine.

Pour les documents intérieurs, on a les recueils de Théodore Codrescu, *Uricariul* (25 vol.), l'*Archiva Istorica* de Hasdeu (Bucarest 1865), nos *Studii si Documente* (plus de 30 volumes), nos *Actes et Fragments concernant l'histoire des Roumains*, 3 volumes, Bucarest 1895 et suiv., contiennent des matériaux de politique extérieure), etc.

Des fragments de l'ancienne littérature roumaine ont été rassemblés par Gaster, dans sa *Chrestomathie Roumaine*, publiée à Leipzig en deux volumes; une *Histoire de la Littérature roumaine au* XVIIIe *siècle*, en deux volumes, une *Histoire de la Littérature roumaine au* XIXe *siècle*, en trois volumes, et une *Histoire de la Littérature religieuse des Roumains*, en un volume, ont été publiés, en roumain, par l'auteur du présent ouvrage.

Des matériaux concernant le Despote se trouvent dans:

N. JORGA. — *Nouveaux matériaux pour servir à l'histoire de Jacques Basilikos l'Héraclide, dit le Despote, prince de Moldavie*, Bucarest 1900.

Imp. LANG, BLANCHONG et Cie, 7, rue Rochechouart, Paris.

www.ingramcontent.com/pod-product-compliance
Lightning Source LLC
LaVergne TN
LVHW051056060726
842525LV00003B/671